第三辑

万光军／著

孔孟仁学论纲

知识产权出版社

全国百佳图书出版单位

U0454044

图书在版编目（CIP）数据

孔孟仁学论纲/万光军著. —北京：知识产权出版社，2016.2

（儒生文丛/任重主编. 第3辑）

ISBN 978-7-5130-3842-3

Ⅰ.①孔… Ⅱ.①万… Ⅲ.①仁—研究 Ⅳ.①B222.05

中国版本图书馆 CIP 数据核字（2015）第 242489 号

责任编辑：江宜玲　　　　　　　　责任校对：董志英

封面设计：张　冀　　　　　　　　责任出版：刘译文

儒生文丛（第三辑）

孔孟仁学论纲

万光军◎著

出版发行：知识产权出版社 有限责任公司	网　　址：http://www.ipph.cn
社　　址：北京市海淀区马甸南村1号（邮编：100088）	天猫旗舰店：http://zscqcbs.tmall.com
责编电话：010-82000860 转 8339	责 编 邮 箱：jiangyiling@cnipr.com
发行电话：010-82000860 转 8101/8102	发 行 传 真：010-82000893/82005070/82000270
印　　刷：北京嘉恒彩色印刷有限责任公司	经　　销：各大网上书店、新华书店及相关专业书店
开　　本：787mm×1092mm　1/16	印　　张：18.25
版　　次：2016年2月第1版	印　　次：2016年2月第1次印刷
字　　数：236千字	定　　价：58.00 元

ISBN 978-7-5130-3842-3

"儒生文丛"总序

　　儒生者，信奉儒家价值之读书人也。"儒生文丛"者，儒家读书人之心声见于言说者也。近世以降，儒家斯文扫地，儒学几近中绝。国人等儒学于土苴，士夫视孔道为寇仇，遂使五千年尧舜故国儒家读书人渐稀，亿万万中华神胄儒生难觅！然则，所谓儒生者，儒家价值之担当者也；儒家价值者，神州中国之传承也；中国不复有儒生，是儒家价值无担当，中国之价值有所欠缺也。悲乎，痛矣！寅恪翁之言也！

　　今日中国，儒道再兴。儒生之见于神州大地，数十载于兹矣。今日中国文化之复兴，亦需今日儒生之努力，而儒家价值之传承，亦端赖今日儒生之兴起也。

　　"儒生文丛"主编任重君，儒生也。倾一己之力，编辑"儒生文丛"，欲使国人知晓数十年来儒家回归、儒教研究与儒学复兴之历程，进而欲使今日之中国知晓当今儒生之心声。故"儒生文丛"之刊出，不特有助于中国文化之复兴，于当今中国之世道人心，亦大有裨益也。

　　壬辰夏，余山居，任重君索序于余，余乐为之序云。

　　　　　　　　盘山叟蒋庆序于龙场阳明精舍俟圣园之无闷居

　　　　　　　　　　　　　（吹剑修订于 2015 年）

·I·

目　录

第一章 仁之形上考察

儒学是道德之学，道德根本奠基于仁之上，或仁为儒学的核心理念，想来不会有很大异议。① 仁学包罗万象且涉及众多，本书显然不能一一涉及，也未必都梳理得处处得体，但也并非无所事事，在梳理、学习前人的基础上也进行部分思考，并以得到专家学者批评指正为幸事。本书主要从仁之形上考察、何为仁、仁何为、仁之全德与展开这四个角度来加以考察与学习，其他方面暂时阙如。在立场上以儒学为基础，墨家、道家、法家、佛教以及西方哲学等亦有所涉及。

第一节 仁学研究之回顾

对仁的文献考察当下只能就已有的文献而言，对此先贤与时贤已经做了大量卓有成效的工作，检索与学习他们的思考成果当然是必要的。

在仁字出现的时间上，侯外庐等所著《中国思想通史》认为："'仁'字是在春秋时代才出现的……推察'仁'字出现晚在东周后

---

① 虽然很多专家学者从不同角度来解读儒学思想（尤其是孔孟思想），结论也不尽然，如有人以为孔子思想的核心为礼、和、中庸、仁义、仁礼同构等，但本书与多数学者一样，还是认为儒学尤其是孔子思想的核心是仁。

期，至早在齐桓公建立霸业之后。"①郭沫若在《十批判书·孔墨的批判》中认为："一个'仁'字最被强调，这可以说是他的思想体系的核心。'仁'字是春秋时代的新名词，我们在春秋以前的真正古书里面找不出这个字，在金文和甲骨文里也找不出这个字。这个字不必是孔子所创造，但他特别强调了它是事实。"②余治平认为："甲骨文中尚无'仁'字。《睡虎地秦墓竹简》中已出现'仁'字。在郭店竹简中，仁的含义已经相当丰富。"③张燕婴从古文字的角度梳理了孔子之前的六经，认为六经只有几处涉及仁，较为确切的有三处④，并且认为即便在那个时代使用了仁，那时的仁也不可能是道德含义⑤。

在字形上，东汉许慎的《说文解字》（以下简称《说文》）提出："仁，亲也，从人从二。忎，古文仁，从千心忎，古文仁，或从尸。"⑥清苏舆的《春秋繁露义证》有："尸即篆体人字。东方之国好仁，故古夷字亦作尸，盖仁者有对待之称，无二人则仁无所见，故从二人，

---

① 侯外庐，赵纪彬，杜国庠．中国思想通史（第一卷）[M]．北京：人民出版社，2011：82-84．同时认为："'孝'字在卜辞中未曾见到，孝己之名只见于书上。周人才把德孝并称，德以对天，孝以对祖，《大雅》所谓'有孝有德'．"还认为："据各家考证，'德'字在周金中才出现。"

② 郭沫若．十批判书 [M]．北京：东方出版社，1996：79．

③ 余治平．"仁"字之起源与初义 [J]．河北学刊，2010（1）．

④ 《诗经》有两处，如《诗经·郑风·叔于田》："叔于田，巷无居人，岂无居人，不如叔也，洵美且仁。"《诗经·齐风·卢令》："卢令令，其人美且仁。"《书经》虽有五处，但只有《书经·尚书·金滕》中"予仁若考，能多材多艺，能事鬼神"较为可靠。《礼经》未出现仁。《乐经》不详。《周易》未出现仁。《春秋》亦不见仁字出现。张燕婴．先秦"仁"学思想研究：儒墨道法家"仁"论说略 [M]．北京：中国社会科学出版社，2010：20-25．

⑤ "在'六经'作成的时代里，'仁'字的使用还很有限。综合仅有的三个可靠用例，我们倾向于把'仁'字的字义确定为某种美好的才能（与'武''偲''多材多艺'等正相配合），而不是道德。且在现存可见的文献中也没有出现专门界定'仁'的概念所指的典型说法，推测其原因，我们认为大抵是因为在那个时代里，思想家和事业家还没有在社会的经济分工中显明地区分开来，因此在那个还没有专业思想者的时代里不太可能生长出成熟的、系统的思想来。"张燕婴．先秦"仁"学思想研究：儒墨道法家"仁"论说略 [M]．北京：中国社会科学出版社，2010：25．

⑥ 许慎．说文解字 [M]．北京：中华书局，2003：161．

以别于我。"① 刘翔认为："仁字较早的构形为'悬'，讹变为'忎'，省变为'仁'。"② 1993 年郭店竹简出土后，其中的仁多写作"_"。注释[三]曰悬"从'心''身'声，即《说文》'仁'字古文。《说文》以为'古文仁从千心'，从'千'乃从'身'之误。"③ 白奚认为："'忎'字上半部的'千'字本来就是人的身体的象形，与古文'身'字的字形很相近，当是'身'字的省变。"④ 廖名春认为："所谓'千'，实质是'身'的简化，因形近而被误为'千'。"⑤ 张燕婴认为："说'千'字是'身'字的省形尚有可能，而认为'人'字是'千'字简化而来恐怕不妥。'从心人声'的'仁'字，应该是形声字，故不必来自'千'字。因此我们主张，郭店简中的'仁'字，分别应该隶定为'从心身声'的'悬'和'从心人声'的'忎'两种写法……廖名春先生主张'仁之本义为爱人'。此说倘能成立，则孔子弟子樊迟就不必特意向孔子请教'仁'的含义，而孔子也没有必要煞有介事地回答为'爱人'了。可是我们知道造字的时代无论如何要比儒家观念出现的时代早得多，则这种尝试的合理性也值得质疑。相比之下，庞朴先生的做法更好些，他显然是注意到了这些古文字资料的时代性问题，没有用那个'从心从身'的'仁'字去推定其造字本义，而是认为此字形'是当时子思学派将孔子的人道理论建基于人情、人心和人性，从而使儒家学说迈入新阶段的集中表现'。虽然认为此字形（悬）出自子思学派未必正确（此为楚系文字），但是从较为晚出的思想中寻找该字形出现的依据，比之用该字形推求造字本义的做

① 苏舆.春秋繁露义证 [M].北京：中华书局，2010：249.
② 刘翔.中国传统价值观诠释学 [M].北京：生活·读书·新知三联书店，1996：159.
③ 荆门市博物馆.郭店楚墓竹简 [M].北京：文物出版社，1998：121.此外，裘锡圭先生认为："'千''身''人'古音皆相近，不必以'千'为'身'之误。"
④ 白奚."仁"字古文考辨 [J].中国哲学史，2000（3）.
⑤ 廖名春."仁"字探原 [J].中国学术，2001（4）.

法要稳妥得多。"①

较有特点的还有谢阳举从丧礼出发对仁源于祭祀有较为圆融的解释。谢阳举认为："'仁'起源于夏商周三代极重视的丧祭礼的活动……丧礼完毕，生人对死者就过渡到执行祭祀礼节了。既然丧礼毕后，周人埋重又以主入庙，殷人以重与主一并作庙号和庙号主，那么以后按期祭祀当中，还重新制主与否？否，而改为用'尸'。这一点很重要，它实际上就是最早的'仁'产生了，也就是后世'仁'最初表达的心理与行为——晚近的哲学观念在古老的时候常常依傍具体的实物或物化的仪式制度而存在。《礼记·曾子问》载孔子曰：'祭成丧者必有尸。'什么是'尸'？《礼记·郊特牲》说：'尸，神象也。'也就是说，随着祭礼的过程，牌位性质的东西改由'尸'代替。设'尸'就是以活着的死人后代，比如长孙或同姓晚辈，来扮装鬼神②，古人以为这个就是祖先灵魂的化身，由这个尸者象征性地代表祖先、感格祖先来享受一番祭祀礼品。由此可窥见古人较为质朴的原始意识之特别——设尸实际上是一个心理上的假想构思，就是为了使祭祀的人们对丧弃了的死者有个心理意向的凭依对象。但必须注意，在上古人那里远不止这些，他们恐怕是以这个假想替身就是某种实在。这种特殊的心理意识同步地标志了'仁'的起源。这个设尸的仪式环节，从夏代就开始有了，所谓'周坐尸，诏侑武方，其礼亦然，其道一也；夏立尸而卒祭；殷坐尸'（《礼记·礼器》）。设尸之仪式在《诗经》中就有好几例为证。由于设尸而祭时，祭者对被祭者的感情，如虔诚、敬重、不忍、哀愫等都高度对象化地集中在尸这个象征的身上，渐而人对于尸，实及生人对已死之神灵的

---

① 张燕婴. 先秦"仁"学思想研究：儒墨道法家"仁"论说略 [M]. 北京：中国社会科学出版社，2010：19-20.

② 《孟子·告子上》有"孟子曰：敬叔父乎？敬弟乎？彼将曰：敬叔父。曰：弟为尸，则谁敬？彼将曰：敬弟"。

这种心理意向关系，就演变为动词意思了，这就是'仁'的思想原始面目——它正体现了设尸是为了对神灵'尽心'的这种心性自发的表达。这就是'仁'之'古文''从尸'的奥秘所在，也即'仁'之本源的奥秘所在……可以结论，仁之本源与尸祭之礼是有内在关系的，有如我们上文之探析。郭店楚墓竹简文有'丧，悬（仁）之峕（端）也''丧，悬（仁）也'[1]正是一个佐证。借助于历史考察，我们就明白了，原来'从人二'的人相耦爱之内涵的'仁'不是仁的本源，而是后起的衍生义，这是有千古误会的。说白了'仁'的起源在于'事死如事生'（《礼记·祭义》）这种对祖灵尽哀尽敬的礼仪，'仁'本来是对祖灵的一种极端虔诚和敬拜的自然心性，它指的是像死人活在眼前一样地怜爱和敬祀他（她）。孔子说'祭神如神在'（《论语·八佾》）就体现了这种本源之仁心发用。所谓战场上每毙一人而掩其目，杀人之中又有仁焉，指的是本源之仁。孟子说：'人皆有所不忍，达之于其所忍，仁也'（《孟子·尽心上》），也正拨明了这种本源之仁……宰我出去之后，孔子斥之'予之不仁也！子生三年，然后免于父母之怀。夫三年之丧，天下之通丧也。予也有三年之爱于其父母乎？'宰我不能理解克己而服三年之丧礼，孔子骂他'不仁'，按照仁者爱人则一向难以彻解，弄清'仁'的本源正由哀敬父母祖先的心性而立，则可以看出孔子骂宰我厌服三年之丧，正是货真价实的'不仁'，是违背了'仁'的原始原则。另外，有子曾经说：'君子务本，本立而道生。孝弟也者，其为仁之本与！'（《论语·学而》）有子说得不为过[2]，孔子弟子中曾子一系的儒家更把孝推崇到绝对的

---

① 郭店楚墓竹简 [M]. 北京：文物出版社，1998：211.

② 照作者这一思路，说明有子重孝，但还存有问题。据说孔子死后，众弟子因有子像孔子而试图立之，而同样重孝的曾子坚决反对，为什么？（《孟子·滕文公上》："他日，子夏、子张、子游以有若似圣人，欲以所事孔子事之，强曾子。曾子曰：不可，江汉以濯之，秋阳以暴之，皓皓乎不可尚矣。"）

地步。若按通常有人所理解和论说的仁之核心在推己爱人，则'孝悌'怎么和'仁之本'有这么紧的逻辑关系？因为可以假设，未必孝悌照样可以施仁'爱人'，甚或可以反过来问，以爱人之仁为孝悌之本又未尝不可？但究明了'仁'的原本内涵，则有子所说千真万确。'仁'正是'孝'在对死去祖先或亲人尽祭尽哀这个环节上的表现，'孝'当然为统领'仁'之本根了。二者如是次序的关系之发生，正是通过丧祭之礼为中介环节。由于为了在生、死、祭祀三个环节上一贯到底的尽孝，所以就要对死祖的神灵尽心哀戚，此即'仁'的精神的实现……孔子说过'仁者爱人'（《论语·颜渊》）。《说文》第一种释义是表示这个意思，注引《正义》曰：'人偶者，谓以人意尊偶之也'，又引孟子曰：'仁也者，人也，谓仁乃是人之所以为心也。'（前引《说文解字注》人部仁字）这是未及'仁'之本源，并且以人偶相爱为仁之本源，又把它和以本源之仁作为人心相混淆了。后世学者受许慎第一种释义的影响最大，并常以此去理解孔子思想体系和儒家仁学真相。照此说法，仁是人与人横向之爱的德目，是一种'关系'。表面上看来关系不大，实际上差之毫厘失之千里。这种理解把仁变成了横向对等的爱，因而是一种缺乏内在超越性的有局限之概念。这就割断了仁之心性本源的内涵。依我们的考订，'仁'不因横向关系而立，因为它的本源在于自发的、纵深的、内在超越的心性。这个内涵相对于对等之仁爱的仁是具有基础性和优先性的。横向之仁有赖于纵深心性之仁才得以发生。从思想发生史看，'从人二'的仁的后起，也正表现了它是优先的内在仁性的发用流行的产物。'仁'从关于'尸'之意识而起，而'尸'的本质是人的意识的自发的对象化物，它的内涵不表现于哀怜实存对象，相反它实际上是心性的自我之一种自动显现自身的过程。正由于这种心理对象化的'仁'自发地存在，它才能最后将怜爱之情平移投射到生人对象上。不过，即便不忍人之内在心性的仁达到横向的爱的阶段，衍生人与人相爱之新的内涵，'仁'仍然保留着它产生于哀怜死者鬼神之原始性意义，不但如此，它的这方面底质还在后世丧祭礼历史的长河中一再被强化。在孔孟那里，他们是混用思想史上有先后次序的三种仁的，我们现在得以辨明这一点。孔子骂宰我不服三年之丧不仁，孟子说的'人皆有所不忍，达之于其所忍，仁也'，这是指的本源之仁，也即心性之仁本身；孔子说的'仁者爱人'，孟子说的'仁者以其所爱，及其所不爱'（《孟子·尽心下》），这是说的推本源之仁而及于他人，即在心性之仁基础上的自发爱他人；孔子说的'仁者，人也，亲亲为大'（《礼记·中庸》），孟子说的'仁，人心也'（《孟子·告子上》），这些是要人恢复本然的心性之仁，即以心性之仁的观念为人心。征诸儒学思想史，后世儒者接踵发明心性论，此可谓巧合中返本矣，只不过没有在历史的基础上考清历史性根据。据我们本文提供的考实，可知往后儒者有作，必反述于本源之仁，从心性上寻求内在超越方可谓符合仁的思想历史，有体有用矣。……我们上文已辨，上古甲文中，人与尸绝不相同，仁字不由'人'而来，而是由尸字而来。为何尸又与夷相假借，这就要从尸祭礼的发源民族谈起了。据传'夷俗仁，仁者寿，有君子不死之国'（注：前引《说文解字注》大部夷字），依上文分析，我们理解这句话应当是指上古东夷人是尸祭礼所设的发明者或者是他们的尸祭礼播布最广、影响最剧，而且他们较早倡导'仁'的观念。这即夷俗仁的历史秘密。王献唐先生注意到夷俗仁的传说，但似缺乏历史分析。《庄子》一书多攻击仁义，书中溯及仁义起源时说：'昔者黄帝始以仁义撄人之心，尧舜于是乎股无胈，胫无毛，以养天下之形。'（《庄子·外篇·在宥》）'自虞氏招仁义以挠天下也……'（《庄子·外篇·骈拇》）这里说黄帝、虞氏、尧等发明并鼓吹'仁'，可能是基于这几个部族较早倡导'仁'的历史。这种说法在先秦诸子著作中不少见，比阮元以'仁'至《周礼》始出、郭沫若以春秋前发现不到'仁'要公允些。而虞氏指的是舜,据《孟子》,舜是'东夷之人',因此很可能东夷风俗尤其尚仁,在黄帝、尧等众多部族中较早完善了尸礼制度。这里有一个考古学佐证,就是新石器中晚期以来各地区巨大的墓葬和氏族公共墓地的地下发掘极其丰富,这说明中国各古老民族重丧主义传统很早就兴若长河了。史载夏商西周均设'尸'是不为无据的,部族重'仁'就是与此丧葬祭祀礼仪互见互证的。将'仁'与丧祭礼文化史联系起来说夷俗'仁',是可以成立的。墓葬风俗之兴起、丧祭制度之早熟,就是古代人们对亲人亡故有不忍之仁的心理进化的伴生见证……正因为仁本源于丧祭之礼,所以孔子及其弟子尤其重视此二礼这个仁之发生源。尽管孔子说'未知生,焉知死',但还是主张'事鬼敬神'。孔子深知丧祭之礼废,则不忍之心晦,仁心荡然,亲情浇薄,爱人之心将随之而去,人伦道德将无本可立,最终重生爱仁之教旨也就全没了根基。所以孔子甚重丧祭礼,试图借此把仁的教旨潜移默化地培植起来。据《礼记·檀弓》,孔子二度居卫国时曾专攻丧礼。今存《礼记》,据班固云乃七十子后学之所记,其中太半是论丧礼的。由丧服五制可全盘揭示宗法制度体系……在这种意义上我们可以说,儒家有浓厚的重丧主义传统,其仁学奠基于其丧祭礼学之上,且傍依丧祭礼才能取之不竭、用之不尽。舍古礼则'仁'就是无本无源了……也正因为如此,丧礼之教难免偏弊。尽管老子也'助葬'于他人,但他是深知'仁'与丧礼泛滥深重之互为因果关系的。重仁必厚葬重丧,痛死不如哀生,所以他扬弃了'仁',批判孤立地讲'仁',相当于断去了'孝'行的下半截子——这就是老子孝慈并举,取慈孝而批判仁的历史原因。值得一提的是除了老子之外,墨家亦严厉地批判重丧主义的厚葬弥贫,反对痛死伤生。与老子不同的是,墨子斩断了仁的丧礼背景,但取了后衍的爱人之仁的仁的发用,即'兼爱'之仁。"[①] 此文对仁起源的探讨较为深入、较为特别,故此

---

① 谢阳举."仁"的起源探本 [J]. 管子学刊, 2001 (1).

系统引入以便更深刻了解作者之洞见。

从结构上看，仁字有"从身与心""从人从二"两个角度，尤其是后者曾长期居于主导地位。从人从二，既有许慎的文字解释基础，又与"仁者爱人"的基本定义相一致，对之加以重视实在有其必要。在这一角度上，"能近取譬，可谓仁之方也已"（《论语·雍也》）、"克己复礼为仁"（《论语·颜渊》）是很突出的。对于"从人从二"，陈洪杏从天地之生与《周易》阴阳之化的角度有所考察，认为："无论是'帝'崇拜还是《周易》，'二'的意味都不止于纯粹数字意义上的'二'，其中亦都蕴蓄着在两种相反相成的势态的相互作用中创造出新生命、新机运的契机。为此，这里有理由推断，产生于如此精神氛围当中的'仁'字其从'二'而不从'三'、从'四'、从'五'……绝不会只是一种偶然，其中必定蕴含了某种'生'的消息。明代学者方以智在《东西均·译诸名》中阐释'仁'时曾结合杏仁、桃仁等可感的经验，谓'仁，人心也，犹核中之仁，中央谓之心，未发之大菱也。全树汁其全仁（'汁'，和谐，协调——引者注），'仁'为生意……古从千心，简为二人。两间无不二而一者，凡核之仁必有二坼（'坼'，裂，裂开；引申为裂瓣——引者注），故初发者二芽，所以为人者亦犹是矣。'这是对'仁'所以从'二'之谜的道破。'仁'有生'意'这一点，除了可以从《礼记·乐记》里'春作夏长，仁也'、《礼记·乡饮·酒义》里'养之，长之，假之，仁也'等说法得到印证外，尤可以证诸《黄帝内经》。在这部医学典籍里，'仁'与'不仁'的字眼时常出现，它们所指向的意味无不与'生'相关。如《黄帝内经·素问·痹论》解释'不仁'的病理机制时谓：'其不痛不仁者，病久入深，荣卫之行涩，经络时疏，故不痛，皮肤不营，故为不仁。'宋儒谢良佐受此启发，在《上蔡先生语录》中指出：'仁者何也？活着为仁，死着为不仁。今人身体麻痹，不知痛痒谓之不仁。桃杏之核可种而生者谓之桃仁杏仁，言有生之意。推此，仁可见矣。'由此可以断定，为'仁'所从之'人'绝不会是一般意义上的人，而很可能是一男一女；'两间无不二而一'，生机或新生命的诞生只能从相感相冲之'二'（一男一女）而出，不可能由同类之'二'（两男、两女）或杂乱之'二'（不强调性别差异的两人）酝酿。正如核中之仁的'二坯'在一定意义上可以说反映了涵藏在核中之仁里的两种相反相成的动势，'仁'中的一男一女也可以说是两种相反相成的动势在'人'身上的体现。而且，更加真实的情形也许是，人对宇宙唯有在两种动势的相济相克中才能酿造新生机、新生命的自觉，最初是受到了人唯有在男女的两情相悦中才能孕育出新生命这一现象的启发，并以此为出发点去观察、捕捉、把握天地万物所以生生不息的契机的。"① 当然，从身心角度来解释仁也不可能完全废弃，身心关系对于理顺个体身心、慎独等方面有着不可替代的地位。不妨说，身心关系所处理的主要是单个人，从人从二主要处理的是人我群我关系②，二者都是人之为仁必须要处理好的两个方面③。

从地域上讲，最近很多学者多从《说文解字》"夷俗仁"④ 这一角度对仁与东夷的渊源关系进行了颇有意义的思考。如庞朴先生讲："古仁字从尸实系从夷，而从夷之所以为仁，当是夷风尚仁，风名从主的缘故；孔子怨叹道不行，曾'欲居九夷'，当因夷人能仁，不

---

① 陈洪杏. 生·亲·爱·仁——孔子是如何发现"仁"的？[J]. 哲学动态, 2009(3).

② 庞朴先生以为"仁"之"人"为根本，似乎对郑玄侧重"仁"之"二"有所批评。庞朴. "仁"字臆断——从出土文献看仁字古文和仁爱思想[J]. 寻根, 2001(1)；庞朴. 说"仁"[J]. 文史哲, 2011(3).

③ "如果说'从人从二'的'仁'字主要反映了人-我关系的一面，那么，'从身从心'的'悬'字则更多反映了心-身内在的一面，它们共同构成了'仁'的完整内涵。孔子仁学正是从这一传统而来，包含了'成己'与'爱人'两方面内容。"梁涛. 郭店竹简"悬"字与孔子仁学[J]. 哲学研究, 2005(3)：46-52.

④ "夷，平也，从大从弓，东方之人也。""唯东夷从大，大，人也，夷俗仁。仁者寿，有君子不死之国。"许慎. 说文解字[M]. 北京：中华书局, 2003：78、213.

是随便说说的”；“这个尸（夷）字，在甲骨学初期曾被释为'人'，尸方被说成'人方'。其实这倒无可厚非，因为字形确实如此。所以从尸字衍生出来的仁字，古字从尸，今字从人，本来也没有分别”；“在我看来，'仁'字的关键部件在'人'，人就是尸，就是尸族族风，就是仁”；“仁是孔子学说的中心思想。从孔子推崇'先进于礼乐，野人也'和'欲居九夷'的言论来看，他是把自己的仁学和尸（夷）风尸（夷）俗视同一体，并以之为美的。而到了郭店楚简成书、诸子百家竞起，'天下多得一察焉以自好'的时代，情况便起了变化。同是孔子所提倡的那个仁，此时已不能再停留在单从九夷源头来追溯的老调上，而更需要着眼于挖掘它的形而上学身价，发现其人情人性的本质。所以，孔子尽可以沿用以尸作仁为术语，因为他的仁学是述而不作的；而子思们的形而上的仁学，就不便再安于历史的茧壳，而不得不改弦更张了。于是他们甩掉了早先那个从尸的仁字，另外造出一个崭新的、反映时代要求的仁字来”；“仁字抛开从尸或从人的依傍，而改成从心的字样，这意味着造字者们在向世人宣告：仁德并非某个氏族（尸方或人方）所专有，也不是从哪儿借鉴和复制而来的傥来物，有如先前从尸的仁字所显示的那样；仁者人也，它本是人类（凡有'心'者）所特有和所必修的美德，是人之所以异于禽兽的天命之性。”[①]在庞朴先生研究的基础上，刘康德从悬（仁）出发，从生理与身体的角度解释了“仁由悬出”包括“仁由身出”和“仁由心出”[②]。

在仁之范围上，儒学首先讲人禽之异以突出人对于物的优先地位，有孔子的“鸟兽不可与同群”和孟子的“人之异于禽兽”为代

---

①　庞朴.“仁”字臆断——从出土文献看仁字古文和仁爱思想[J]. 寻根,2001(1)；庞朴. 说“仁”[J]. 文史哲, 2011（3）.

②　刘康德. 从“（悬）即仁”说到孔子仁学中的生理元素[J]. 贵州师大学报,2009（2）.

表；儒学还讲人对万物有所包容，这以孟子的"亲亲而仁民，仁民而
爱物"以及宋明儒学张载的"民胞物与"和程颢的"仁者以天地万
物为一体"为代表。而道家则更强调人与万物在道之下的平等，如
《老子》的"天地不仁，以万物为刍狗"、《庄子》的"同于禽兽居，
族与万物并"①。告子与孟子对犬、牛、人之性相同还是相异进行过争
辩，对仁内义外还是仁义内在进行过辩论。简言之，儒学的仁爱大
体是孟子所讲的亲亲、仁民、爱物以及宋明理学万物一体、民胞物
与的不断扩展的历程。很多学者都注意到了，如张世英先生认为："儒
家伦理道德观的发展过程从孔子的'孝悌—为仁之本'，经孟子的
'恻隐之心—仁之端'，到宋明道学家的'万物一体'之'仁'，是一
个逐步明确的以'万物一体'为道德的本体论根源的思想发展过程，
也是一个逐步突破血缘亲情为中心的伦理道德观转向博爱精神的过
程。"②李景林认为："'仁'由'亲亲'而'仁民'，又由'仁民'而
进一步扩张、升华，从而进入另一个更高的境界和层次：爱物。这是
'仁'的整个行程的最后完成……一般地说，仁，爱人也。具体地说，
仁，亲亲、仁民，爱物也。施由亲始，前后有定，含义有别，爱分差等，
由浅及深，由近及远，循序渐进，广大悉备。"③白奚认为："'亲亲而
仁民，仁民而爱物'这一命题，不仅申明了仁民爱物必须以满足亲
亲之情为前提的原则，而且也提出了在满足亲亲之情之后，必须将
此爱心向外扩展的道德要求。仁虽然始于亲，却不终于亲，这是仁
能够成为人类最普遍的道德原则的关键所在。由'亲亲'推展到'仁
民'，再由'仁民'扩充到'爱物'，清楚地表达了仁的层次递进性

---

① 《吕氏春秋·爱类》："仁之于他物，不仁于人，不得为仁。不仁于他物，独仁于人，
犹若为仁。仁也者，仁乎其类者也。"《淮南子·术训》："偏知万物而不知人道，不可谓智；
偏爱群生而不爱人类，不可谓仁。仁者，爱乎其类也。"

② 张世英. 儒家与道德 [J]. 社会科学战线，2006（1）.

③ 李景林. 论孟子的仁学 [J]. 管子学刊，1994（1）.

的思想。在这三个递进的层次中，'亲亲'是仁的自然基础，'仁民'是仁的核心和重点，'爱物'则是仁的最终完成。广而言之，仁包含了'亲亲''仁民'和'爱物'；就狭义来说，即具体到亲族、非亲族、万物这三个层次上，仁的适用范围实际上主要是在中间的一个层次——'仁民'。这样的限定并没有降低仁学的价值，反而是对仁的精神的凝聚和提升，突出了'爱人'的主题，真正体现了仁学的精髓。由孟子所阐释的这种层次分明的仁爱观念，既可以满足人类最基本、最自然的血缘亲情之需要，又突出了普遍的人类之爱，并使爱心超越了人类社会的畛域，扩展到无限广大的天地万物。因而，'亲亲而仁民，仁民而爱物'这一命题具有重要的理论价值，是孟子对孔子仁学的一项重要推进。"①

有的学者还发挥了儒学对自然环境的保护意识，如蒙培元先生认为："过去人们在解读孔子的仁时，仅仅局限于人间性，说成是处理人与人之间关系的原则，更早的解释则是'相人偶'（马融），意即二人相向。这固然有某种平等的意义，但基本上是从外在关系方面解释的。仁的实现离不开人间关系，孔子对此十分重视，并有大量论说。可以说，以'爱人'为基础的人间和谐是孔子所向往的理想社会。但仁首先是人的内在德性，一切伦理关系都是建立在这一德性之上的。仁作为人之所以为人的根本德性又是建立在道德情感之上的。人的道德情感是生而具有的，问题在于如何培养和提高，使之成为普遍的道德理性。如果从德性的意义上理解仁，那么，仁的实现就不只限于人间性，而且适用于自然界的万物。就是说，仁不只是要求人间和谐，而且要求人与自然界的和谐。这种和谐不仅出于人的内在情感的需要，也出于人的生存与发展的需要。特别在人与自然的关系问题上，孔子不仅提出要建立一种审美关系，而且

---

① 白奚. 孟子对孔子仁学的推进及其思想史意义 [J]. 哲学研究，2005（3）.

要建立一种伦理关系，总而言之，是审美与道德合一的和谐关系……孔子的学说特别是他的仁学，首先是以人为本的，他最关心的是如何生活。他提出了德性主体的问题，主张人要过一种德性生活，这方面的论述是很多的，不必细举。但人的最高德性是仁，人的生活应当以仁德为依据。仁的核心是'爱'，这是一种普遍的道德情感，它的实现就是'爱人'（《论语·颜渊》），但其扩展则不止于爱人，还应当爱惜自然界的一切生命。这是仁的德性的必然表现，不是为了人的利益而去爱。孔子尚未提出'爱物'的学说，这一学说是由孟子提出的，但在孔子的学说中包含着这方面的内容，孟子只是将这一内容明确地揭示出来并加以发展罢了。"①

蒙培元先生还认为：通过楚简和孟子直到宋明儒的解释，我们重新发现孔子仁学的普遍性的可能意义，其中最重要的是仁是人所具有的内在德性，其根本内容则是"爱"，其对象既有暂时的规定性，亦包含潜在的可能性。也就是说，仁的实现首先是"亲亲"，由此形成"孝道"；接着是"爱人"，由此形成人与人之间的相互尊重与关怀，即"忠恕之道"；同时又能够从中引申出"爱物"之义，即对自然界其他生命的关怀；并进而引申出"仁者以天地万物为一体"的天人合一境界，以此为人生的终极关怀。这种解释的延伸，是历史形成的，也是理论形成的。就其可能意义的"实现"而言，它又回到了原点，即中国哲学从一开始所确立的"天人之际"的问题。这种"实现"，同时又是原初意义的不断丰富与范围的不断扩大。②

白奚认为：关于儒学仁爱观念的生态学意义，须从仁爱观念的自然基础开始我们的讨论，这个自然基础就是亲亲之情。亲亲之情即血缘亲情，它是人类最基本的天然情感，包括父母与子女的亲情及

---

① 蒙培元. 孔子天人之学的生态意义 [J]. 中国哲学史, 2002 (2).
② 蒙培元. 中国哲学的诠释问题——以仁为中心 [J]. 人文杂志, 2005 (4).

其向血缘亲族的推展。由于血缘关系有远有近，故亲亲也有先后和等次。首先是父母与子女之间的亲情，然后是兄弟之亲情，再逐次推及其他亲属。随着血缘关系的逐渐疏远，亲的程度是递减的，这就是所谓的"亲亲之杀"。"杀"即衰减，然而无论如何衰减，即使是对那些与自己毫无亲缘关系的人，也仍然要以爱相待，只要能做到这一点，就符合"仁"的要求……概而言之，"亲亲而仁民，仁民而爱物"的思想，是以亲亲之情这种人类最基本的道德情感为基础和出发点，逐步向外推展，超出亲情的范围来"泛爱众"，将爱心扩大到整个人类社会；然后更进一步，将此适用于人类社会的伦理道德观念推广到人与自然的关系，将仁爱的精神和情感贯注于无限广大的自然万物，用爱心将人与万物连为一体。这种爱心是何等的博大！以今天的眼光观之，我们可以称其为生态伦理的思想[①]。

张世英指出儒家的天人合一应始自孔子，并且孟子的天人合一讲的是"人与义理之天的合一"[②]。

当然儒学以道德为主，道德之天与自然之天、道德与自然关系如何，不同学者的理解不尽相同。刘学智认为："儒家的'天人合一'，其主流精神是指建立在道德心性论基础上的主、客未分的'天人一体'，而非以自然为本和表现为主、客分立关系模式的'天人和谐'。"[③]杨泽波区分了自然的天人合一和道德的天人合一，认为："在孟子思想中尽管也包含自然天人合一的内容，但那绝不是孟子思想的主导部分，孟子追求的是道德的天人合一"[④]；"不宜将孟子有关环境的论

---

① 白奚. 仁爱观念与生态伦理 [J]. 首都师范大学学报：社科版，2002（1）.

② 张世英. 中国古代的"天人合一"思想 [J]. 求是，2007（7）.

③ 刘学智. "天人合一"即"天人和谐"？——解读儒家"天人合一"观念的一个误区 [J]. 陕西师范大学学报：哲学社会科学版，2000（2）.

④ 杨泽波. 就《孟子大传》与刘鄂培先生商榷 [J]. 复旦学报：社会科学版，2002（2）.

述作为其天人合一思想的主要部分，把孟子打扮成一个战国时代的环境保护主义者。"① 他还指出，道家是实有形态的天人合一，而儒家则是道德境界的天人合一。②

当然仁爱范围也包括家与国、孝与忠、仁与孝之间的复杂关系。但总体而言，说儒学大体有一个由内而外、由亲亲而仁民而爱物这一不断扩张的过程，大家还是基本认同的。在仁爱范围的认识上，陈来教授新著《仁学本体论》对孔孟之仁进行了系统而条理、独到而深刻的阐发。他一方面指出相对于爱亲，孔子以爱人为仁之定义具有超越的普遍含义："西周时期的'仁'以爱亲为本义，但到孔子已经把爱亲发展为爱人，并把爱人之'仁'化为普遍的伦理金律，因此那种强调仁的血缘性解释的观点对孔子而言是不正确的"；"总体来看，西周的'仁'以爱亲为本义，但到孔子已经把爱亲发展为爱人，并把爱人之'仁'化为普遍的伦理金律，故那种强调仁的血缘性解释的观点对孔子而言是不对的"；"仁以爱人为核心，实际上仁又不止于亲情之爱，仁超越了亲属之间的亲爱，早已变为大爱无疆，具有深厚的涵义"；"孔子的仁说早已超出血缘伦理，而是以孝悌为实践基础的普遍的人际伦理，其仁者爱人说、伦理金律说，都具有普世的意义。"③ 他还以《尹文子》第二卷的"故仁者，所以博施于物，亦所以生偏私"为例说明爱亲的局限，这是不少儒学论著中少有的："这里指出，仁既'所以博施于物'，同时，'亦所以生偏私'，因为仁爱是推己及人的扩大，从对双亲的爱扩大到仁民爱物的爱；但正是因为仁是从亲属之爱开始，也就存在对亲人的偏私，而使仁的扩大

---

① 杨泽波. 孟子天人合一思想中值得注意的两个问题 [J]. 浙江社会科学，2001（4）.

② 杨泽波. 儒家天人合一思想的道德底蕴 [J]. 天津社会科学，2006（2）.

③ 陈来. 仁学本体论 [M]. 北京：生活·读书·新知三联书店，2014：17、105、129、459.

受到一定的阻碍。"① 另一方面,他还细致指出仁对于不同阶层的要求是不同的，这也是不少论著少有的。针对《国语·晋语一》的"为仁者，爱亲之谓仁。为国者，利国之谓仁"，陈老师解释道："这是说'仁'的实践有两个层次，就一般人而言，'爱亲之谓仁'，仁即对父母双亲之爱；而就统治阶级的成员而言，'利国之谓仁'。一个政治领导者只爱其亲，还不能算是做到了'仁'，必须有利于国家百姓，才算是做到了'仁'。从这里可以看出，一方面，'爱亲之谓仁'是当时通行的一种对'仁'的理解；另一方面，一个人是否完成了'仁'的德行，是和他的社会位置关联着的，不同的社会位置所要求的'仁'是有所不同的。"② 当然，陈老师也阐发了孟子之仁的重要性："孟子向外把爱人扩大到爱民、爱物，又向内把仁追溯到恻隐之心，从内外两方面扩大了仁学。"③

在仁爱之方式上，存在推己及人与视人如己、差等与平等的关系，可以说在是否关爱别人上，儒学（在理论上）肯定承认理应关爱别人；但在如何关爱别人上（差等还是平等），则存有明显分歧。多数学者认同儒学的由近及远、由亲及远的差等模式为自然合理、易于实行，而认为墨家的平等合乎理论但不合乎现实，如张世英、白奚；只有少数对儒学差等有所批评而对墨家平等有所肯定，如郝长墀④。张世英认为，由于孔子的"爱人"（"仁"）是由推己及人之"推"才达到的，所以这里的"爱人"（"仁"）就有了亲疏远近之差等的含义，儒家的"爱有差等"说由此而来。学者对于孔子的"爱有差等"说评价不一，甚至在 2002 年至 2004 年引起了一场颇有规模的学术争论。

---

① 陈来. 仁学本体论 [M]. 北京：生活·读书·新知三联书店，2014：125.
② 陈来. 仁学本体论 [M]. 北京：生活·读书·新知三联书店，2014：102.
③ 陈来. 仁学本体论 [M]. 北京：生活·读书·新知三联书店，2014：129.
④ 郝长墀. 墨子是功利主义者吗？——论墨家伦理思想的现代意义 [J]. 中国哲学史，2005（1）.

　　我以为，爱有差等乃自然之情，也可以说源于自然之天的天性，这一自然的事实在任何时代都不可否认、不可回避。问题在于："爱有差等"之"差等"可以"差"到何种程度？是否可以"差"到为了爱己之亲而完全不顾路人之利害以至生死性命？在自然的、孝悌之类的血缘亲情之上，是否承认还有某种更根本的、更高层次的原则来制约血缘亲情？孔子是否明确地把他所讲的"仁"看作高于孝悌之类血缘亲情的至上原则？……

　　孔子的"仁"包含"推及"和"差等"两层含义，"仁"作为孔子所树立的最高道德标准，其本意重在"推及"，重在将爱推及他人，而不是强调"差等"，不是要主张少爱他人。但由于孔子的"仁"是自"孝悌"亲情始，这种自然感情所具有的差等属性便使孔子以及后世儒家所讲的"仁"打上了较深的亲情伦理的烙印，这是孔子和儒家的"仁"与西方人所讲的平等之爱的不同之处。在中国思想发展史上，孔子的"仁"始终没有发展成为在其面前人人平等的道德原则以至法的原则。亲情伦理以及由此而产生的以法屈情的局面长期存在，它适应于中国的家族制度与封建社会制度的稳定。

　　与先秦儒家同时的墨家倒是提倡平等之爱，即所谓"兼爱"。"兼爱"与儒家之"仁"爱的根源不同。后者源于人之天性，所谓"天性"也就是人之自然本性，因此也可以直截了当地说源于人，"仁"不过是亲情的向外"推及"，故仁爱是差等之爱。墨家的"兼爱"之根源不在人而在"天"，此"天"不是自然之天，而是有人格意志的"天"，墨家称之为"天志"或"天鬼之志"。在这种超越现实的、有人格意志之"天"的面前，人和人是没有远近亲疏之别的。"天志"兼爱天下，故"兼爱"之爱是平等之爱，而非差等之爱。这就有些类似西方基督教所提倡的爱，基督教之爱的根源在上帝，故基督教之爱是平等之爱，而非差等之爱。当然，基督教徒个人亦在自己的实际思想和行为中不可避免地掺杂一些差等之爱的天然本性，这是另外一个问题。墨家与基督教都因提倡平等之爱而树立了一个超乎血缘亲情之上、制约血缘亲情的最高道德原则。从我们今天社会发展的形势和需要的角度来看，墨家与基督教所树立的这个最高道德原则比起受血缘亲情所笼罩的"仁"德，在某种意义上有其优势。要指出的是，我无意将平等之爱与差等之爱绝对对立起来。我主张当今的社会应在以平等之爱为基础、人人平等享有基本权利（如法律面前人人平等）的最高原则之下，允许人有血缘亲情的差等之爱的空间。也就是说，不允许血缘亲情之爱发展到违反上述最高原则的地步，否则就为法律所不容。[①] 如白奚认为："孔子对仁的一个最基本的规定就是'爱人'，即'泛爱众'，爱一切人。这一规定突出了一个'爱'字，突破了血缘亲情的范围，肯定和倡导普遍的人类之爱，为儒家的仁学定下了基调。但是血缘亲情毕竟是人类最基本的情感，有无血缘亲情以及血缘亲情的远近毕竟是大不一样的，必须区别对待，因而理应有它的层次性，其中居于最基础层次的就是由血缘关系而来的亲亲之情，它是仁的自然基础……揭示仁爱观念的自然基础，强调仁爱必须以首先满足亲亲之情为前提，这对于儒家来说是十分要紧的。爱有差等，区分轻重缓急，由亲及疏，由近及远。仁爱的这一原则是如此的简易平实，它立足于人的天然情感和基本的道德需要，以致如果违背了这一原则，仁爱便会流为空谈。墨家试图超越这一原则，主张爱无差等，'视人之家若视其家，视人之身若视其身'（《墨子·兼爱中》）。这样的爱，看起来更加博大无私，但它不区分亲亲之情的有无和远近，不主张优先满足此种亲亲之情，最终只能是脱离了实际，违背了人之常情，以致难以实行，甚至根本无法实行。墨家本意是要将普通人提升到亲人的地位而亲爱之，

---

① 张世英. 儒家与道德 [J]. 社会科学战线, 2006 (1).

结果却事与愿违，反而是将自己的亲人降低到普通人的位置而疏远之。墨学之中绝，同其主张中多有此类违背人之常情的内容有极大的关系。有鉴于此，后儒常以墨家为戒。有人问程颐：'为仁先从爱物上推来，如何？'程颐回答说：'不敬其亲而敬他人者，谓之悖礼；不爱其亲而爱他人者，谓之悖德。故君子亲亲而仁民，仁民而爱物。能亲亲，岂不仁民？能仁民，岂不爱物？若以爱物之心推而亲亲，却是墨子也。'（《河南程氏遗书·卷二十三》）相比之下，儒家的仁爱思想之所以广为人们接受，具有永恒的价值，就在于它于平实之中见高尚、易简之中见深义，植根于人类最基本的自然情感，满足了人类最基本的道德需要。"①孟子曾说过"逃墨必归于杨，逃杨必归于儒"（《孟子·尽心下》），似乎说明孟子处于"墨子—杨朱—孟子"系列的终端，但实际上孟子恐怕应该处于"杨朱（告子）—孟子—墨子"系列的中间。郝长墀亦从"我—我们—他人"的角度有深刻分析。②

　　仁与亲、仁与孝的现实联系逐渐使之成为必须处理好的一个重要环节。关于仁与亲，孔子是鲁国人，鲁国与附近的齐国有明显差异。因为两国立国之初在变革还是沿袭当地风俗上有差异：鲁国是变、是革；齐国是简、是从。据《史记·鲁周公世家》记载："鲁公伯禽之初受封之鲁，三年而后报政周公。周公曰：何迟也？伯禽曰：变其俗，革其礼，丧三年然后除之，故迟。"而姜太公受封于齐则"五月而报政周公。周公曰：何疾也？曰：吾简其君臣礼，从其俗为也"（《史记·齐太公世家》）。两国的用人政策也有差异，鲁国是"尊尊而亲

---

① 白奚. 孟子对孔子仁学的推进及其思想史意义 [J]. 哲学研究，2005（3）.
② 郝长墀. 墨子是功利主义者吗？——论墨家伦理思想的现代意义 [J]. 中国哲学史，2005（1）.

亲"，齐国是"尊贤而上功"。① 据《汉书·地理志》记载："昔太公始封，周公问：何以治齐？ 太公曰：尊贤而上功。……周公始封，太公问：何以治鲁？ 周公曰：尊尊而亲亲。"王钧林以齐国管仲与鲁国曹刿为例解释了齐鲁两国的差异："齐国的'尊贤而上功'有利于发现人才，能够将社会上的优秀人才吸收到政权机构中来，提高效率，减少失误，扩大统治基础。鲁国'尊尊而亲亲'不容许宗法关系上的疏远者加于亲近者之上，更不容许异姓之人参与政权机构，久而久之就把姬姓贵族搞成了一个封闭性的小圈子，不利于政权建设和社会发展。在这方面，齐鲁两国的差异非常明显。管仲和曹刿是同时代的人，而且都是从社会下层脱颖而出的贤能之士。管仲原是齐桓公的政敌，经鲍叔牙推荐，齐桓公能够以事业为重，不记一箭之仇，重用管仲为相。曹刿在国难当头之际，毛遂自荐，帮助鲁庄公出谋划策，夺取了齐鲁长勺之战的重大胜利。建功立业在先，已经显示出曹刿忠君爱国的德与才，可是，曹刿在鲁国却始终未得到重用。这和管仲形成了鲜明对照。"②

仁与亲关系密切，然而亲亲与尊尊、亲与贤关系何去何从实在难解难分，不仅在地域上齐鲁两国有所差异，而且在学派上儒墨争议不止。在仁与孝上，有子曰："孝悌也者，其为仁之本与"；孟子曰："仁之于父子"；《孝经》曰："百善孝为先"，等等。他们都看到了仁与亲、仁与孝的密切关系。徐仪明认为："孔孟的仁孝观体现了古

---

① 如果按照李衡眉的解读，"尊尊"是周文化的主要特征、"亲亲"是殷文化的主要特征。鲁国原来是殷商之地，则鲁国实行"尊尊而亲亲"政策显然是用周文化取代殷文化（至少是把周文化置于殷文化之上）。如此一来，伯禽治鲁肯定是变、是革，而姜太公是简、是从；并且伯禽治鲁难度之大可想而知，姜太公用五个月，而伯禽用三年。同时，根据李衡眉的解读，尊尊是礼、是文，亲亲是仁、是质，则孔子既讲仁又讲周礼可以说明孔子虽讲仁与亲、仁与孝之关系，但显然也会超越亲、孝而讲礼、文，后一角度显然有利于仁超越地域、血缘等自然因素而逐渐成为社会普遍现象。当然，孔子讲仁又讲礼是努力协调殷与周，还是力图以周取代殷，可以继续讨论。

② 王钧林.鲁文化的来源与特点 [J].齐鲁文化研究，2005（4）.

代人道主义。它强调孝为仁的根本和实质，而仁则为孝的直接与具体的体现。"① 沈顺福认为："从道德发生机制来看，仁爱是最容易发生的道德行为。在众多的道德规范中，孝是最合适的价值观，同时这种价值观与事实也是最容易操作的。于是，从言说性、基础性和操作性等几个方面综合来看，孝被儒家当作实现仁爱的第一步。"② 在仁学上，张世英对"孝悌为仁之本"与"仁者爱人"考察相对全面。他以为："关于'仁'德的根源基础问题，在孔子那里都还是很不明确的。关于'孝悌也者，其为仁之本与'一语，后来在宋儒那里有不同的解释：一说孝悌只是'行仁之本'，而非'仁之本'；一说孝悌即是'仁之本'。在前者看来，孝悌只是实行'仁'德的起点，孝悌之'心'比仁'性'低一层次；在后者看来，孝悌即仁本身之根本。我这里采取第一种解释，即程颐的说法。说孝悌或血缘亲情还只是行仁的一个起点，这就意味着孔子尚未回答'仁'德本身的根源、基础问题。孔子认为要行仁，还需要把这种血缘亲情推而广之，以及于他人，这才算是实行了'仁'，故曰：仁者'爱人'。"③ 在仁与孝上的一个具体问题便是"三年之丧"（《论语·阳货》），别人以三年之丧太长，孔子却要求从人之具体成长历程来体会父母的养育之恩。

儒学讲仁，仁与孝关系密切，可是，仁孝与义孝、孝之情与理更加难以辨别，以致至今争议不断。当然，儒学对仁与亲、仁与孝多从正面、一致的角度来认识，如果扩展对仁的考察，则关于仁与亲、仁与孝的负面、对立的角度的观点也值得注意。如《老子》讲"圣人不仁"、《庄子》讲"至仁无亲"等。补充一下，关于仁与孝悌，朱熹曾提到程子的话："谓孝弟为行仁之本，则可；谓是仁之本，则不可"；朱熹解释程颐的"仁是本，孝弟是用"时讲到"仁是理，孝

---

① 徐仪明. 孔孟仁孝观与二程知医为孝说 [J]. 开封大学学报，1999（4）.
② 沈顺福. 论道德的基础：从仁与孝的角度出发 [J]. 社会科学，2009（6）.
③ 张世英. 儒家与道德 [J]. 社会科学战线，2006（1）.

弟是事。有是仁，后有是孝弟"；朱熹还非常认同程颐的"为仁以孝弟为本，论性则以仁为孝弟之本"，自己提出了"仁是性，孝弟是用"；朱熹还讲"孝弟便是仁。仁是理之在心，孝弟是心之见于事"①。这些角度显然值得关注。

关于仁与礼，颜炳罡老师指出："仁与礼是孔子学说的两个基本范畴，仁礼关系是孔子学说的基本关系。在传统和乐文化中发现仁，复引仁入礼，以礼释仁，赋予礼乐文化以真实意义与内在价值是孔子对中国文化的巨大贡献。孔子在中国文化史上创建了以仁为本源、以礼为表征、仁礼合一的思想系统。在这一思想系统中，礼是孔子对传统的继承，仁是孔子的创辟；仁是内在原则，礼是外在规范；仁是绝对的，礼是相对的；仁是常道，礼是变道。从纵向上讲，孔子的仁礼合一是继承与创新的合一；从横向上说，仁礼合一是内在原则与外在表现形式的合一。"②颜老师还指出："自孔子开始，仁礼关系就是儒家学说的基本关系，如何处理这种关系涉及儒学发展的不同方式。孔子建立了以仁为本源、以礼为表征、仁礼合一的思想系统。这一思想系统存有向依仁以成礼和设礼以显仁两个向度发展的可能性。后世儒者如孟子等尊仁，依仁以成礼；而荀子等崇礼，设礼以显仁。两汉以下，降至明清，两种方式此消彼长，不断争胜较长。儒学在当代只有仁礼双彰，双向并进，实现依仁以成礼和设礼以显仁的有机结合才是自身发展的健康之道，才能为人类做出新贡献。"③

颜炳罡、彭战果认为："如果说仁是孔子思想的核心，那么礼就是孔子思想的表现形式；如果说仁是孔子思想之体，那么礼就是孔子思想的显用或体用。礼体现了孔子对传统的继承，而仁代表了孔子

---

① 朱熹. 朱子语类（第二十卷）[M]. 北京：中华书局，1986：459、462、471、474.

② 颜炳罡. 论孔子的仁礼合一说 [J]. 山东大学学报：哲学社会科学版，2001(2).

③ 颜炳罡. 依仁以成礼，还是设礼以显仁——从儒家的仁礼观看儒学发展的两种方式 [J]. 文史哲，2002（3）.

对传统的创辟。孔子述往圣，开来学，融旧铸新，仁礼两范畴足以当之。礼言其旧，仁言其新；礼言其述，仁言其作；仁礼合一，是孔子学说的基本特质。"①

牟钟鉴认为："在孔子的思想里，仁是内在的文明的情感和观念，礼是外在的文明制度和行为规范，两者即体即用，不可分割。"②

万俊人称："在孔子的思想体系中，'仁'与'礼'构成了个人美德伦理与社会规范伦理的内外整合伦理模式。其后，思孟学派至宋明心学主要发挥了孔子的'仁'学，经孟子首次把'仁'与'义'合而论之，形成了儒家伦理的仁义美德传统。"③

梁家荣把仁与礼的研究分为三类，并进行了分析评价："关于孔子学说中仁与礼的关系之问题，当代研究者的意见大致可分为三种：（一）认为孔子之道以仁为主，礼只是仁的外在表达……我将这种看法称为'仁本说'。（二）认为孔子之道的中心是礼，仁依附于礼……我将这种看法称为'礼本说'。（三）认为在孔子之道里，仁与礼同等重要，两者并无主次之分……我将这种看法称为'仁礼并重说'"；"以'仁本说'解释孔子的学说，即认为礼比仁更为次要，或仁比礼更为重要的想法是错误的。另一方面，'仁礼并重说'也是错误的；在孔子的思想中，仁与礼亦非同等重要，并非无分轩轾，而是有从属关系的……我们将尝试指出，'复礼'才是孔子之道的最终目标，仁只不过是其中的一个条件。但虽然如此，仁的内容却不能由礼所限定。因此，'礼本说'也是有毛病的"；"在孔子的学说中，仁与礼是有从属关系的，仁是礼的必要条件，礼是仁的充分条件，两者的关系并不对称，因此，'仁礼并重说'是不能成立的。其次，虽然孔子认为有礼必有仁，但有仁却不必有礼。礼不只是仁的外在

---

① 颜炳罡，彭战果. 孔墨哲学之比较研究 [M]. 北京：人民出版社，2012：47.

② 牟钟鉴. 新仁学构想：爱的追寻 [M]. 北京：人民出版社，2013：85.

③ 万俊人. 寻求普世伦理 [M]. 北京：北京大学出版社，2009：105.

表达，它本身包括在仁以外的价值，因此，'仁本说'也是不能成立的。"①

梁家荣似乎与常规不同，很重视礼，甚至认为礼重于仁。对于孔子的"人而不仁如礼何？人而不仁如乐何"，他认为："简而言之，其实就等于说，'不仁，则无礼'。相反来说，这句话同时亦等于说，'有礼，则有仁'。换句话说，这句话其实就是表示，仁是礼的'必要条件'（necessary condition），而礼则是仁的'充分条件'（sufficient condition）"；"孔子是认为，一个人能够守礼，即已经表示这个人是具有仁的了。这与现时很多学者对礼的看法有明显的不同。现时不少学者以为，礼只是'外在的形式'，仁则是'内在的精神'。"②对于孔子的"知及之，仁不能守之，虽得之，必失之。知及之，仁能守之，不庄以莅之，则民不敬。知及之，仁能守之，庄以莅之，动之不以礼，未善也"，梁家荣认为："这句话对我们了解孔子之道中的仁礼关系是甚为重要的，但可惜却为多数当代中国的儒学研究者所忽略。这句话表示，即使行事以仁，但却不加之以礼的话，则犹不可以称之为'善'，要到动之以礼的时候，才可以称之为'善'。显然，礼有独立于仁以外的价值。"③梁家荣明显认为礼比仁重要："有礼则有仁，但有仁却不一定有礼"；"如果我们了解到仁只是礼的一个必要条件，有仁不一定有礼，则孔子说管仲仁而不知礼，就毫不奇怪，也毫无矛盾了"；"在孔子的学说中，仁只不过是礼的一个基础，而行事上的最终理据则是礼而不是仁"；"仁在孔子的学说里，其实只不过是'基础课程'而已，'复礼'才是孔子的人道论的宗

①　梁家荣. 仁礼之辨：孔子之道的再释与重估[M]. 北京：北京大学出版社,2010：29-30、33、37.

②　梁家荣. 仁礼之辨：孔子之道的再释与重估[M]. 北京：北京大学出版社,2010：34.

③　梁家荣. 仁礼之辨：孔子之道的再释与重估[M]. 北京：北京大学出版社,2010：36.

旨。"① 梁家荣认为孔子的重心在于礼:"令孔子感到慨叹的是周代传统礼乐的衰坏,而孔子所欲修起者亦无他,就只是开始崩溃的周代传统礼乐制度而已。孔子并非要自订原则,另外订立一套礼乐制度,此即孔子所说'克己复礼'也";"事实上,只要我们细心阅读孔子关于礼的言论就不难发现,孔子根本未对传统礼制有过一丝半点的批评,也未主动提出对传统礼制的任何修改,更没有说过礼制是可以'随时修改一下'的。"②

在为仁方式上,仁之推行既涉及平等,又涉及差等,大体是抽象的平等与现实的差等③。平等如忠恕、"能近取譬""人皆可以为尧舜",差等如推己及人、修齐治平。这些都有很多学者长期关注,如徐刚认为:"'仁'是由'人'派生的同源词,是一个人的本质规定性:对人自己而言,是其作为人的根本要求;根据恕的原则,把自己当人,也就同样要求把别人当人,因此,仁也是君子对待他人的根本道德原则。仁因此也成为君子道德的出发点";"对于我们中国人来说,'己所不欲,勿施于人',比起'己欲立而立人,己欲达而达人'更容易为人所接受。但是对于西方人来说,却正好相反。他们把'己欲立而立人,己欲达而达人'称为黄金规则(the Golden Rule),把'己所不欲,勿施于人'称为白银规则(the Silver Rule),这是中西文化中非常重要的差异。"④

---

① 梁家荣. 仁礼之辨:孔子之道的再释与重估 [M]. 北京:北京大学出版社,2010:36-39.

② 梁家荣. 仁礼之辨:孔子之道的再释与重估 [M]. 北京:北京大学出版社,2010:40、45.

③ 杜维明称之为"同心圆",何怀宏称之为"涟漪"。费孝通提出"差序格局"。张世英先生提到朱熹的"三水坎":"仁便是本了,上面更无本。如水之流,必过第一池,然后过第二池、第三池。未有不先过第一池,而能及第二、第三者。……仁如水之源,孝悌是水流的第一坎,仁民是第二坎,爱物则三坎也。"朱熹. 朱子语类(第二十卷)[M]. 北京:中华书局,1986:463.

④ 徐刚. 孔子之道与《论语》其书 [M]. 北京:北京大学出版社,2009:74-75.

梁家荣认为："从西方近代人道论者如康德和西奇维克等人的道德观点看来，孔子所开出的'己所不欲，勿施于人'这条'仁之方'，根本就不能称之为'道德律'（moral law）或'道德原则'（moral principle），而只是一些老生常谈"；"孔子的'仁之方'，意义大致相当于西方所谓'金律'，显然只是一种有条件的行事方针，而不是康德等人观点下的普遍和无条件的'道德律'"；"孔子的'仁之方'是从'欲'讲起的。而如果'己欲'是'仁之方'的必要条件，那么'无欲'之人根本就不能明白何谓'己欲立而立人'，因此也就不可能成为'仁者'"；"孔子的仁道以'己欲'为条件，而其所追求的则是助成他人之欲。故仁道之可能，必须预设己欲与他人之欲是有共通之处的。以现时的话来说，即必须预设自己与他人有'共同兴趣'（common interest）"；"孔子所谓的'仁'虽然也有关人与人之间的互爱，但孔子的'仁之方'却是有相当的分寸的，并不如基督教所提倡的'兼爱'那样是没有任何条件的。"①

颜炳罡、彭战果对仁爱与兼爱有所比较："仁爱是由己层层外推之爱。正如汤因比所说：'儒家主张，爱应分阶段地加以分配。用同心圆作比喻，以自己为圆心，随着向外扩展，爱则逐渐减少。这种主张和把无差别的普遍的爱作为义务的墨子学说相比，显而易见易于为人的本性所接受。爱己比爱无关的人更容易。'儒家的推爱从人的自然亲情出发，更容易为人接受。就手段言，仁爱极易转化为实际。但这种推爱有可能推不出去，或者说即使推不出去，儒家也无可奈何。像有些人爱自己的父母，丝毫也不关心他人的父母，只关心自己的子女，一点也不愿意将这种关心推到他人子女，甚至有的为了自己的父母，为了自己的子女，不惜坑害他人的父母和子女。这就是说有些人亲亲而不仁民，或者仁民而不爱物，儒家徒叹奈何！如此一来，

---

① 梁家荣. 仁礼之辨：孔子之道的再释与重估 [M]. 北京：北京大学出版社，2010：183-186.

儒家的道德心愿就易枯萎和退缩，最后导致'儒其言而杨其行'（梁任公语）。这是仁爱之不足。兼爱正是基于这一点，才要求人们当下肯定对方之存在，爱人若己。爱人若己是从客体反馈到主体，而不是从主体推向客体。这样就弥补了儒学推爱之不足"；"仁爱与兼爱的互补。儒家的仁爱是以伦理亲情为基础，以成圣、成仙、为鹄的一种推爱；而兼爱则是以社会关系为基础，爱人若己的一种博爱。但由于仁爱是以伦理亲情为基础，层层外推能实现自身，与群己一体的近代平等观念并不十分协调。而墨家的兼爱是以社会关系为基础，爱人若己与近代群己一体的观念不相冲突"；"墨家提倡兼爱，已预设了对自己父亲的感情重于或高于他人之父之意，所以他才要求视人之父若己父。春秋时代，墨子是感于人们只知爱自己的国家而不知爱人之国，只知爱自己的家而不知爱人之家，只知爱己父而不知爱人之父，以至于天下大乱，所以他提出兼相爱。视人之父若其父，也就是像对待自己的父亲一样对待他人的父亲，由此绝得不出孟子所谓的'无父'的结论。"① 大体而言，忠恕有积极与消极两个角度；差等与人的自然情感能力有关，又有周代以来在制度方面之确保（如嫡长子继承制、分封制），有很强的基础和很长时间的运行，不容否定也不容小视。然而在制度变迁上毕竟**要**走向平等，而且儒学本来也不是没有平等因素，这一角度的**确认**及扩展显然越发值得注重，将在后文展开讨论。

学者们的解读可谓见仁见智、**各有千秋**。② 要而言之，似乎可以概述如下：仁之为字起源恐怕不早，以孔子为参照仁之为字也早不了

---

① 颜炳罡，彭战果．孔墨哲学之比较研究 [M] 北京：人民出版社，2012：128、283、285.

② 就贡献而言，庞朴先生、**谢阳举教授**、**陈来教授**近期对于仁学的理解做出的贡献最突出、最值得关注。就文献而言，赵维森的《孔子的精神世界：〈论语〉思想的体系化解读》，安乐哲、罗思文的《〈论语〉的哲学诠释》，唐明贵、刘伟的《论语研探》，周海春的《〈论语〉哲学》，夏德靠的《〈论语〉研究》也有值得关注之处。

多少时间；仁之为事实看来要早得多，尽管仁与尸、仁与夷之间大有关系，且越来越为人们所关注、所接受，对之进行不断深入考察可以使我们更加真实、更加深入地了解儒学思想来源；仁与二之间的关系虽然重要，但基本上应属后起之论，但其简洁易晓、简而易行，遂逐渐超越原始含义而成为主流标准，接受、扩展这一标准已成为现代社会众所周知的基本共识。当然，孔子与西周之礼乐文化、殷商之丧葬文化、东夷之仁风俗的诸多关系依然有着继续深化之必要。

第二节　仁之形上考察

学者们对仁的阐发使我们对仁之字形结构，仁与地域风俗、血缘亲情等方面的关系有了较为深入的了解，我们非常感谢他们的学术贡献。同时，我们又多少感到有些美中不足：一者，字形结构、地域风俗、血缘亲情虽是真实存在，但真实往往蕴含深刻理论需要阐发提升，不进行阐发提升而局限于事实往往难以走远。我们不但要从事实出发知道仁之有形事实，更要从理论阐发仁之无形原因；二者,仁当然首先是与人有关之仁爱[①]，但仅仅局限于人、人类来解读仁，其视野显然有所局促，很多问题难以展开，需要"大其心"[②]来观之。我们不但要以人谈仁，还要以天谈仁；或者说我们不但要以人观仁，还要以天观仁。

---

① 仁与爱，一般不分。朱熹提出"仁是体,爱是用"。如朱熹在解释"仁者爱之理"与"爱者仁之用"时提出："'仁者爱之理'，理是根，爱是苗。仁之爱，如糖之甜，醋之酸，爱是那滋味。仁是根，爱是苗，不可便唤苗做根。然而这个苗，却定是从那根上来。仁是未发，爱是已发……仁是体，爱是用……爱自仁出也。然亦不可离了爱去说仁。"朱熹还说："爱非仁，爱之理是仁；心非仁，心之德是仁。"朱熹. 朱子语类（第二十卷）[M]. 北京：中华书局，1986：464、474.

② 张载提出："大其心，则能体天下之物。"（王夫之《张子正蒙注·大心篇》）

从理义上，有学者不从字形、地域、血缘等自然角度，而从社会文化、社会制度角度来解释。如一般从字面上看到"夷俗仁"就认为东夷风俗优越，如何新以为东夷在文化上"优越和先进于西方的周人"；但李衡眉与之相反，以为"恰恰相反，东夷人风俗仁厚、淳朴，正说明他仍然保留着许多氏族社会的遗风，因此，在文化上对西方的周人来说，毋宁说是一种原始和落后的表现"①。如在社会制度上，何新根据《说文》段玉裁注"夷俗仁"与班固《白虎通·礼乐》"夷者群居无礼义"两句话，认为这两句话"直接冲突"；而李衡眉不同意何新，认为何新把"仁"和"礼义"混为一团。李衡眉认为："恰恰相反，'仁'和'礼义'在概念上是有着本质区别的……'亲亲'与'尊尊'是我国古代文献中用以区别两种不同质文化上差异的习惯用语。如果用一个字来概括，'亲亲'亦称作'质'，'尊尊'亦称作'文'。质的含义是质野，因为血缘之亲是氏族社会的社会关系。重视血缘关系是原始余迹，所以叫作'质'。文的含义是文明，因为政治是阶级社会的社会关系，重视政治是人类进步的表现，所以叫作'文'。古人又有'殷尚质，周尚文'的说法，多用于解释商、周两种不同性质的继承制度方面……所谓的'殷道亲亲'系指商代重母统，所以长子死了，传位于母弟，不传孙。所谓'周道尊尊'，系指周代重父统，所以长子死了，传嫡孙，不传子。亲亲传弟，说明商代仍然保留了原始氏族社会的继承风俗，而尊尊传嫡孙正是斩断了旧的继承制度的证明……可以看出，古人所说的亲亲多仁朴、尊尊多义节，正是两种社会文化区别的本质所在。这一点并不难理解，因为亲亲重血缘关系，兄弟古称'天伦'，血缘关系有自然之爱，是人道的起点，即'仁'的起点。《论语·学而》说：'孝悌也者，其为仁之本与？'阐明的就是这个道理。正是由于重视自然之爱，相对

---

① 李衡眉. "夷俗仁"发微 [J]. 文史哲, 1992 (1).

的就不大重视虚文末节，所以多'朴'。多朴是略于礼节的意思。尊尊重视政治关系，君臣古称'义合'，这是新产生的关系，它是符合当时的客观实际的。《礼记·丧服四制》说'门内之治恩掩义，门外之治义断恩'，《谷梁传·文公二年》说'不以亲亲害尊尊'阐明的就是这个意思。正由于'义'是出于人为，不像'仁'有自然之爱作基础，因此需要用礼法来限制，所以多'节'。多'节'是详于礼制的意思。多仁朴、多义节正是尚质、尚文两种截然不同文化的具体表现。通过以上的分析不难发现，原来《说文》段注所说的'夷俗仁'与《白虎通·礼乐》所说的'夷者群居无礼义'并不矛盾。非但不矛盾，甚至可以说两者说的是一码事。所谓'仁'就是多朴，所谓'无礼义'就是略于礼节，两者相较，若合符节……但是，'夷俗仁'则仁矣，却远非是先进的文化。这种文化'不管在我们看来多么值得赞叹'，它注定要被另一种文化，'那种在我们看来简直是一种堕落，一种离开古代氏族社会的纯朴道德高峰的堕落'文化（恩格斯语）——即文明社会的文化所取代，这是不以人们的良好愿望和意志为转移的客观规律所决定的。"①

也有学者不从时间、地域、血缘、亲情等自然因素出发，或者说把仁字的自然因素与孔子仁字的道德因素加以区分，直接突出孔子之仁的社会道德含义。如杨泽波认为："孔子列举了仁的许多表现，这些表现不是水上浮萍，而是有一个总根，这个总根就是仁。表现是外在的，但总根是内在的……仁有内在性，但它并不是藏着不用，实际上要藏也藏不住，仁与穆不已，发用不止，遇事必然要表现出来……从'伦理心境'的内在性看，孔子不可能称许管仲为仁……孔子的仁，从建构上说并非依据于逻辑的推理，而是一种内在体验的陈述。仁字很早就有了，其本义并不是指人内心的道德根源。孔

---

①　李衡眉."夷俗仁"发微 [J]. 文史哲，1992（1）.

子以极高的智慧察觉到了人人都具有的内在道德根据，将其称为仁，创立了仁学。可见，仁学的创立完全建立在人们的生命体验基础之上，和逻辑推理没有任何关系……总而言之，仁是众德之名和德性之源，合称为诸德之家，这是对仁的基本概括；仁是社会生活和理性思维在内心结晶而成的'伦理心境'，这是对仁的理论分析。"①

也有学者不满足于仅仅从有形的经验、从有限的事实出发来解释仁，而是试图从形而上、超越的角度来解释仁。如颜炳罡老师认为："道在孔子境界中的形上学中具有多重意蕴：它既是主观原则，又是超越原则；既是价值之源，又是信仰对象"；"在孔子，'道'具有形上学意义和超越的信仰意义。"②余治平似乎受到了老子区分道与德的启发，分别从仁的形上层面与现实生活两个角度来阐发仁。他甚至指出只从人的角度来解释道（即传统人能弘道）的局限，指出人与道、道与人应是"双向涵摄"关系。他提出："孔子的仁，可分为道与德两大基本方面，仁之为道，指仁的形上层面，涉及仁所具有的本体性质和终极意义，而仁之为德则指仁的现象表征，涉及仁在伦常生活中的呈现样态及客观化的规范律则……无疑，孔子思想的核心观念和终极价值全都落实于'仁'。所以，仁相当于孔门儒学中至高无上的、本体化的、绝对的道。'君子谋道'（《论语·卫灵公》），'道'应该是儒家君子所向往与追求的理想目标，是仁的代名词，或者只是仁的另一种说法或称谓。在思想本质上，道、仁一体不二，道即是仁，仁即是道，而并不是仁外有道，道外有仁……如果只有人可以弘道，那么人又凭借什么结构与力量可以与无心、无为的道体相通达呢？如果道体是无心、无为的，那么它就应该是封闭而不透露任何存在信息的，于是人心又怎么可能进入道体内部去做任何积极而有益的探询呢？进而人如果偏要说自己能够达道、

---

① 杨泽波. 释仁 [J]. 孔子研究, 1995（3）.
② 颜炳罡. 孔子"道"的形上学意义及精神价值 [J]. 贵州社会科学, 2010（2）.

体道，并且强调在达道、体道之后所获得的认识是真理，那么所凭借的依据又是什么呢？所以道与人之间如果不是一种双向涵摄的关系，或者不是同一类可以在内在价值之间进行交流、共通的存在物，那么人也绝不可能'弘道'。这一问题在孔子那里已经埋下了隐患，后世很多儒家都试图解决，如董仲舒'物莫无邻''以类相召'的感应思想，王阳明提出'良知是造化的精灵'之说，但仍有诸多微妙的玄机尚未发现和揭示。"① 余治平还讲儒学并不应拒绝抽象化、普遍化的哲学提升。② 如沈顺福认为："人类思考与观察世界的方式有两种，一种是经验式的，另一种是形而上学式的。在多数情况下这两者是结合的，即我们首先依靠自己的经验获取对事物、事情的印象和认识，然后主体在对这些印象和认识进行进一步的甄别和反省，从而领悟这些事物、事情背后的东西。前者是经验式的，后者是形而上学式的。在经验认识中，我们抓住的是事物的现象。佛教称之为俗谛。在形而上学的反省中，我们领悟的是事物的本体。佛教称之为真谛。尽管在现实中，二者通常是结合在一起，但是从理论的角度来看，这两种方式显然是不同的，对它们的区别因此是必要的。我们必须明白经验的与形而上学的差别，明白了二者的差别以后，我们才可以正确地处置二者。孝顺是经验的第一步，但仅仅是经验生活中的第一步，在经验生活、经验世界之外，还有其他因素决定着它，它不是最终的。这样，我们就会保持对孝顺的反思与批判。如果忽略孝顺的经验性特征，而错误地将它视为根本，那么就会出现一种现象：将孝顺当作是绝对的、永恒的价值观。这显然是错误的。将孝顺划定在经验范围内，一方面可以确保它的合理性、合法性和正确性，另一方面也避免了走向形式主义和盲目崇拜。在划定范围的同时，超越于经验的形而上学的世界自然而然地出现了。

---

① 余治平.《论语》中的仁之为道 [J]. 江南大学学报：人文社会科学版,2011(4).

② 余治平. 儒学应该如何面对哲学 [J]. 云南社会科学, 2006 (3).

所以，离开了超越于经验的形而上学的世界，经验世界里的东西会走向形式主义和盲目崇拜。当然，如果仅仅强调慈爱而忽略经验的方式，结果会怎样呢？墨家的遭遇已经证实了这种做法的缺憾。墨家的兼爱天下是一个伟大的理想，但是这个理想并不实际。因为在很多情形下，我们无法爱一个和自己无关的人。人类的道德情感首先是经验的，我们只会对自己经验世界的东西产生兴趣和好感，离开了这个经验的世界，善良与道德无从谈起。所以，墨家的兼爱很伟大，但是不切实际。它缺的正好是实际的、现实的经验。由于经验世界和形而上世界的不可分离性，经验的基础和形而上的本体二者实际上是一体的。这种统一性便体现在仁字上。我们知道，孝顺是仁的最初内涵，也是仁的本义……仁的内涵包含了早期的孝敬和后来的慈爱，即孝敬与慈爱在仁字上获得了统一……从经验的角度来看，孝顺是道德实践的起点；从形而上学的角度来看，慈爱是道德实践的本体。"①

关于孔孟在道德形而上方面的差异，张世英先生指出："孔子临大难而如此泰然自若，盖以其道德之根基在于'天'。'天'乃道德的权威性之所在，故任何外力丝毫不足以撼动孔子的道德信念……孔子可以说仍然没有彻底回答'仁'德的根源问题，没有彻底回答仁者为什么必然'爱人'的问题……至少，在孔子那里，还没有像后来的孟子那样明确地把'天'作为'仁'德的根据。"② 杨泽波教授提出孔孟在建构道德形上学方面有差异："孔子尚未有建构道德形上学的理论自觉，儒家自觉建构道德形上学不是从孔子开始的"；"性善的终极原因，道德的形上根据全在于天"；"孟子的确是在有意为性善寻找终极原因，最后直接将这个原因归结到了天，将天作为性善的形上根据，于是性善论便有了自己的形上基础。孟子自觉建构

---

① 沈顺福. 论道德的基础：从仁与孝的角度出发 [J]. 社会科学，2009（6）.
② 张世英. 儒学与道德 [J]. 社会科学战线，2006（1）.

儒家道德形上学的努力是清晰可见的。"① 白奚认为："孔子论仁，只是就事论事，随问而答，缺乏集中而详尽的论述。特别是孔子尚没有将'仁'与'心''性'联系起来进行自觉的思考。孟子则不同，以心性论仁是孟子思想的一个重要特色。由于孟子注重从心性论的层次和高度来理解和阐发仁的思想，不仅使仁学获得了强有力的论证，而且也使得他的仁论新意迭出，具有较强的哲理性，内容也更为丰富，对孔子的仁学做出了重要的推进。"②

以上学者不局限于仁之字形、血缘、地域等自然因素，而是从社会文化、社会制度、社会意识、形上与形下、道与人等角度进行了探索，这种探索是相当不易的，是需要勇气的，也是值得尊重的。要而言之，儒学讲仁，仁有其特定自然地域因素，但仅仅停留于特定地域显然不能完全合理解释为何仁最终被广泛认可；仁与孝有着天然联系，但仅仅顺着孝而延伸并未能达到圆满；道与人有着密切联系，但仅仅从人角度讲道不远人、人能弘道也有诸多难以解决的问题。看来，既注意仁之自然因素，也探索其社会因素；既重视仁与孝，也超越仁与孝；既要以人观仁，也要以仁观人；既要以仁观天，也要以天观仁。

第三节　仁之有与无、有形与无形、
人之仁与天之仁

考察仁学无法回避的问题就是要讨论仁之有与无、有形与无形。这是两个问题，却常常交织在一起：如果仁是有形的，那么且不管仁是什么形象，那仁之"有"、仁之"存在"就会不证自明、不用争辩；反之，如果仁是无形的，那么就存在这种无形的仁到底是无形而存在，还是无形就是根本不存在；就现实而言，有人因为仁无形

---

①　杨泽波.孔孟建构道德形上学的差异及引申的两个问题[J].中国哲学史,2007(4).

②　白奚.孟子对孔子仁学的推进及其思想史意义[J].哲学研究,2005(3).

或看不到仁就声称仁是"无"、仁"不存在"（此论看起来似乎不无道理，当然支持者也不乏其人）。

孔子讲仁者爱人。首先，仁是爱，仁爱是一种性质，这种仁爱的性质应该是一种"有"，没有这种"有"之爱就不会表现出爱人之举动。[①] 如同亚里士多德所言："我们并非由于多次看而获得看的感觉，多次听而获得听的感觉；反之，是有了就用，不是用了才有。"[②] 我们能看到、能感受到种种关爱，如此说仁爱"存在"似乎可以成立。但进一步，较为复杂的是，性质这种"有"又不能有形化，如何认识与处理这"有"而"无形"的仁爱"性质"，实在是一个最大、最根本而又最难、最棘手的问题。如果"爱"有形化（至少有其代表，如西方以某一位神代表某一美德，如爱神是维纳斯），那多少在一定程度、一定角度上能说明"爱"的存在；当然如此有形化虽然可以解决"爱"是存在的，但也会产生其他问题。即如此条件下爱是"神"才全有的、人不可能完全具有，爱是神"赐予"的、不是人具备的，如此等等。可见，解决好仁爱之"无形"与"存在"的关系实在是非常必要，但又非常棘手的问题。实在说来，我们也不能完全解决好，只是这一问题非常重要，我们不回避、不逃避、勉为其难、努力尝试。我们的立场以儒学立场为主，但也借鉴中西非儒学派的合理之处来加以考察。

在西方，基督教讲神就是爱，但神又是个灵，灵无形，如何让无形之神显现以证明神之存在构成了神学大厦的根基。"三位一体"是其理论结构。但即便是耶稣自称"道成肉身"降至人间，而笃信上帝的犹太人却不接受他。可见，"无形而存在"（甚或"有形是真实显现"）

---

① 如程子提出"因其恻隐，知其有仁"，朱熹解释为"因其外面发出来底，便知是性在里面"。朱熹. 朱子语类（第二十卷）[M]. 北京：中华书局，1986：465.

② 亚里士多德. 尼各马科伦理学 [M]. 苗力田，译. 北京：中国人民大学出版社，2003：26.

是西方文化，尤其是基督神学的基石，而"道成肉身"是证明无形之神灵存在的关键。基督神学就是借助于"道成肉身"来证明无形之神灵的存在的。在哲学上，哲学家柏拉图区分理念世界和现实世界，以无形的理念世界为根本、以有形的现实世界为无形理念世界不完善的摹本，无形却又根本的特征是很明显的。哲学家休谟怀疑经验世界的可靠性，恐怕与柏拉图以现实世界为不完善有关。哲学家康德讲现象可知而物自体不可知，恐怕首先是现象显现而物自体不显现，虽然康德并不因为物自体不显现而否定其存在，但物自体之不显现也使其是否存在受到一定质疑。哲学家黑格尔从无形的绝对理念推出了有形的、丰富的现实世界，有形的现实世界虽然丰富多彩、运动不已，但却是无形之绝对精神推动的；黑格尔由此提出了非常有特点的"理性的技巧"，以为虽然表面上是有形的感性事物在运动作用，最终却达到了无形的理性的目的，可见无形的理性才是最终的决定力量。在经济学上西方较早地提出了"看不见的手"，后来又发现不能完全无视"有形的手"，但即便以政府调控为有形的手，在西方以经济规律为无形的手、让无形的手发挥主导作用，无疑是西方经济学界的主流思想。简言之，在西方无论是神学还是哲学、经济学，从古希腊到康德、黑格尔，他们二分世界，以无形世界为根本，至少不以无形世界无形而否定其存在，这一特征还是很明显的。①

① 当然，西方以尼采的"上帝死了"开始进入现代历程，以上帝死了来否定、至少是拒绝无形或形而上的世界；人们以无形或形而上世界为多余赘疣，在没有了无形或形而上世界之后，世界似乎变得单一了。人们有的开始讲"诗意地栖居"，有的在讲"在路上"和"主体间性"（当然是人与人之间而不是西方传统的人与神之间），有的在讲"畏""烦""被抛"。很可能从长期的二分世界、现实世界对无形世界有所依归一下子变化到拒绝无形世界，人们有所茫然（如同在传统大家庭中长大的孩子强烈要求离开家庭自立，而离开了家庭却有些茫然与不适）。展望未来，不知道西方是在拒绝无形世界上继续走下去，还是会重新返回到二分世界、现实世界对无形世界有所依归的传统道路上，或者走其他道路，这值得继续关注。与本文相关，我们最多可以说西方现代哲学有所转向，他们是拒绝、悬置了无形或形而上的世界，至于无形或形而上世界本身到底存在与否，并没有直接而清晰的答案。

在中国，基本上不存在道成肉身的问题，但无形而存在的问题同样重要而且难解。老子讲有与无（"天下万物生于有，有生于无"），认为：道是无形无相的，但却自身早就存在，且始终存在；无形之道创造有形万物，无形之道创生有形万物之后内在于万物，而不干涉万物；道生物，所以道对物有超越性，即便道内在于物也不受制于物，始终是"人法道"而不是人压制道或人超过道；道内在于物，因此道与物始终不分；但即便道与物不分，也要知道道与物是二而不是一，不能因为道与物不分就用有形万物掩盖或否定无形之道的存在，也不能因为无形之道内在于万物就降低道的地位。老子"内在而超越"的道与西方三位一体有着诸多联系，引起了西方人对老子之道长期的、密切的关注；但同时也要看到，西方的三位一体存在道成肉身（即无形之道有形化）的问题，而老子则始终没有讲无形之道的有形化。就内在而超越而言，西方三位一体毋宁说是超越而有形化（道成肉身证明超越而无形之神灵的存在，超越相对是其重心，当然是借助于道成肉身来成立），中国内在而超越之道毋宁说是无为而内在（老子之道创生万物却不自居其功，内在于万物却不干涉审判万物，这与西方之神灵始终掌管一切有很大不同）；老子之道始终存在但却无形，而西方以为神灵是存在且曾经有形；老子之道是无为的，西方之神灵之有为很明显（如曾经毁灭世界，还要审判世界）；西方之神灵超越性较强，老子之道内在性明显；老子之道"无为"似乎不存在（其实是存在），西方以为神灵曾经存在且始终掌管一切，如此一来"神灵存在"根本不成问题。

此外，西方讲"理性的技巧""看不见的手"，中国也有"天假其私以行其大公"（王夫之语），其共同点在于认可无形之道的存在，并且无形之道还起终极决定作用；与之相对，以上表达同时意味着，与理性相对的感性、与看不见的手相对的有形的手、与天之公相对的人之私，虽承认它们的表现，但却一致认定它们如同空中风筝、水上浮萍一样是不能自主的，终究要被无形之道所胜。并且就老子之道与西方神灵的超越而言，我们也可看到：道与神灵的超越意味着它们的存在并不受制于人类（西方讲人类进步是"配"得"道"的荣耀、人类堕落并亏损"道"的存在，如此无论人类进步还是堕落，道都是永存的。如康德提出"道德法则是神圣的。人的确是足够罪恶的""道德学根本就不是关于我们如何谋得幸福的学说，而是关于我们应当如何配当幸福的学说"[①]），这与儒学经常讲"道不远人，远人非道""人能弘道，非道弘人"，以致出现"道受制于人"的尴尬是有明显不同的（儒学也有"配"的概念与历史，如"以德配天""其为气也，配义与道""永言配命，自求多福"，只是不如西方突出）。可见道与物、道与人的关系到底如何的确应该引起我们严肃思考，仅仅浮光掠影、就事论事、停留于想当然，显然不能从根本上解决问题。

老子、庄子之后，王弼提出了重要的"体用"范畴。体用范畴认为"体"无形却存在（或虽存在却无形），"用"有形却并非根本。无形之"体"通过有形之"用"表现出来，通过有形之"用"可以知无形之"体"。"体"无形，"用"有形；"体"为一，"用"为多；"体"根本不变，"用"不断变化。体用范畴的最大优点是人们不再孤立看待一个事物现象，而是认为一个事物既有现象又有本质，既有其"用"又有其"体"，要把有形之"用"与无形之"体"结合起来，并且要以把握"体"为最重要、最根本的任务。在思想上，体用范畴的提出与使用使得"无形而存在""把握无形之道"成为可能甚至成为要务，这是中国思维结构与思维水平的一大重要进步。王弼的体用范畴虽然由解释老子之道而提出，但又并非局限于老子之道，其性质也并非完全等同于老子之道。如老子之"道"的超越性很明显，而

---

① 康德. 实践理性批判 [M]. 韩水法，译. 北京：商务印书馆，2010：94、142.

体用范畴中"体"的超越性虽然还存有却有所降低，但体用不分则非常明显，这似乎有利于儒学更好地坚持"人能弘道"与"道不远人"等特定立场。① 中国的体用范畴与西方的三位一体有若合符节之处，当然也存在重要区别。还有老子的道、王弼的体都是无形无相的，儒学的仁也是无形无相的。

儒学之仁并不创造万物，而是直接与人相关。仁是一种性质，当然不存在、也根本不需要有形化的问题。② 就孔子而言，孔子创立仁学，仁之存在对于孔子而言自然不成问题；仁的存在与作用对于坚持与推行仁学的孔子而言，其重要性不言而喻。③ 孔子多次、多方地承认仁来源于天（如天丧斯文、如天丧予），承认仁源于天也是间接承认仁存在的一种方式。关于仁（道）的存在与否，孔子讲到了"道不行"："道不行，乘桴浮于海。"（《论语·公冶长》）子路认为"道之不行，已知之矣"（《论语·微子》）。"道之将行也，与命也；道之将废也，与命也，公伯寮其如命何！"（《论语·子罕》）孔子（子路）在困境时承认了"道之不行""道不行""道之将行"的现象，但始终没说过"道之不存""道不存"。"道不行"当然会影响到"道不存"，在特定条件下把"道不行"等同"道不存"也不乏例证。但细致想来，"道不行"与"道不存"还是有质的区别的。如同一部法律，其

---

① 王弼如此处理体用范畴显然更有利于儒学讲"人能弘道"与"道不远人"，因此杨国荣教授把王弼归为儒学人物，这种处理很有特点。杨国荣. 善的历程 [M]. 上海：上海人民出版社，2006：158-196.

② "仁是爱之理，爱是仁之用。未发时，只唤做仁，仁却无形影；既发后，方唤做爱，爱却有形影。"朱熹. 朱子语类（第二十卷）[M]. 北京：中华书局，1986：465.

③ "《论语》中对仁的所有论述都是如何'依于仁'的问题、如何'践仁'的问题，而不是仁的定义问题。孔子不是西方的智者，而是东方的圣人，他的学生不会从概念的角度问夫子仁是什么，而大量的问题是吾人怎样成为仁人。……可以言说仁，但仁不是言说的问题；仁的问题是实践的问题，即如何行仁的问题。孔子告诉所有学生的都是如何行仁、践仁，而非什么是仁。仁，只有在仁德的实践中呈现、体悟、感通，否则一切对仁的理解都只是纸上功夫。"颜炳罡，彭战果. 孔墨哲学之比较研究 [M]. 北京：人民出版社，2012：31.

存在与其被施行可以不一致。如果道不存在，则道必然不运行；而如果道存在，只是由于某些外在原因不能运行，那克服困难创造条件使之运行就是了。俗话说，留得青山在不怕没柴烧。只要有"道"，下一步才可以展开；如果没有"道"，即便努力也终究是枉然。孔子不是通过"乘桴浮于海"来表达志向，通过"君子居之，何陋之有"表达信心，通过"岁寒，然后知松柏之后凋也"表达意志，通过实际周游列国来推行道义吗？通观孔子一生，虽然尝尽坎坷、备受磨难，但对道之笃信与执着始终不渝，令人感动和向往。孔子的苦心谁能理解呢？当孔子面临"吾道非耶？吾何为于此"的尴尬时，当有学生（如子路和子贡）对孔子之道有所怀疑、有所责难时（"夫子之道至大也，故天下莫能容夫子。夫子盖少贬焉"），孔子不为所动；当有学生（如颜回）为孔子说话时（"不容然后见君子"），孔子是非常欣慰的。孟子提出"大匠不为拙工改废绳墨"，大匠坚持标准的严肃性，不因人而废标准，这是对人性的一大挑战。简言之，孔子区分了"道不存"与"道不行"，认为不能因为"道不行"而认为"道不存"；存在与否只要自身存在就成立，而通行与否还要借助于其他条件，当其他条件不具备时可能无法行得通；反之，不能因为外在条件不具备就否认内在条件也不具备，不能因为道暂时行不通而断言道不存。同时孔子也多少区分了"道"与"人"，以为人最多能影响道的运行与不运行（废），但并不决定道的存在与否。孔子通过区分道之行与存、道与人，体现了他对道之存在的坚定立场；可以说，孔子的努力维护了仁道的存在，维护了仁道的尊严，也为自己坚持仁道提供了有力辩护。

就内在而超越自身，相对而言，似乎儒学的超越性是不强的；与之相关，儒学的内在性却是非常明显的，说内在性是儒学的特点甚或优点是完全没有问题的。所谓"人能弘道，非道弘人""道不远人，远人非道""日用即道"等处处可见。即便曾有"极高明而道中庸"，似乎既讲无形（高明）又讲有形（中庸），但无论是事实上还是主流认识上还是多讲"道中庸"，这也是无须多做解释的。即便孔子也讲过"朝闻道，夕死可矣"，似乎存在人之外的无形之道，但孔子"敬鬼神而远之""未知生，焉知死"，这种先从现实出发的观点使其不太可能把重心首先置于无形问题的讨论。孔子事实上是通过有形生活来体悟无形之道，以至于出现后来王弼《老子略例》的"圣人体无，无又不可以训，故不说也"之类的话。我们无意强行割裂无形之道与有形世界的联系，事实上在中国文化中也基本不存在无形之道与有形世界的分离问题，只是为了与西方文化相比较，为了更好说明西方文化超越性较强，而中国文化内在性较强这一大体差别而为之的。老子的有与无、王弼的体与用毕竟具有道家色彩，难免具有贵无、崇静的特点①，与儒学重视现实人伦、现实生活不尽相同。与道家有异，在孔孟之后儒学对无形而存在也有所思考，力图在道家结构之外来解释这一问题。张载即提到"《大易》不言有无；言有无，诸子之陋也"②，王夫之更是"言幽明而不言有无，至矣""自天地一隐一见（'一隐一见'即是'一阴一阳'）之文理，则谓之幽明；自万物之受其隐见以聚散者，则谓之生死"③。从张载自觉避免讲有与

---

① 杨国荣老师进而分析了形而上学作为理论与作为方法之间的内在联系，很有启发性。"从追求存在的始基，到以观念为存在的本原，从预设终极的大全，到建构语言层面的世界图景，形而上学呈现传统形态与现代形态、实质与形式的区分，但上述意义上的形而上学同时存在某种共同的趋向，即对世界的抽象理解。关于世界的看法运用于考察世界，往往便转化为思维的方法；在作为存在理论的形而上学与作为思维方法的形而上学之间，同样存在这种联系。当形而上学以某种或某类存在形态为本原，以终极的存在为统一的大全时，它也蕴含着对世界静态、片面的看法：向某种质料或观念形态的还原，意味着对世界的片面规定；对终极存在的追寻，则导向静态的、封闭的观念。这种抽象的存在理论运用于研究世界或存在本身，便常常转换为对世界片面地、静态地、孤立地考察，后者也就是与辩证法相对的形而上学思维方式。"杨国荣. 道论 [M]. 上海：华东师范大学出版社，2009：45-46.

② 张载. 张载集 [M]. 北京：中华书局，1981：182.

③ 王夫之. 船山全书（第十二册）[M]. 长沙：岳麓书社，1996：410、521.

无,到王夫之进而提出幽与明(隐与显)①,显然在避免道家贵无、崇静的倾向,而试图重新返回儒学重视现实人伦、现实生活的路径之上。王夫之的努力显然是非常必要与合理的,应予以肯定。然而,我们亦应看到:王夫之坚持儒学立足现实的特征,力图避免对现实的虚无化当然是对的,但是由此而少讲或不讲儒学的超越性也有遗憾。如王夫之讲"天下惟器而已矣。道者器之道,器者不可谓之道之器也。无其道,则无其器,人类能言之。虽然,苟有其器矣,岂患无道哉?……无其器则无其道,人鲜能言之,而固其诚然者也"(《周易外传·卷五》)。"无其器则无其道",果如此,道统中断还是难以完全避免,且道在贯彻始终上还会出问题。可见儒学之仁的有形与无形、可见与不可见的问题十分重要,但并不容易解决好,值得我们继续努力。

关于儒学之仁,还要从人与天两个角度来综合考虑。庄子提出"天在内,人在外,德在乎天""不以人灭天"(《庄子·秋水》),还提出了"不开人之天,而开天之天。开天者德生,开人者贼生"(《庄子·达生》),并提出"有人,天也;有天,亦天也。人之不能有天,性也"(《庄子·山木》)。其中关注了人与天的对立,认为人的角度有局限,而应该从天的角度加以思考;当然庄子是道家立场,其表述未必完全适合儒学。王夫之区分了"天之天"与"人之天"②,站在儒学立场上对之进行了思考。冯契先生分析了"天性"与"德性"。③杨国荣老师继续对"天性"与"第二天性"进行了思考④,提出了"化德性为第二天性"⑤。质言之,庄子提及天与人,对于超越人来进

---

① 陈赟. 回归真实的存在——王船山哲学的阐释 [M]. 上海:复旦大学出版社,2002:1-65.

② 王夫之. 诗广传·大雅 [M]// 船山全书(第三册). 长沙:岳麓书社,1996:463.

③ 冯契. 认识世界和认识自己 [M]. 上海:华东师范大学出版社,1996:354、390.

④ 杨国荣. 伦理与存在 [M]. 上海:上海人民出版社,2002:170.

⑤ "和先天的禀赋有所不同,德性本质上并非与生俱来,而是获得性的品格,但德性一旦形成,便逐渐凝化为较为稳定的精神定式。这种定式在某种意义上成为人的第二天性。"杨国荣. 道德系统中的德性 [J]. 中国社会科学,2003(3).

行全面思考是有必要的，对于儒学建立形上根据是有帮助的，但庄子以天来否定人实际上是以自然性来否定社会性，这在本质上不符合儒学路径。王夫之对"天之天"与"人之天"的思考表明儒学认识到建立自身形上根据的重要性，并且注意吸收其他学派的合理之处。冯契先生提到"天性"与"德性"，实际上反映了人应该从自然性发展至社会性。杨国荣老师提到"天性"与"第二天性"，不但延续了冯契先生的应该从自然性发展至社会性的立场，还注意吸收自然性部分合理性的特征（"第二天性"也部分承认了"天性"的合理之处，如天性有不思而得、不勉而中、当下即行等特点）。以上思考对于站在儒家仁学立场上来建立自身的形上体系，来融合自然性与社会性，来沟通人与天，终将发挥极大作用。

第四节　天与命、性与命的区分

在对仁学形而上的考察中，"天"这个重要概念是无论如何也绕不开的。对于儒学之仁与天的关系，从理论上说就是利用天来为儒学之仁提供形上根据。这自然就会出现一个问题：为什么是"天"（而不是"天命""命"）被用来作为形上根据？这体现了理论的严谨性、苛刻性，也涉及对天的青睐和对天命及命的筛选。在学派上涉及墨家墨子和儒家孟子，在地位上十分重要，在轨迹上较为清晰，在过程上发人深省。

在孔子以前，中国文化出现过天命、天、命的诸多表达。有时天命连在一起，如"谓己有天命"（《尚书·周书·泰誓中》），"天命不僭"（《尚书·周书·大诰》）；也有如"天命玄鸟，降而生商"（《诗经·商颂》），"有夏多罪，天命殛之"（《尚书·商书·汤誓》），"商罪贯盈，天命诛之"（《尚书·周书·泰誓上》）。在天命连用时，天命有时是作为复合名词，有时是作为动宾词组（即这时的命很有可能是动词，又如后来的《礼记·中庸》的"天命之谓性"亦是这种结构）。可见在天命连用时，无论是作为复合名词，还是作为动宾词组，天命的含义或基本相同，或密切相关。

有时天与命分开，如"王其疾敬德。王其德之用，祈天永命"（《尚书·周书·召诰》），"皇天震怒，命我文考肃将天威，大勋未集"（《尚书·周书·泰誓上》），"天乃佑命成汤"（《尚书·周书·泰誓中》）。这时，天是名词，命是动词。也有如"我生不有命在天""乃能责命于天"（《尚书·商书·西伯戡黎》），"非我小国，敢弋殷命，惟天不畀"（《尚书·周书·多士》）。这时，天与命都是名词，天与命的含义似乎不同。简言之，无论天是名词、命是动词，还是天与命是不同含义的名词，似乎可以说：在天与命分开时，天与命的含义有所区别。当然，就天与命都作为名词而言，虽然有所不同，但还并非对立。

在《论语》里，天与命的表达也是多样的。

"五十而知天命。"（《论语·为政》）

"君子有三畏，畏天命，畏大人，畏圣人之言。小人不知天命而不畏也，狎大人，侮圣人之言。"（《论语·季氏》）

"死生有命，富贵在天。"（《论语·颜渊》）

"天下之无道久矣，天将以夫子为木铎。"（《论语·八佾》）

"予所否者，天厌之！天厌之！"（《论语·雍也》）

"天生德于予，桓魋其如予何！"（《论语·述而》）

"文王既没，文不在兹乎？天之将丧斯文也，后死者不得与于斯文也；天之未丧斯文也，匡人其如予何！"（《论语·子罕》）

"吾谁欺，欺天乎？"（《论语·子罕》）

"天丧予！天丧予！"（《论语·先进》）

"不怨天，不尤人。"（《论语·宪问》）

"道之将行也与，命也；道之将废也与，命也。公伯寮其如命何？"

（《论语·宪问》）

"不知命，无以为君子也；不知礼，无以立也；不知言，无以知人也。"（《论语·尧曰》）

在此，有时天命连用，如"五十而知天命""畏天命""知天命"，这时的天命基本就是复合名词。有时天命分开，如子夏曾听孔子说过"死生有命，富贵在天"，这时的天与命似乎可以互换。就命而言，孔子既说过"知天命"，也说过"知命"。就单开的天与命的含义而言，天与命的含义较复杂，似乎可以相对理解为：天是对道德产生影响的内在根据，命是对道德产生影响的外部因素。如孔子说过"天生德""天丧斯文""天厌之"，也说过"道之将行也与，命也；道之将废也与，命也"。总体而言，在《论语》里，天命、天与命有多种表达、多种含义，天命、天与命有时含义一致，有时有所区别。不妨说孔子对天命、天与命之间的关系有所认识，但还没有达到完全清晰的程度①，基本上早于孟子的郭店竹简《性自命出》中有"性自命出，命自天降"②。《礼记·中庸》中有"天命之谓性"。郭店竹简与《礼记·中庸》开始把天、命与性联系起来，表明在人性问题上、在建构儒学道德形上体系上自觉程度有所提高；但其讲"天命"，或者把性与命相连（而非仅仅把性与天相连），这在理论上有所变化、有所进步，但还未发生根本性的变化与进步。这种根本性的变化与进步首先是发生在非儒学派的墨家墨子那里。

---

① "在传统的宗教中，'天'和'命'是连接在一起的，'天命'就是上帝的命令。孔丘也讲'天命'。但在孔丘的谈话中，'天'和'命'也经常分开来说，有些地方可以互易，有些地方不可以互易。"冯友兰. 中国哲学史新编（上）[M]. 北京：人民出版社，1998：176-177.

② 郭店竹简出现了天与命的粗略区分，李泽厚认为："竹简有'天''命'，却未见'天命'连用。"李泽厚. 实用理性与乐感文化 [M]. 北京：生活·读书·新知三联书店，2005：334.

在墨子那里，出现了天与命的严格区分，包括墨子对天的明显推崇和利用、对命的严厉指责和批评，以及对儒学天命的点名批评，这些都是墨子在天命、天、命问题上的显著立场。在墨子这里，出现过"天命"，更分别出现过很多"天"与"命"。天与命明显处于两个极端：用天而非命，这时天与命没有连在一起，也不可能连在一起。墨子对天是极力推崇的，天的表达包括天志、天德、天意等。"本察仁义之本，天之意不可不顺也。顺天之意者，义之法也。"(《墨子·天志中》) 天的内容实质就是其核心思想"兼相爱，交相利"。"顺天意者，兼相爱，交相利，必得赏。反天意者，别相恶，交相贼，必得罚。"(《墨子·天志上》) 顺从天的是圣王，反天的是暴王，即圣王是"其事上尊天，中事鬼神，下爱人"(《墨子·天志上》)，暴王是"其事上诟天，中诟鬼，下贱人"(《墨子·天志上》)。就鬼（神）而言，墨子讲鬼神，如"尊天事鬼"(《墨子·法仪》)，"先鬼神而后人"(《墨子·明鬼下》)，这与孔子"敬鬼神而远之"的态度相比有明显不同。实质来说，墨子对天的推崇是利用天来为自己的理论提供形上根据，以此使自己的理论更为系统、更具有说服力。这一点已成共识，兹不赘述。

就天与命而言，与对天的明显推崇不同，墨子对命采取了尖锐的批评态度，对天的推崇和对命的批评成为墨子思想的重要特征。

"执有命者不仁。故当执有命者之言，不可不明辨。"(《墨子·非命上》)

"古者桀之所乱，汤受而治之；纣之所乱，武王受而治之。此世未易，民未渝，在于桀纣则天下乱，在于汤武则天下治，岂可谓有命哉？"(《墨子·非命上》)

"今用执有命者之言，是覆天下之义。"(《墨子·非命上》)

"然则何以知命之为暴人之道？昔上世之穷民，贪于饮食，惰于从事，是以衣食之财不足，而饥寒冻馁之忧至，不知曰'我罢不肖，从事不疾'，必曰'我命固且贫'。若世上暴王，不忍其耳目之淫、心涂之辟，不顺其亲戚，遂以亡失国家，倾覆社稷，不知曰'我罢不肖，为政不善'，必曰'吾命固失之'……此言汤之所以非桀之执有命也……此言武王所以非纣之执有命也。"（《墨子·非命上》）

"今用执有命者之言，则上不听治，下不从事。上不听治则刑政乱，下不从事则财用不足……故命，上不利于天，中不利于鬼，下不利于人。而强执此者，此持凶言之所自生，而暴人之道也。""执有命者之言，不可不非，此天下之大害也。"（《墨子·非命上》）

"其在汤武则治，其在桀纣则乱，安危治乱，在上之发政也，则岂可谓有命哉？夫曰有命云者，亦不然矣。"（《墨子·非命中》）

"有命者，不可不疾非也。执有命者，此天下之厚害也，是故子墨子非也。"（《墨子·非命中》）

"昔桀之所乱，汤治之；纣之所乱，武王治之。当此之时，世不渝而民不易，上变政而民改俗。存乎桀纣而天下乱，存乎汤武而天下治。天下之治也，汤武之力也；天下之乱也，桀纣之罪也。若以此观之，夫安危治乱，存乎上之为政也，则夫岂可谓有命哉？"（《墨子·非命下》）

"命者，暴王所作，穷人所述，非人（仁）者之言也。今之为仁义者，将不可不察而强非者，此也。"（《墨子·非命下》）

墨子首先否定了命的存在，其次指出所谓的命是有人编造的，是仁义的对立面，最后墨子主张对命进行批评，并且是严厉批评。就天与命关系而言，可以明显地看到：墨子对天是极力推崇的，对命是严厉批评的；天与圣王相连，命与暴王相连；天可以给道德（仁义）提供支持，而命则不利于道德（仁义）展开。从理论上看，墨子对于天与命的这一区分显然极具理论洞见，应给予高度尊重。作为墨子思想的后来人和对立派别，孟子要想真正厘清天与命的关系，不可能忽略或绕开墨子对天与命的区分。

就天命而言，《墨子》中出现过天命一词，只是其出现有时是引用古文或他人观点（《墨子·天命上》引《仲虺之告》曰："我闻于夏，人矫天命，布命于下"），有时是墨子以之来批评儒学的（《墨子·非儒下》："有强执有命以说议曰：'寿夭贫富，安危治乱，固有天命，不可损益。穷达赏罚，幸否有极。人之知力，不能为焉。'群吏信之，则怠于分职；庶人信之，则怠于从事。吏不治则乱，农事缓则贫。贫且乱政之本，而儒者以为道教，是贱天下之人者也"）。从对立的派别来看，如果说墨子已经认为"天命"一词是儒家的产物，并且是错误的认识，那么墨子本人就不会自己主动运用"天命"一词；除了作为对立面的特定思想而被批评外，墨子是不会使用"天命"一词的。

就孔子、墨子和孟子而言，孔子对待天命、天、命是相对笼统的，墨子对待天命、天、命是非常明确的。墨子对天是推崇的，对天命和命是批评的[①]；孟子要想对儒学有所推进，应该注意墨子对天命、天、命的不同处理。在天命、天、命上，孟子既有对墨子思想的借鉴，也有所调整；既有对孔子思想的继承，也有对孔子思想的调整；既有对郭店竹简和《礼记·中庸》的继承，也有对它们的调整，表现出借鉴前人又超越前人的、较为成熟的理论态度。就孟墨关系而言，它们之间既有对立、批评的一面，也有学习、沟通的一面，并不是简单地只有是是非非的彼此对立，这在天与命上表现得尤为明显。

---

① 梁启超说："命是儒家的重要观念，这个观念不大好，墨家很非难之"；"墨子在与儒家立于反对的地位，所以非命。依我们看来，儒家不信天，应亦不信命；墨家讲天志，应亦讲命定，可是结果适得其反，这是一件很有趣的事情。"（梁启超. 清代儒学概论 [M]// 儒家哲学. 天津：天津古籍出版社，2004：205-206）梁启超的观点反映出他似乎认为天与命的含义大体相当，金景芳则看到天与命是不同的。"墨子尊天事鬼却非命，恰足以证明命和天、鬼是不相容的。"金景芳. 先秦思想史讲义 [M]. 天津：天津古籍出版社，2007：265.

一般来说，很多人引用《孟子·万章上》的话"莫之为而为者，天也；莫之致而至者，命也"，认为孟子把天与命相连[①]，或者认为孟子继承了孔子的天命观[②]；当然也有从人性的角度认为孟子也讲天命[③]。联系到孔子在天命上的笼统表达可以看出，这些观点有一定基础，但没有意识到墨子在天与命上的表述，没有全面地梳理孟子在天与命上的表达，没有注意到孔孟在天与命上的细微差异。

严格说来，《孟子》中出现过"天命"一词[④]，但孟子没有主动使用过"天命"一词。除了《孟子·万章上》那句话说明天与命有相关性、相似性，《孟子》中其他关于天与命的表述则截然不同，或者说在《孟子》中天与命不是相似、相同，而是相反、相对。

"尽其心者，知其性也；知其性，则知天矣。存其心，养其性，所以事天也。夭寿不贰，修身以俟之，所以立命也。"（《孟子·尽心上》）

"夫仁，天之尊爵也。"（《孟子·公孙丑上》）

"仁义忠信，乐善不倦，此天爵也。"（《孟子·告子上》）

"口之于味也，目之于色也，耳之于声也，鼻之于臭也，四肢之于安佚也，性也，有命焉，君子不谓性也。仁之于父子也，义之于君臣也，礼之于宾主也，知之于贤者也，圣人之于天道也，命也，有性焉，君子不谓命也。"（《孟子·尽心下》）

---

① "孟子也讲命，并把它与天联系起来。"王博. 庄子哲学 [M]. 北京：北京大学出版社，2004：161.

② "在世界观上，孟子也是孔子'天命'论的继承者。"杨朝明. 鲁文化史 [M]. 济南：齐鲁书社，2001：371.

③ "到了孟子，天命也就进一步具体化并收摄为人的四端。""孟子以'四端'彰显人性、落实天命。"丁为祥. 命与天命：儒家天人关系的双重视角 [J]. 中国哲学史，2007（4）.

④ 徐复观敏锐指出，在《孟子》中"未用'天命'一词"（徐复观. 中国人性论史·先秦篇 [M]. 上海：上海三联书店，2001：145）。严格说来，《孟子·离娄上》出现了"天命"，即"天命靡常"，但这是引用《诗经》的固有话语，未必是孟子自己的主动表达。

联系墨子，在结构上可以看到，孟子也把自己的思想（主体）与天相连，而不是与命相连。这一结构应该与墨子很相似，说孟子学习过墨子思想或受过墨子思想的积极影响，想来很有可能。[①] 孟子很可能学习借鉴了墨子区分天与命的做法，也把自己的思想核心上推到了天，而不推到命。在心、性、天、命、天命上，郭店竹简把性与天相连可能会得到孟子的认同，但它把性与命相连、把天与命相连则不会得到孟子的认同。《礼记·中庸》笼统讲天命则不会得到孟子的认同。[②] 联系墨子，就内容来说，虽然孟子也学习墨子，把自己的思想核心与天相连，但墨子天的内容实质上是感性功利，而孟子天的内容实质上是道德理性，这是二人结构相同而内容不同的地方。并且，与墨子对命进行尖锐批评不同，孟子虽然重视天，但并不因此像墨子那样批评命，而是对命采取了知命、顺命的态度，反映了儒学思考相对全面的态度，也反映了在非儒学派对命进行批评之后，儒学虽然进行了一些调整，但并未根本抛弃命这一重要概念。这也是儒学接受挑战、逐步成熟的重要表现。

联系孔子，既然天与命截然不同，不可能也不允许再连在一起，那么孔子的"知天命"就不会在孟子这里出现，这表现为孟子可以说"知天"或"知命"，但就是不会说"知天命"。既然心与天、与性相连，身体与命相连，则《论语》中的"死生有命，富贵在天"

---

① 韩愈、胡适、张岱年在儒墨关系的互补互动方面有合理认识。韩愈早就说过要孔墨互用，"孔子必用墨子，墨子必用孔子；不相用，不足为孔墨。"（韩愈. 韩愈全集 [M]. 上海：上海古籍出版社，1997：129）胡适认为："凡攻击某派最力的人，便是受那派影响最大的人。孟子攻杨墨最力，其他受杨墨影响最大。"（胡适. 中国哲学史大纲 [M]. 上海：上海古籍出版社，1997：216）张岱年先生也提出："孟子是以孔子思想为基本，吸收杨墨的长处而加以改造。"（张岱年. 中国哲学大纲 [M]. 北京：中国社会科学出版社，1982：268）

② 也有学者认为"《性自命出》的以天论性是从现实的人性向天命追溯，而《礼记·中庸》则直接以天命规定人性"。丁为祥. 从《性自命出》看儒家性善论的形成理路 [J]. 孔子研究，2001（3）.

就应该按照孟子的新标准而严格调整为"死生有命，富贵在命"，而不能调整为"死生有天，富贵在天"。联系庄子，庄子讲"死生、存亡、穷达、贫富、贤与不肖、毁誉、饥渴、寒暑，是事之变、命之行也"（《庄子·德充符》）。庄子关于命的诸多规定在孟子这里也大都归于命，在命的认识上，孟子与庄子倒是达成了某种共识。

就孟子思想中天的作用而言，很多学者也看到了孟子把自己的思想核心上推于天，以之建立起自己的道德形上根据，完善儒学理论体系。这当然是很有积极意义的，值得深入展开，但对于孟子思想中天的来源问题不免有所争议。[①] 可以说孟子建构道德形上学的意图的确比孔子要自觉很多，孟子天的来源及天与命的区分到底如何追溯，这很有必要进行全面而细致的推敲。通过比较《诗》《书》、殷商、孔子、墨子、郭店竹简和《礼记·中庸》，与其说孟子思想中的天来源于《诗》《书》、来源于殷商或来源于孔子，不如说主要来源于墨子。当然，孟子既有对墨子结构的学习，也有内容的调整，不是完全照抄照搬。孟子之后，儒学仍然在运用天与命、天命，如荀子思想中的天有自然之天的特征，对命进行了批评；汉儒对天的推崇很明显，对命的认识也进一步细化；有的宋儒又讲"天命之性"，这至少说明这些宋儒似乎更重视《礼记·中庸》的表达，相对不免忽略了孟子的表达。相对于孟子的严谨表达而言，宋儒的表达反而显得有些粗糙了。

就含意而言，天命、天、命的含意无疑是多样的。天命既可以

---

① 如杨泽波教授认为"为了证明天是性善的终极原因,孟子重新启用了《诗》《书》的天论传统"（杨泽波. 孔孟建构道德形上学的差异及引申的两个问题 [J]. 中国哲学史, 2007 (4)），又如"孟子为了解决性善的根源问题,不得不重新回到天上,回到殷商天论的源头"（杨泽波. 从孔孟差异看牟宗三的一个阙失 [J]. 学术月刊, 1994 (6)）。但丁原明教授认为"过去不少论者将《孟子》书中的'天'等同于殷周的'天命'论,这种看法有违于该书的原旨"。丁原明. 先秦人学思想的成熟:孟子"心性学"管窥 [J]. 理论学刊, 2007 (1).

是一般的复合名词，表达一种决定力量；也可以是动宾词组，表示天的作为。天、命在《论语》中虽有时有所区分，但这种区分基本还不明确、不细致。《论语》中的天当然有诸多含义，但无疑以道德之天为多；其中的命有时与天相同，如"死生有命，富贵在天"中的天与命可以互换，如孔子说"公伯寮其如命何"中的命似乎就应该是天，至少这种情况在孟子那里就用天来解释了。"吾之不遇鲁侯，天也。"（《孟子·梁惠王下》）又如孔子讲的"道之将行也与，命也；道之将废也与，命也"，孟子也很有可能调整为"道之将行也与，天也；道之将废也与，天也"。在此，孔子用命来解释，孟子则用天来解释，孔孟的不同表达在儒学范围内似乎可以说明天与命有可能有相同的地方；如果超出儒学的范围，加入墨子，也可能说明在墨子区分天与命之后，道德的根据和决定应该用天（而不是用命）来解释，所以基于大体同样的情况，孔子用命，孟子就改成天了。又如孔子的"五十而知天命""畏天命"，在孟子这里都没有引用，也无法使用了。从后一种角度也可以看出，墨子严格区分天与命产生了多角度的影响。墨子在结构上严格区分天与命，在含义上似乎认为天是道德的决定者、支持者，而命似乎是道德的阻碍者、制约者；如果说天是积极因素，命似乎就是消极因素，对之采取截然不同的态度也就是成立的。在哲学史上，也正因为墨子区分开了天与命，原来人与天（或天命）之间的笼统关系就逐步细化为人与天的关系和人与命的关系[①]；原来笼统的一对关系变成了新的两对关系，其中力命关

---

① 　与命相关的是墨子提出了"力"，使得"力命"关系成为以后哲学讨论的重要话题。"天下之治也，汤武之力也。"（《墨子·非命下》）"赖其力者生，不赖其力者不生。"（《墨子·非乐上》）可以说，在天与命尚未根本分化的条件下，人与天的关系基本上就是人与天命的关系；在天与命分化以后，人与天的关系变成了两个方面：一是人（力）与天，二是人（力）与命。以前力与命的关系掩盖在天人关系之中，现在力与命的关系基本独立出来，这一贡献显然应该主要归功于墨子。当然，墨子反对宿命，孟子也反对宿命，这是孟墨之同；墨子之力主要是劳动能力，而儒学之力则主要是道德努力，这是孟墨之异。

系开始正式成为新的对立统一范畴,体现了认识的细化和拓展;由此,墨子区分天与命当然应该在中国哲学史上占有重要地位。就孟墨关系而言,可以说墨子区分了天与命,对之采取了截然不同的态度;孟子学习了墨子对天与命的区分,使自己的道德体系更为严谨、更为细致;只是孟子在把道德根据推之于天的同时,并不对命采取批评的态度,而是对命采取了知命、顺命、正命的态度。"莫非命也,顺受其正。是故知命者不立乎岩墙之下。尽其道而死者,正命也;桎梏死者,非正命也";"尽其心者,知其性也;知其性,则知天矣。存其心,养其性,所以事天也。夭寿不贰,修身以俟之,所以立命也。"(《孟子·尽心上》)命虽然是外在的因素,但孟子并不主张对命采取完全漠视、否定的态度,他要求人们正命、立命、知命、俟命、顺命。一般来说,正命是在道德理性指导下的正常死亡,非正命是作奸犯科而被处死;立命是修自己的身心,正常面对死亡;知命至少是不主动处于无必要的危险之下。因此,虽然儒学与非儒学派都对天很推崇,但在命上还是有明显不同;就后来哲学史发展而言,人们虽然逐步大都认同并沿袭了对天的推崇,但对命还是有着明显的分歧;如有的会进一步细化对命的认识,有的则是继续对命进行反面批评。

就哲学范畴而言,在命与天未分时,讲天命未必是外在,未必是宿命。但在天与命区分之后,天继续保持其神圣性,继续居于神圣的位置。对于儒学而言,天还内化成为道德的形上根据。对于命而言,相对于天的神圣化与内化,命就相应地成为外在和宿命的代名词,成为消极的象征和批判的对象。

与天与命的区分相辅相成的另一问题是性与命的区分。对天与命的区分是为了突出天,使之成为仁学之形上根据,对性与命的区分也是为了突出性,使之成为仁学的内在根据,总之都是使得仁学的形上体系更为完善。只不过天与命的区分主要是在孟子与墨子之间展开，性与命的区分大体是在孟子与告子之间展开的。

　　"告子曰：'食色，性也。'"（《孟子·告子上》）
　　"口之于味也，目之于色也，耳之于声也，鼻之于臭也，四肢之于安佚也，性也，有命焉，君子不谓性也。仁之于父子也，义之于君臣也，礼之于宾主也，知之于贤者也，圣人之于天道也，命也，有性焉，君子不谓命也。"（《孟子·尽心下》）

　　对于第一句话"食色，性也"，在出处上，不太熟悉儒学的人往往误认为是孔子说的，这或许与孔子讲过"食不厌精，脍不厌细"有关；但在了解儒学的人看来，这自然是告子说的。在理解上，孟子把告子的话引用至此，孟子对之是什么立场呢？他似乎并没有立即回答。

　　对于第二句话，在出处上，孟子并没有说明这句话是谁说的，这成了一个无头疑案。我们当然也不能断言就是告子说的，这样也不严谨。对这句话的理解可谓众说纷纭，大体有以下三种。

　　第一种最直接。如梁启超干脆承认："《孟子》有一章书，向来难解。"[1]

　　第二种就事论事，直接从字面上顺着孟子的讲述来理解。戴震称："此后儒视为人欲之私者，而孟子曰'性也'，继之曰'有命焉'。命者，限制之名，如命之东则不得而西，言性之欲之不可无节也。"[2] 傅斯年认为孟子此处："性中有命，命中有性。"[3] 钟肇鹏以为："这是说口舌喜欢美味美餐，耳喜欢好听的声音，鼻喜欢芳香的气味，四肢好逸恶劳，这都是人的本性，但这些令人喜好的东西能否得到，不

　　① 梁启超．清代学术概论 [M] // 儒家哲学．天津：天津古籍出版社，2004：205.
　　② 戴震．戴震集·孟子字义疏证 [M]．上海：上海古籍出版社，1980：276.
　　③ 傅斯年．性命古训辨证 [M]．桂林：广西师范大学出版社，2006：142.

决定于'性'而决定于'命'。"①

第三种或许认为仅从字面上难以理解得通，就没有完全顺着孟子的讲述，而是从其他角度进行了分析、区分，注重从哲理而非文字，从孟子整体立场而非仅仅就事论事。如冯契先生区分了感性与理性、性与命，认为："对感性和理性，声色和理义应作区别。对感官和声色，君子不讲'性'，而只看作'命'，因为那不是人类的本质。对理性和仁义，君子不讲'命'，而只看作'性'，因为那是人类的本质。"②如徐复观先生从"内在于人"与"外在于人"的角度区分了《孟子》中的性与命，指出："他对于命与性的观念，是赋予了新的内容"；"性与命的最大分别，仅是因为性是内在于人的生命之内的作用；而命则是在人之外，却能给人以影响的力量。"并且针对《孟子·尽心下》这段话，他指出："从孟子上面的话来看，当时一般人把耳目之欲等称为性；孟子以为此类耳目之欲，在生而即有的这一点上，固可称之为性；但当其实现时，则须'求在外'，其权并不能操之在己；所以他宁谓之命，而不谓之性。当时一般人把仁以礼智天道等称为命，孟子以为此等道德理性，在莫之致而至的这一点上，固可称之为命；但当其实现时，是'求在内'，其主宰性在人之自身；故孟子宁谓之性而不谓之命。孟子对于命与性的划分，不仅把仁义之性与耳目之欲，从当时一般人淆乱不清的观念中加以厘清；且人对道德的主宰性、责任性亦因之确立。古来对孟子性善说的辩难，多由不明孟子对性之内容赋予了一种新的限定，与一般人之所谓性有所不同而来；所以此类的辩难对孟子的原意而言，多是无意义的辩论。"③东方朔认为："孟子此处明确地表明'口之于味、目之于

---

① 钟肇鹏. 孔子研究（增订版）[M]. 北京：中国社会科学出版社，1990：258.

② 冯契. 中国古代哲学的逻辑发展（上）[M]. 上海：华东师范大学出版社，1997：192.

③ 徐复观. 中国人性论史·先秦篇 [M]. 上海：上海三联书店，2001：143、145-146.

色、耳之于声、鼻之于臭、四肢之于安佚'等这些人在生理上的习惯或要求被当时的人们理解为'性'，然而，在孟子看来，这些不是'性'，而是'命'；相反，'仁之于父子、义之于君臣、礼之于宾主、知之于贤者、圣人之于天道'等这些被当时人们认为是'命'的东西，在孟子看来却不是'命'而是'性'。"① 黄开国认为："口之于味等生理欲望虽然也是人生而具之性，但是决不是人性，只有合于四端、四心的道德伦理才是人性。这与告子、荀子以人的生理欲望为人性是完全对立的。"② 安乐哲认为："存在一种基本的差别——'性'属于'大体'，而人的基本条件'命'则属于小体。这意味着人的相似是不重要的，重要的是明显地取得的文化上的成就……人所获得的，而禽兽无此要求的东西是'性'；人与禽兽共同拥有的东西是一些基本的条件（命）。'四端'之被修养的是人；仅仅有意识和欲望的是禽兽。"③ 华霭仁认为："孟子证明了告子'狭隘的生物主义'的不完全性，而不是简单地否认它——如他面对告子的讨论方式所表明的那样，感觉经验和肉体欲望是我们本性中的一部分，尽管不是唯一的部分。"④ 高专诚讲："所谓心、性、天，其实是同一事物的不同提法。"⑤

对于以上理解，直接宣布孟子这段话难解是有必要的；仅仅做字面理解可能被孟子绕进迷宫而不能出来；不顺着孟子字面意思而从区分对立的角度，反而发现了孟子的真实用意和立场（孟子讲过"以

---

① 东方朔. 善何以可能——论荀子的"性恶"理论 [G]// 朱贻庭. 与孔子对话——儒家文化与现代生活. 上海：上海辞书出版社，2008：242.

② 黄开国. 孟子性善说在儒家人性论发展史上的意义 [G]// 山东师范大学齐鲁文化研究中心，哈佛大学燕京学社. 儒家思孟学派论集. 济南：齐鲁书社，2008：268.

③ 江文思，安乐哲. 孟子心性之学 [M]. 梁溪，译. 北京：社会科学文献出版社，2005：110.

④ 江文思，安乐哲. 孟子心性之学 [M]. 梁溪，译. 北京：社会科学文献出版社，2005：168.

⑤ 高专诚. 孟子通说 [M]. 太原：山西人民出版社，2004：209.

意逆志")。就理解而言可以说,东方朔、黄开国、安乐哲的理解是正确的;冯契、徐复观、高专诚的理解有助于解开谜团。

从形式上,一会儿是"仁义礼智",一会儿是"口目耳鼻";一会儿是"性也,非命也",一会儿是"命也,非性也",的确容易被绕进去,如堕雾里。

从内容上说,"非"说明孟子认为有些东西不是,也不应该被当作什么来理解,并且孟子的态度还很明确、很坚决。结合相关内容就知,孟子的主要立场是在讲:"口目耳鼻",君子不称之为"性";"仁义礼智",君子不称之为"命"。

从联系上说,似乎孟子不同意某种观点,而这种观点恰恰就认为:"口目耳鼻"是"性","仁义礼智"是"命"。我们不知道持这种观点的人是谁,也不能简单认为这人就是告子。但如果与告子的"食色,性也"放在一起,可以明显看出告子的观点与这种观点真的大体一致:告子认为"食色,性也",这种观点认为"口目耳鼻是性"。食色不就与口目耳鼻相关吗?因此我们为了说理方便,就暂时认为告子持这种观点,至少告子与这种观点的大体立场是一致的。

从哲学上说,告子认为"食色,性也"(口目耳鼻是性),这虽然看到了食色维持身体、延续生命的必要作用①,有合理性,无视之没有必要;但如果以此简单地认为食色就是人的本质,那还是很成问题的。对于儒学来说,当然不否定人有基本生理需求,但更认为生理生命还不是人的本质,人的本质应该是道德理性,也就是仁义礼智,简称为仁。如儒学讲的"杀身成仁""舍生取义"就是把仁看得高于身体,把义看得高于生命;把身与仁、生与义对立起来不是为了对立而对立,而是为了能更清晰地看出儒学的重心所在。由

---

① 如墨子也讲"民有三患":饥者不得食,寒者不得衣,劳者不得息。

此我们就不难理解，孟子是不可能接受"食色，性也"这种观点的，他要否定批判这种观点，以便树立起"仁义礼智是性"的观点。后一观点也就是孔子和孟子的一贯立场，只不过在此以某种区分、对立的方式显示出来。

在哲学范畴上，理解孟子立场的关键在于"非"，在于真正理解"性也，非命也"与"命也，非性也"，也就是要抓住孟子对"性"与"命"采取了区分、对立的理解，即性不是命、命不是性。孟子截然区分、对立了性与命，之前未必如此做，当时其他人也未必如此做。当用性与命是同一概念来理解这一段话时也就不得其解了；当采取区分、对立性与命，以为二者是不同的概念，甚至是完全不同的概念，这样的理解也就接近了孟子的核心立场，揭开了孟子的真实立场。孟子用性与命两个概念的区分、对立显示了自己与告子立场的明显差异，有助于揭示告子立场的实质缺陷，排除告子立场的不利影响，有助于树立儒学立场的合理所在，确立儒学立场的导向作用。孟子的儒学立场是坚定的、深邃的，孟子的哲学思维是深刻的、敏锐的。孟子区分性与命的努力①，对于儒学立场的捍卫与崛起，对于儒学体系的严谨与深化，都是十分必要的。

现在我们就可以完整理解以上两段话了，告子的"食色，性也"不可能是孔子说的，孔子是不可能主张"人的本质是食色"，孔子会主张"人的本质是仁"。因此，把告子的"食色，性也"说成是孔子说的是完全不成立的。告子等人会主张"口目耳鼻是性"，但孟子在此又提到了一个概念"命"，孟子认为"口目耳鼻只不过是命，而不是性"；告子等人会主张"仁义礼智不是人的本质，仁义礼智只不过是命"，但孟子在此又提到了一个概念"性"，孟子认为"仁义礼智

---

① 在性与命上，王夫之看到孟子与《礼记·中庸》不同："《礼记·中庸》说'天命之谓性'，作一直说，于性、命无分。孟子说性、命处，往往有所分别。"王夫之. 读四书大全说 [M]. 北京：中华书局，1975：747.

就是人的本质,仁义礼智是性而不是命"。如果再加上"性是内在的""命是外在的",那就更清楚了:仁义礼智是内在的,是人的本质;口目耳鼻是外在的,不是人的本质。孟子的立场原来是很清晰的。还有性内在,也就与心重合;加上前者区分天与命,命外在,天也就内在;天内在,性内在,性也与天重合。因此,性、天、心在孟子这里经常异名而同实。如"尽其心者,知其性也;知其性则知天矣。存其心,养其性,所以事天也。夭寿不贰,修身以俟之,所以立命也";"君子所性,仁义礼智根于心";"仁义忠信,此天爵也";"夫仁,天之尊爵也。"与之相关,孟子还讲心是大体,口目耳鼻四肢是小体,甚至讲"饮食之人,则人贱之矣,为其养小以失大也",不难看出孟子立场的一贯性(这些观点与告子观点显然不同,有利于儒学树立起道德理性的主导地位)。

简言之,与孔子对天、命、天命的相对笼统使用相比,孟子(借鉴墨子)区分天与命,使得天成为儒学道德的形上根据;与孔子罕言"性与天道"相比,孟子(批评告子等人)区分性与命,使得儒学更加关注内在之性,也使得儒学的重心越来越突出、越来越鲜明,形上体系越来越完整、越来越严密。

第五节 "仁,天之尊爵"与内在超越

在孔孟时代,一般人认为什么最尊贵呢?显而易见的一个答案就是"爵",即爵位。可以想象,在那个时代还没有出现秦代的"按军功授爵"(儒学也批评兼并战争,不鼓励、不提倡人们追求军功),没有出现汉代才有的、按照孝道廉洁提拔的"举孝廉",也没有隋唐之后才出现的、按照知识选拔的"科举制"。一个人的地位以爵位为代表,往往是世袭而来的。爵位是一个人身份、地位的象征。

"天下有达尊三:爵一,齿一,德一。朝廷莫如爵,乡党莫如齿,

辅世长民莫如德。"(《孟子·公孙丑下》)

"为政不难,不得罪于巨室。巨室之所慕,一国慕之;一国之所慕,天下慕之。故沛然德教溢乎四海。"(《孟子·离娄上》)

"所谓故国者,非谓有乔木之谓也,有世臣之谓也。"(《孟子·梁惠王下》)

孟子把爵置于三种尊贵因素之首,还说为政不能得罪巨室。要知道,让孟子这样高傲的人来承认爵这种现实因素是相当不容易的。爵是一种基本事实,不承认当然不可能,完全否定它也不太可能。然而,爵也有其局限性:一者,在爵基本世袭的条件下,爵对于稳定社会有重要作用,但对于推动社会有所不足。十分重视爵位的时代或社会往往稳定性较好而活力受限,"王侯将相宁有种乎"就对爵发出了挑战。二者,在过分重视爵这种外在因素的条件下,人的德性这种内在因素可能会被忽略,往往出现名不副实的尴尬现象,如"高第良将怯如鸡",中国曾出现士族与庶族的长期争执。

爵、人爵作为一种基本现实,对于一个人、一个家族十分重要,孟子也不得不承认它,但孟子也不是完全接受它、无条件地推崇它。孟子提出另外一种因素,认为它超越了爵、人爵,比人爵更高贵、更重要。这显示出孟子视野的宏大和境界的高远。

"夫仁,天之尊爵也。"(《孟子·公孙丑上》)

"有天爵者,有人爵者。仁义忠信、乐善不倦,此天爵也;公卿大夫,此人爵也。古之人修其天爵,而人爵从之;今之人修其天爵以要人爵;既得人爵而弃其天爵,则惑之甚者也,终亦必亡而已矣。"(《孟子·告子上》)

"欲贵者,人之同心也。人人有贵于己者,弗思耳。人之所贵者,非良贵也。赵孟之所贵,赵孟能贱之。诗云:既醉以酒,既饱以德。

言饱乎仁义也，所以不愿人之膏粱之味也。令闻广誉施于身，所以不愿人之文绣也。"（《孟子·告子上》）

　　孟子在"人"之外增加了"天"，他把人看重的"公卿大夫"称为"人爵"，把"仁""仁义忠信"称为"天爵"。在此，孟子不是仅仅增加了一种新的爵，而是更为坚定地指出天爵与人爵的区别，并且解释了为何天爵高于人爵。在形式上，孟子不能否定爵、但又不完全认可爵，于是增加了新的因素，扩展了爵的种类。他称之为天爵，并且把天爵置于人爵之上。在内容上，孟子赋予天爵以仁、仁义忠信的内容，实际上就为仁的出现、仁地位的凸显提供了形上证明。

　　孔子曾提到了仁的重要性，但没有仔细论证，对于人们不重视仁只是慨叹不已，但也无可奈何。"民之于仁也，甚于水火。水火，吾见蹈而死者矣，未见蹈仁而死者也。"（《论语·卫灵公》）孟子增加了天爵，赋予天爵以仁的内容，并把天爵置于人爵之上，就十分合理、完整、出色地解决了孔子的尴尬。孔孟仁学的形上体系逐渐趋于完整。

　　孟子对于天爵与人爵的关系进行了比较细致的分析。从古今对比的角度来看，古代人先求天爵（仁），然后人爵自然出现；而后人反之。从内外对比的角度来看，古人是把天爵（仁）当作内在，把人爵当作了外在，以为有诸内方可形诸外（不形诸外亦不妨碍内在之成立，故有人不仕未必内在德性不高）；而后人并不十分珍视天爵（仁），只是把它作为外在修饰，当作换取人爵的工具，一旦获得了人爵就对天爵弃之如履。从内在与外在的角度来看，天爵是内在的，是不可夺的；而人爵是人给的，人也可以夺走（赵孟之所贵，赵孟能贱之），所以天爵优于人爵。从人的满足上，虽然承认人爵会给人一定满足，但是提出与人爵相比，天爵能给人以更大的满足（言饱乎仁义也，所以不愿人之膏粱之味也）。为什么不选择天爵呢？从暂时与长远来看，天爵是内在的、不可夺，也就是长远的、永恒的，绝对的；人爵是外在的、可予可夺的，也就不是长远的、永恒的。人为什么不追求长远的、永恒的东西呢？通过种种的角度，孟子虽然没有完全否定人爵，但更明确地告诉人们：天爵高于人爵，天爵优于人爵，人更应该努力去追求天爵，不应该沉溺于人爵而不知返。

一般人由于种种原因往往直接追求和沉溺于社会爵位，但孟子深邃地、高远地指出：那只不过是人爵，仁是天爵，是真正尊贵的爵，是天赋予人的，也是人真正应该努力的方向。孟子的这一见解，对于引导人与社会的健康发展是十分必要的。孔子关注仁，但对于仁的形上论证有所不够，孟子继承、完成了孔子的未竟事业，使得仁学的形上体系趋于完整，贡献是卓著的。

在哲学上，仁是天爵，天爵是仁；仁在内，天也在内；天超越，仁也超越；仁内在而超越的特征也就自然出现。

相对于孔孟之仁的内在超越，墨子的"天志"可以说是"外在超越"。墨子也看到了现实中一般人有种种不合理举动，因此提出了"天志"来加以规范和引导。他讲"我有天志，譬如轮人之有规，匠人之有矩"，是用天志来规范和引导人们的不合理举动。这固然体现了天志的超越性，但这种超越性还是一种外在超越，即天志是外在于人的，因此墨家讲天志、突出天志，难免发展成为宗教。宗教是外在超越之路，而儒学是道德之学，虽然需要形上根据，但并不允许形上根据外在化，而应形上根据内在化。这也注定了孟子对墨子推崇形上根据的做法虽然有所借鉴（如"大匠不为拙工改废绳墨，弈不为拙射变其彀率"），但不可能完全与之一致，而是既强调仁的形上超越，又强调仁的内在性。这样的仁学是内在超越之学，也就是道德之路，不可能是宗教之路。简言之，在强调形上超越性方面，孟子与墨子有相似之处；但在形上内在性方面，孟子与墨子还是有着明显的区别。

相对于孔孟之仁的内在超越，庄子的"天在内"可以说是重视内在而对超越有所忽略。庄子讲："天在内，人在外，德在乎天"；"何谓天，何谓人？牛马四足是谓天，络马首穿牛鼻是谓人。故曰无以人灭天，无以故灭命，无以得殉名。谨守而勿失，是谓反其真。"（《庄子·秋水》）从形式上看，庄子在人之外提出了天，对立了天与人，指出了天的合理性以及人的不合理性，要求人们应该返归天；孟子也在人之外提出了天，也在一定程度上对立了天与人，也指出了天的合理性以及人的一些不合理性，也要求人应该效法天。然而，从实质立场上看，孟子与庄子又有着根本的区别。对于天，庄子的天实质上是人的自然本性，庄子认为天是美好的，实质上说人的自然本性是美好的，这必然导出对社会性的批评和否定；而孟子的天并不是自然性，而是道德的形上根据，本质上就属于社会性，孟子在此不是批评和否定社会性，而恰恰是认可社会性，是想用社会性来引导自然性。质言之，庄子的天是自然性，孟子的天是社会性；庄子是用自然性批评社会性，孟子恰恰是用社会性引导自然性。二人虽然都讲天、重天，但在天的理解上有着原则性的区别。在形上领域，庄子在此突出天与人对立的方面，对天与人相沟通的方面有所忽略，表现在天对人的批评固然有合理之处，但人能否达到天则难有信心；而孟子不仅有对立天与人的方面，孟子还有天与人相沟通的方面，这样对天与人的认识就比较完整，表现在孟子很强调"尽心知性以知天"，对于人知天很有信心。这与庄子又有所区别。在哲学上，庄子对自然性的强调必然使人对身体加以重视，但很明显的事实就是：人的身体不能超越，不可能不朽；而德性才可以超越，可以不朽。道家设定了人身体可以飞升如天，而儒学强调的"三不朽"首先是德性的不朽。道家设定的超越难以真正完成，难以具有真正的社会意义；而儒学所强调的超越完全可以完成，具有真正的社会意义。当然，儒学追求的也是社会性中的必要性、合理性，道家追求的也是自然性中的本然性、合理性。两家都是为了人类追求合理的东西，不是让人类追求罪恶堕落的东西；两家实质立场有些殊途同归，虽有些分歧但绝非水火不容，而是柳暗花明、曲径通幽的。

就孔孟仁学而言，"仁，天之尊爵"，天内在超越，也就是说天是内在德性的保证，不是外在因素（如爵位、财富、生命）变化、得失的原因，不能因为外在因素的变化、得失来影响内在德性的存在与作用；或者说，外在因素的变化、得失并不能影响内在德性的存在与作用。仁是天爵，天爵内在超越，天爵不可夺，保证了内在德性的稳定性、普遍性和永恒性，对于加深道德认识和树立按照道德要求而为之的意识而言，是十分必要的。在现实中，孔子并没有因为外在因素的变化，如匡人对他的态度、隐士对他的态度变化而发生变化。孟子也没有对爵位患得患失。他们对自己的内在德性高度自信，对道义昌明高度确信，从而坦然无畏地坚持下去。

第六节　"天生德"与"天将降大任"

"仁，天之尊爵也"说明仁属于天；也说明在天那里，仁是最尊贵的。天除了具有最尊贵的仁，赋予人最尊贵的仁，天还具有什么呢？天还赋予人什么东西呢？人的生命、地位、财富、知识、相貌等都是天赋予人的。生命有限、地位可变[①]，财富生不带来死不带去，知识缺少德性也会虽得必失，相貌也会韶华易逝。这几种因素的有

---

① 最典型的是桀纣，虽然宣称"我生不有命在天"，以天命自居，但百姓却说"时日曷丧，予及汝偕亡"；商汤称夏桀："有夏多罪，天命殛之"（《尚书·汤誓》）；周武王称商纣："自绝于天，结怨于民。"（《尚书·泰誓》）天也未能保证其获得永恒的地位与生命。

限、短暂、可变说明虽然会产生一些影响,但不能存之永恒、传之久远。这说明它们只是次好的,仁德才是最好的。

天给人什么呢? 有地位、财富、知识、相貌等。从本质而言,或者说在孔孟看来,这些都不是最重要的,或者说这些都不是最好的,天给人最重要、最好的是"德"、是"仁",也就是孔子讲的"天生德"、孟子讲的"仁,天之尊爵"。在孔子看来,"天生德"就是天把最重要的德赋予了人,人有传承道德的神圣使命;在孟子看来,"仁,天之尊爵",尊爵是尊贵之爵,是最好的爵。

天那里不仅有次好的地位、财富、知识、相貌,还有最好的仁德。在中国文化中,天对待人如同父母对待儿女一样慷慨无私,不但赋予人次好的,更赋予人最好的,这也可以看作中国文化的一种天人合一。而西方文化中,普罗米修斯为人类盗取火种要受到上天永恒的惩罚,这也可以看作西方文化的一种天人相分(基督教称上帝派遣自己独生爱子来救世人,也可看作一种天人合一)。

天德很多,最本质、最重要、最好的就是仁德,天德可以简称为仁德。仁德与天相连,虽然可以在现实中得到一些验证,但难以得到完全的、绝对的验证;想得到完全的、绝对的验证,要通过反思才最可靠。《孟子·离娄上》讲:"诚者,天之道也;思诚者,人之道也。"《礼记·中庸》有:"诚者,天之道也;诚之者,人之道也。"天的本质是诚,人的本质是思诚、思天,即天与人应该相通。孟子还讲:"思则得之,不思则不得。"(《孟子·告子上》)这就是说人通过自我反思、内在反思,完全可以确证天德、仁德的存在,而不去思考,继而迷失于现实,当然不可能确证天德、仁德的存在。

天德十分尊贵,人即便缺失了很多东西,但仍然可以完全保有天德,这多少给人以慰藉。孔子的学生颜回早逝,孔子伤心不已:"天丧予,天丧予!"(《论语·先进》)颜回好学不已,其早逝自然让孔子十分伤心,好在颜回的德行高尚多少让孔子有些慰藉。再者说,生命可逝固然让人痛心，人们还能勉强接受；如果是道义丧失，那种痛苦就溢于言表，让人难以接受了。"西狩获麟"之后，孔子就停止了著述。换言之，天固然会收回生命、改变地位、凋谢容颜，但天不会改变天德（西方讲上帝也不悖乎自己，在中国道德中我们也可以说，天在本质上也不能违背自己），能持守住天德是对天最大、最好的敬畏。

天德十分重要，它让人在面临种种困难、挑战之时，仍能信心满满、坦荡而行。面临困难、挑战时，逃跑、逃避或许有之，但那不是君子所为。有道君子直面困难与挑战，其动力就来自天德，也只能来自天德。"天生德于予，桓魋其如予何！"（《论语·述而》）面对桓魋的无礼与粗暴，一般人或许仓皇失措、惶惶不可终日，但孔子依然镇定自若、不为所动，没有对天德的绝对信赖、没有与天德的长期沟通、没有从天德中领悟的持久涵养，想要做出如此回答是不可能的。孔子讲过："岁寒，然后知松柏之后凋也。"（《论语·子罕》）在困境中就能检验出孔子是否真正相信天德、依赖天德，以孔子的实际举动来看，天德之于孔子是真实无妄的。天德垂青于孔子，孔子配得天德，不是没有道理的。

天德十分必要，它让人在面临各种诱惑、错误之时，仍能站立得住，做一个真正的人。真正的人不是乡愿，做好好先生；真正的人也不是随波逐流，迷失自我；真正的人是能真正站立得住，并能矫正流俗、挽大厦于将倾的人。这样的人才是真正的人，才能得到永生、存之永远。其动力必然来自天德，也只能来自天德。有天德就有真正的人，就使社会仍有光亮和方向。天德就是人与社会最后的、永恒的闸门。孔孟不愁吃穿，仍汲汲奔走救世，在其面临诱惑与错误之时，只要他们有所苟且、有所亏负，仍可获得不菲的待遇，但他们仍然不愿停下脚步，不愿看到天德的亏欠，以其实际行动证明天德的存在，证明天德仍在起作用。天德只赋予真正的人，真正的人必然维系天德，二者互为表里。①

孔子讲"天生德"，孟子进一步讲"天将降大任"。天生德说明在孔子那里天多少还只是"生"德、具有德，是否下降其德还未可知，到了孟子已经是"将降"其德，天似乎有些迫不及待了。天将降大任，自然天已经具备了天德、具备了降大任的资格，天生德已经是其中之意了。从孔子的"天生德"到孟子的"天将降大任"，当然是一脉相承、渊源有自的。如同天德只赋予真正的人，孟子也指出，天也只把大任降给有准备的人。"天将降大任于斯人也，必先苦其心志，劳其筋骨，饿其体肤，空乏其身，行拂乱其所为，所以动心忍性，增益其所不能。"（《孟子·告子下》）美好的天德、尊贵的天爵，不是无原则地下降，它要对人的内在心志与外在筋骨进行双重的锻炼和提升，使之与天爵、天德相协调、相匹配。只有通过了身心的巨大考验之后，天之大任才姗姗来迟，也必然使其心志得到真正慰藉，得到更大提升。天只把大任降给有准备的人。好一个"有准备"，真是耐人寻味。姜子牙在渭水边等到了八十岁；西方讲人完全无从知晓上帝何时来到，对于没有准备或准备不足的人就是煎熬，而对于有准备的人何尝不是期待。

孔孟二人经历种种试炼仍能笃定仁学道德，终成道德仁学的堪大任者。道德仁学大厦在孔孟这里得以揭开、建筑、成型，验证了孔孟是有很长时间、多方面的艰苦准备的。

第七节 "斯文在兹"与"舍我其谁"

"天生德"说明天是具有德，"天将降大任"说明天有此打算，至于人是否接收到了天德、是否确认了天德，仍需进一步的考量。

---

① 颜炳罡，彭战果："既然我的德性是天所赋予的，这样，我与天即人与天就通过'德'这一特殊的范畴而内在地串联起来。我的德性是天赋予的，天德表现为我德，我德体现着天德。天德表现为我德，天中有我；我德体现为天德，我中有天。"颜炳罡，彭战果. 孔墨哲学之比较研究 [M]. 北京：人民出版社，2012：27.

　　"文王既没，文不在兹乎？天之将丧斯文也，后死者不得与于斯文也；天之未丧斯文也，匡人其如予何？"（《论语·子罕》）

　　"五百年必有王者兴，其间必有名世者。由周而来，七百有余岁矣，以其数则过矣，以其时考之则可矣。夫天未欲平治天下也，如欲平治天下，当今之世，舍我其谁也。吾何为不豫哉！"（《孟子·公孙丑下》）

　　这两句话是儒学道统的重要源泉，孔子以周文王为开端，以接续周文王之事业（文王之德）而自居，从而揭开了儒学的真正源流，后来者往往由此接续之。这两句话句式相同，先是让步和怀疑，然后是确认和期待。实质而言，让步和怀疑对于别人或许成立，对于孔孟二人则根本不成立。对于孔孟二人，实际立场是确认和期待。这两句话境遇相似。孔子在生命受到威胁时仍笃信天的事，孟子在仕途坎坷之时仍首先关心天的事，都把天德置于自己命运之上。天不把天德降给这样的人，降给谁呢？天可以丧斯文，天也可以不平治天下，但这不是天的本意。可以说，有孔子在，天就不会斯文扫地；有孟子在，天仍可降其大任，仍能平治天下。

　　形上与形下、天道与人事如何结合？孔子讲出了一句重要的话："人能弘道，非道弘人。"（《论语·卫灵公》）这里固然承认天与人的结合、人可以弘道的信心，但同时也指出了人应向天靠拢，而非相反的立场。人能弘道，是自信、积极、进取的态度；天道弘人，是妥协、退让、迁就的态度。人能弘道，道人两旺；天道弘人，道人两损。

　　在形上与形下、天与人的结合中，是形下向形上靠拢，人向天靠拢。这在儒学中就体现为"以德配天"，就是人以德配天。这里的德当然不是人的任意品质、胡乱言行，而应专指内在的仁德。人要靠生命、地位、知识、财富、相貌来配天么？这些东西如果缺少了内在的仁德，都会黯然失色、毫无意义。人配天应该像天慷慨无私给人最美好的形上天德一样，人也应拿出最美好的形下仁德来配天。

只有仁德最可配天，天也最欣慰仁德。天给人以德，人以德配天，二者礼尚往来、交相辉映，不亦乐乎！儒学还讲："诚者，天之道也；思诚者，人之道也"；"诚者，天之道；诚之者，人之道也。"天道本身是澄明的、真诚的，人不如此无损于天；如果人想成为澄明、真诚的人，就应该思诚，就应该向天靠拢。人应该思诚，人也完全可以思诚，人在思诚就是在确证天。

　　这种对天的确证，落实到人之态度、人之言行，就是"斯文在兹""舍我其谁"。"斯文在兹"说明天道（斯文）不是断了、没了，而是就在这里、就在当下。① "舍我其谁"，说明我不是旁顾、不是迟疑，而是身任、而是立即，而且是欣喜、是踊跃。质言之，"斯文在兹"说明天德已在我这里，"舍我其谁"说明我已经做好了充分准备。在此，形上与形下、天与人已经弥合无间、无须怀疑，也无须多言了。

　　这种对天的确证是直接取法，不假条件，落实到人，就是孔孟讲的"先知先觉"的人，就是"无所待而起"的豪杰之士。"天之生此民也，使先知觉后知，使先觉觉后觉也。予，天民之先觉者也。予将以斯道觉斯民也，非予觉之而谁也。"（《孟子·万章上》）"待文王而后兴者，凡民也。若夫豪杰之士，虽无文王犹兴。"（《孟子·尽心上》）一般人或许被动、消极、依赖，但先知、豪杰之士自觉、主动、积极。先知、豪杰之士也就是自觉、主动、积极向天靠拢的人。这种人虽然先知先觉，但并不局限于自我，而是还要觉后觉，还要以其良好的道德去引导社会。"君子之德风，小人之德草，草上之风必偃。"（《论语·颜渊》）简言之，先知、豪杰之士就是取法乎天、沟

---

① 要知道孔子在困境时也是说"道不行"，没说过"道不存"。"存不存"与"行不行"是有区别的，我们可以说"道不行""道不显"，但不能说"道没有""道中断"。与这种区分多少有所关联的是，张世英先生认同程颐对"仁"与"为仁"的区分，以为"孝悌只是'行仁之本'，而非'仁之本'……孝悌只是实行'仁'德的起点，孝悌之'心'比仁'性'低一层次"（张世英．儒家与道德 [J]．社会科学战线，2006（1））。程颐、朱熹也有相似认识。

通天人、引导社会的人。孔子被后世称为"先师"是有道理的。

孔孟这种对天的确证直接取法乎天，并不因为现实所左右、不随现实的变化而变化，因而显得卓绝。当现实变化时，如匡人围困孔子一行人，弟子都迷惘彷徨时，当别人以为孟子仕途不顺会患得患失时，孔孟的回答表明其真正的动力源泉在于天，在于与天的密切关系。如果没有对天的苦苦追寻、没有对天的持久执着、没有困境中的验证，孔孟的回答或许如同叶公好龙，最后会不堪一击，但孔孟的"斯文在兹""舍我其谁"验证了天的存在，验证了天的作用，也验证了自己的卓绝。天在孔孟这里是真实无妄的、是一直存在的、是一直起作用的，并且是其坚强的支柱、不竭的源泉。

当然，孔孟这种对天的执着、对现实的不顾，可能会有些孤单、可能被视为狂妄[①]，甚至出现非议，这些都是难免的，事实上也都出现了。孔子讲"狂者进取"，为了进取往往顾不了那么多，左顾右盼往往丧失进取的动力。孟子讲"大匠不为拙工改废绳墨"，真正的大匠守得住标准，降低标准往往害人害己。

孔子面对质疑曾经说过："吾道非耶，吾何为于此也？"[②]孔子是设问，自己并未根本怀疑，否则早就改弦易辙了。但别人的怀疑也

---

①　颜炳罡. 当代新儒家点评：以梁、熊、牟为例看当代新儒家"反""孤""狂"的三重品格 [J]. 文史哲，2003（2）.

②　《史记·孔子世家》："孔子知弟子有愠心，乃召子路而问曰：'《诗》云"匪兕匪虎，率彼旷野"。吾道非耶？吾何为于此？'子路曰：'意者吾未仁耶？人之不我信也。意者吾未知耶？人之不我行也。'孔子曰：'有是乎！由，譬使仁者而必信，安有伯夷、叔齐？使知者而必行，安有王子比干？'子路出，子贡入见。孔子曰：'赐，《诗》云"匪兕匪虎，率彼旷野"。吾道非耶？吾何为于此？'子贡曰：'夫子之道至大也，故天下莫能容夫子。夫子盖少贬焉？'孔子曰：'赐，良农能稼而不能为穑，良工能巧而不能为顺。君子能修其道，纲而纪之，统而理之，而不能为容。今尔不修尔道而求为容。赐，尔志不远矣！'子贡出，颜回入见。孔子曰：'回，《诗》云"匪兕匪虎，率彼旷野"。吾道非耶？吾何为于此？'颜回曰：'夫子之道之大，故天下莫能容。虽然，夫子推而行之，不容何病，不容然后见君子。夫道之不修也，是吾丑也。夫道既已大修而不用，是有国者之丑也。不容何病，不容然后见君子。'孔子欣然而笑曰：'有是哉颜氏之子！使尔多财，吾为尔宰。'"

多少让其有些沮丧，好在颜回的解释很快让孔子转忧为喜（夫子之道之大，故天下莫能容。虽然，夫子推而行之，不容何病，不容然后见君子）。颜回没有立足现实，而是立足天道本身的角度，立场对了，也就能真正理解孔子。可以说，颜回是孔子执着天道的同路人、好帮手。孔子既欣慰天道之不绝，又欣慰有知音相陪，其中的欣慰足可一扫之前的沮丧。或许孔子开宗立派难免处处遇阻，难免有些疑惑，但到了孟子就底气十足，基本不再有疑惑了。孔子还要向别人解释些什么，似乎还需要个帮手；但到了孟子就不需要向别人解释什么，自己就可以高视阔步了。当然，有个知音总归是好的，孔子还有个知音颜回来回应他，孟子之言有谁来回应就不太清楚了。如果放开视野，文天祥、梁漱溟、熊十力亦可算作对孟子的一系列回应吧！

总之，斯文在兹、舍我其谁，孔孟以其智慧和觉悟沟通了形上与形下、天与人，使得形上之天得以真实显现、真正起作用，使得形下之人获得美好的方向、不竭的动力，使得自我成为道德仁学的前驱、先行者，由此开启了儒学之门。

第八节 从"我有天志"到"万物皆备于我"

在《孟子·尽心上》中有一句著名的话"万物皆备于我"，这句话引起了持久而广泛的讨论，产生了很大影响。早期的认识与处理由于受到苏联教科书强调阶级斗争的影响，注重唯物与唯心两军对垒并且出于唯物战胜唯心的需要，往往把"万物皆备于我"视为唯心论（唯我论）的典型。如冯契先生站在唯物主义立场认为孟子是唯我论[①]，罗国杰先生指出过去曾经把孟子这句话理解为唯我主

[①] "孟子认为，一个人能够'尽心''思诚'，就可以达到'万物皆备于我矣。反身而诚乐莫大焉'。这就成了荒谬的唯我论了。"冯契. 中国古代哲学的逻辑发展（上）[M]. 上海：华东师范大学出版社，1997：191.

义①，但对于这句话的理解现在已经发生了转折与变化。

这种转折与变化有三方面的表现。一者，淡化唯物与唯心，如杨伯峻②，这在客观上逐渐使得孟子摆脱了反面典型的尴尬，为平心静气地理解孟子（及这句话）提供了必要可能。二者，越来越意识到孟子这句话不是从本体论问题，而是认识论问题和道德问题，如杨国荣③、张奇伟④、何中华⑤、杨泽波⑥、傅佩荣⑦，这使得在道德领域上讨论这一问题成为可能。三者，从孤立到联系，以前出于树立靶子进行批评的需要，只是为我所用地拿"万物皆备于我"这几个字来进行发挥，不但在性质上存有问题，在方式上也不够严谨全面；而现在心态平和了，思路也开阔了。有研究指出以前那种孤立的理解与

---

① "孟子的'万物皆备于我矣'，在很长一段时期内，只是被人们理解为一种主观吞并客观的主观唯心主义的唯我主义，而没有剥离出其中所包含的合理内核，因为它主要说的并不是本体论的问题，而是人的道德修养的主动性问题。"罗国杰．中国伦理思想史（上卷）[M].北京：中国人民大学出版社，2007：16.

② "'万物皆备于我'的'万物'，是最大的快乐，是自身本有仁义道德，既不是主观的虚幻境界，也不是超现实的精神作用。这里谈不上唯心和唯物。"杨伯峻．孟子译注·导言 [M].北京：中华书局，2006：13.

③ "这里的'万物皆备于我'，并不是指外部世界以物理的形态内在于个体，而是表现为观念层面的意义境域：以视域的扩展、理性的想象、内在的体验等为形式，'我'把握了作为整体的世界并领悟了其意义，万物则由此进入'我'的观念之域。"杨国荣．成己与成物：意义世界的生成 [M].北京：人民出版社，2010：181.

④ "'万物皆备于我'不是说世界上的所有一切：山川、房屋、田舍等都在我的心中，而是说所有的善：仁义礼智及其孝悌忠信等都存在于我的心中、每一个人的心中。"张奇伟．亚圣精蕴：孟子哲学真谛 [M].北京：人民出版社，1997：131-132.

⑤ "从道德哲学的维度看，'万物皆备于我'的实质乃在于确立道德之理由。"何中华．孟子"万物皆备于我"章臆解 [J].孔子研究，2003（5）．

⑥ "成就道德的一切根据我都具备。""道德根据就在我心中，除此之外无须外求。"杨泽波．孟子性善论研究（修订版）[M].北京：中国人民大学出版社，2010：102、162.

⑦ "要走上人生正途，或者要完成人生目的所需要的一切，其实就是我与生俱有的向善之性，只要存养扩充之，人生还有什么欠缺？孟子这句话是为了强调我'无所欠缺'，而不是'万物之理在我心中'。"傅佩荣．解读孟子 [M].上海：上海三联书店，2007：226.

这句话后面的内容缺乏联系，如彭高翔（彭国翔）①。有研究从这句话扩展到该段话，从这段话的整体来思考，如张奇伟②、杨泽波③、刘泽亮④。也有学者视野更开阔，要求联系这一章与上一章，如杨伯峻⑤。更有学者要求联系孟子的思想体系来理解，如李则鸣⑥、白奚⑦。客观而言，从这段话（而不是这句话）来理解，这一思路古人早已有之，如程颢⑧、王夫之⑨。当然，除了这三个角度，还有其他角度，或者讲

---

① "如果说'物'作为我的思考对象或使用工具而进入了我的意识领域，这也可以解释为'备'，那么我们可以说，孤立地看'万物皆备于我'，即使这样的解释或能聊备一说，但这里所显示的意义不外是说万物均可纳入我的意向性结构。但这与下面二句包含价值意味的'反身而诚，乐莫大焉。强恕而行，求仁莫近焉'却毫无意义上的关联。"彭高翔. 孟子"万物皆备于我"章释义 [J]. 中国哲学史, 1997（3）.

② "就其内容而言, 这段话包含两个相互联系的重要观点：'万物皆备于我'和'反身而诚'。"张奇伟. 亚圣精蕴：孟子哲学真谛 [M]. 北京：人民出版社, 1997：131.

③ "孟子这句话是一个整体, 如果将其作存有论的解释, 那么此处的'万物皆备于我'与紧接着的'反身而诚，乐莫大焉'是什么关系，与'强恕而行，求仁莫近焉'又是什么关系？很难说得通。"杨泽波. 孟子性善论研究（修订版）[M]. 北京：中国人民大学出版社, 2010：162.

④ "这段话中'万物皆备于我'是前提, 是'知', 后两句是'行'；'反身而诚，乐莫大焉'是于己而言, 是对自身之性的体认和结果；'强恕而行，求仁莫近焉'是推己及人, 是对人而言, 启示学者求仁的门径。"刘泽亮. "万物皆备于我"考辨 [J]. 湖北大学学报：哲学社会科学版, 1992（2）.

⑤ 杨伯峻. 孟子译注·导言 [M]. 北京：中华书局, 2006：13.

⑥ "'万物皆备于我'一语常被人作为主观唯心论的典型予以批判, 这条语录失去谈话的背景, 孤立直译, 难得原意, 试联系其思想体系或可索解。"李则鸣. 孔孟思想还原 [J]. 武汉大学学报：人文科学版, 2003（5）.

⑦ "'万物皆备于我'即'仁义礼智根于心'，这就是人何以能仁的内在根据, 就是'求仁莫近焉'的道理所在。"白奚. 孟子对孔子仁学的推进及其思想史意义 [J]. 哲学研究, 2005（3）.

⑧ "孟子言'万物皆备于我'，须'反身而诚'乃为大乐；若反身未诚，则犹是二物有对，以己合彼，终未有之，又安得乐？"程颢, 程颐. 二程集 [M]. 北京：中华书局, 1982：17.

⑨ "先儒教学者寻仲尼颜子乐处而不及孟子之乐。……乃孟子于'万物皆备于我'之下, 说个'反身而诚，乐莫大焉'是何等境界, 愚意即此与孔颜无甚差异。"王夫之. 读四书大全说·卷十 [M]// 船山全书（第6册）：长沙：岳麓书社, 1996：1119.

自我内在，如傅佩荣①；或者讲人与万物的一体，如蒙培元②。

我们以杨伯峻先生的思路为底本，即把孟子这段话与上段话（这一章与上一章）联系起来；并且本文还尝试更进一大步，把墨子的"我有天志"也列于此处，以此来分析孟子（相对应墨子）的思路与立场到底如何。

"孟子曰：'求则得之，舍则失之，是求有益于得也，求在我者也。求之有道，得之有命，是求无益于得也，求在外者也。'"（《孟子·尽心上》）

"孟子曰：'万物皆备于我矣，反身而诚乐莫大焉，强恕而行，求仁莫近焉。'"（《孟子·尽心上》）

"我有天志，譬若轮人之有规，匠人之有矩。"（《墨子·天志上》）

"天下从事者，不可以无法仪，无法仪而其事能成者，无有也。虽至士之为将相者，皆有法；虽至百工从事者，亦皆有法。百工为方以矩，为圆以规，直以绳，正以县。无巧工、不巧工，皆以此五者为法。巧者能中之，不巧工虽不能中，放依以从事，犹逾己。故百工从事，皆有法所度。"（《墨子·法仪》）

可以看出，这两段话的主要内容在于讨论道德问题，即道德根据是"内"还是"外"的问题。前一段话讨论的是内与外的不同（或者说本质上落脚到为什么要"求在内""求在我"），后一段话是在"求

① "'万物皆备于我'就是我生下来一切就都齐备了，里面就够了，外面都是可多可少，没有什么非要不可的……'万物皆备于我'就是说我一个人活在世界上，本身就是内在圆满，具备所有的快乐条件。"傅佩荣. 孟子的智慧 [M]. 北京：中华书局，2009：127-128.

② "从生命整体和德性主体的意义上说，万物都是我生命的一部分，万物的存在都与我的生命息息相关，人与万物本来就是一体的。这是对孟子'万物皆备于我'的一个新的解释与发展。"蒙培元. 情感与理性 [M]. 北京：中国人民大学出版社，2009：260.

在内"的思路上继续往下说：即"求在内"之后可以"诚"，而后由内而外践行之就是了。从这两段话上来看，"万物皆备于我"并非重心，只是后来大家都关注"万物皆备于我"以至于喧宾夺主以之为中心，而这句话甚或这两段话的整体意思（即道德根据是内还是外）反而被忽略了。还有"万物皆备于我"虽然曾被当作本体论、认识论来处理过，但现在多数已经回归道德问题的思路上来了，这自然是正确的；并且多数也把"万物皆备于我"放到整句话中来理解，这也是应该的。

然而即便这样，仍有可以讨论之处。即我们知道了这两段话主要是讨论道德根据是内还是外的问题，但如果要追问一下：为什么孟子在此一再讨论道德内与外的问题？或说儒学当然要讨论内与外，道德当然是内在的，道德讨论内与外还需要什么理由吗？这似乎可以算为一种交代。然而孟子一再重申这一问题说明其中必有蹊跷，仅在孟子这两段话及孟子自身范围内做文章又不得其解、不能让人非常满意，于是经过广泛考察与反复思考，在针对孟子激烈反对的墨子那里，我们看到了"我有天志，譬若轮人之有规，匠人之有矩"，并且在对孟子的"万物皆备于我"进行理解时加入了墨子的"我有天志"。以此，我们认为：孟子一再讨论道德内与外的问题，根本原因在于墨子讲天志；换句话说，在话语上如果没有墨子的"我有天志，譬若轮人之有规，匠人之有矩"，就不会有孟子的"万物皆备于我"；在实质立场上，虽然墨子与孟子都在讲标准，两人也都可以得出标准具有普遍性和永恒性，这是其同；其异在于墨子的"天志"把"天"外在于人，孟子的"万物皆备于我"把"天"（万物、众人）内在于人。如同人有钱、有车是一种外在的拥有，有道德气质则一定是内在的拥有；"外在"拥有即便承认标准的存在甚或普遍存在，但往往缺乏自觉性而带有强制性。而"内在"拥有不但突出了标准的存在、普遍性和永恒性，还能体现道德的最重要特征：自觉主动（而非强制强迫）。"外在"表明墨家在本质上不是道德（墨家是宗教），而"内在"表明儒学一定是道德之学。因此标准是"外"还是"内"不是小问题，而是大问题、关键问题。孟子的眼光是敏锐的，一再强调是十分必要的，其处理也是大体合理的。质言之，孟子讲"万物皆备于我"的背景恐怕在于墨子讲"我有天志"，"我有天志"虽然突出了"天"的标准、地位与作用，但"天"的外化反映墨家立场不是道德之路。而儒学要走上道德之路，道德在讲"天"时要讲"天"的内化，只有"天"内化了，道德形上根据才建立健全了。相对而言，我们最多可以说墨家与儒学对"天"的理解不同、表达不同；而站在儒学道德立场上，我们完全可以说，墨家把天外化本质上是不允许的，终究是不可接受的，批评调整墨家也就是早晚出现的必然之事。孟子很早就认识到这一点，并且其解决也大体合理，值得我们学习和尊重。

由此，本文的根据与思路大体如下：首先，孟子这两段话都是讨论道德问题，不是本体论，也不是认识论，这是越来越为多数人所认可的，然而大家看到了或囿于字面的"物"或"万物"，所以在坚持孟子是道德立场而非本体论、认识论立场时底气并不是很足。其实"物"或"万物"并不一定非要解释成"自然万物"，直白而言，有时候的"物"或"万物"就是"人"（或"他人"或"人类"或"人们"）的意思。例证如下：据杨伯峻《孟子译注》统计，在《孟子》中出现了22次"物"，有的"物"当然就是"自然万物"，如"流水之为物也""君子之于物也，爱之而弗仁；于民也，仁之而弗亲"（《孟子·尽心上》）。但同时也要知道，有的"物"不宜解释成或肯定不是"自然万物"，解释成"人"或"他人"才是合适的（当然，有时由人进而再扩展至万物也可以）。如《孟子·尽心上》中的"大人者，正己而物正者也"中的"物"是与"己"相对，就应该解释为"人""他人"，即"正己而物正"中的"物"首先不应该解释为"自然万物"，而应解释为人①。实际上就是：大人就是先端正自己，然后能自然而然地端正别人，如同"其（己）身正不令而行，其（己）身不正虽令不从"（《论语·子路》）；如《孟子·离娄下》中"有人于此，其待我以横逆，则君子必自反也：我必不仁也，必无礼也，此物奚宜至哉"中的"物"肯定不是"自然万物"，而是"这个人"②，难听一点就是"这个东西"。"这个东西"在现实中可以指人，但是对人不太尊敬的称呼（宽泛而言，儒学有时称人为器，如大器、国之重器，含义相对中性偏上③）。相关而言，《礼记·中庸》中的"诚者，非自成己而已也，所以成物也。成己，仁也；成物，知也。性之德，合内外之道也"中的"物"也未必是"自然万物"，恐怕更多的也是"人"或"他人"④。在《周易》中出现的"自强不息、厚德载物"，高亨先生解释为"以厚德载物，即以厚德育人"⑤。由此可知，《礼记·中庸》中以"成己与成物"为内外之道，显然把"成物"理解为与"成己"相对的"成人""成就他人"是比较合宜的；《周易》中的"厚德载物"与"自强不息"相对，即"物"与"自"相对，"物"也就是"人""他人"，如此把"（自强不息）厚德载物"理解为"（严于律己）宽以待人"显然是合宜的。宽泛而言，在儒学立场

---

① "大人'正己而物正者也'，在此，'物'可以泛指其他的人。"傅佩荣. 解读孟子 [M]. 上海：上海三联书店，2007：234.

② 傅佩荣把此处的"物"理解成"态度"，其实态度也就是"人"的态度。傅佩荣. 解读孟子 [M]. 上海：上海三联书店，2007：142.

③ 延伸一下，如孔子评价子贡为"器"。王兴康认为："这是中性的评价，犹如今天我们说：'是个东西'（贬意则为'不是个东西'）……子贡的反应不得而知，而在旁观者看来，这个评价是不高的。"王兴康. 论语：仁者的教诲 [M]. 上海：上海古籍出版社，1997：251.

④ "'成物'在广义上既指成就他人，也涉及赞天地之化育。"杨国荣. 成己与成物：意义世界的生成 [M]. 北京：人民出版社，2010：2.

⑤ 高亨. 周易大传今注 [M]. 济南：齐鲁书社，1998：61. 类似的如"利物足以和义"，高亨先生解释为"利物实指利人。此言利德即是利人。君子利人足以和义"。如"圣人作而万物著"中的"物"，高亨先生转引朱熹的话"朱熹曰：'物犹人也'"。

中，虽然不可能不涉及自然万物，物当然可以当作自然万物来理解；但儒学主要是人伦道德之学，首要立场是处理人与人的关系，把有时对待比较明显的"物"理解成"人"或"他人"（如与"己"或与"自"相对时），儒学觉得并无不妥。在儒学这种认识背景下，人们所熟悉的"超然物外"中的"物"也不一定是真正的"自然万物"，恐怕就是指"人伦社会"；人们常讲的"恃才傲物"中的"物"也不一定是真正的"自然万物"，恐怕也是指"人""他人""别人"；如"物我两忘"恐怕主要是讲内外皆忘；平常表达的如"大人物""小人物"中的"物"其实是虚指，没有实质含义，是指比较高贵的人和比较差劲的人。进一步，还有"待人接物"中的"人"恐怕就是"物"，"物"恐怕就是"人""他人"，即此处"物"与"人"恐怕也就是他人与自己。宽泛而言，有时道家老子、庄子使用的"物"（或"器"）有时也可指人，如老子"大器晚成"中的"器"指人、指物均可；《庄子·德充符》中的"唯尧舜独也正，在万物之首"中的"物"理解为"人"显然更合宜。当然，本文说有时的"物"理解为"人""他人"比较合宜，并不排斥有时的"物"含义并不清晰，把此时的"物"理解为"人""他人""自然万物"或"双解"都可以。如"舜明于庶物，察于人伦"（《孟子·离娄下》）和"尧舜之知而不遍物，急先务也"（《孟子·尽心上》）中的"物"似乎可以双解，既可以指"自然万物"，又可以指"人"。常规所言的"人物一理"中的"物"似乎也可双解。

在结构上可知，作为对立统一的哲学范畴，我与人的表达多样：有时是"我"与"人"，有时是"己"与"人"，有时是"我"与"物"，有时是"己"与"物"，有时是"自"与"物"，如"自"强不息、厚德载"物"，严于律"己"、宽以待"人"，成"己"成"物"等不一而足。

如此，"万物皆备于我"中的"物"很可能是"人"，大体意为：

所有人做人的标准都在我这里，我是众人的楷模，众人要想成为真正的人应该向我学习。这在形式上的确有些狂妄，如果不在语气上斤斤计较，在结构上至少可以说，做人的标准就在我这里（当然还暗含前提：我是真正的、最为自觉或者首先自觉的人）。进一步讲，如果把我当作最为自觉或最先自觉的人，"万物皆备于我"实质就是"万物皆备于每个人自身"。孟子恐怕是想说：做人的标准就在每一个人"内心里面"，不是在人"外面"；如此标准"内在"，当然应该"内求"，可以"内求"，并且"内求"一定能得到（在性善论的立场中是"一定"能得到，不是"可能"得到，即"求则得"）；在内求（有时是确证、有时是扩展、有时是回头）得到之后即是"诚"；由内在的"诚"而外化为"行"是水到渠成的事。如此理解显然通顺多了。附带一点，关于"强恕而行"之"强"（孟子还说过"强为善"），杨伯峻解释为"不懈"①，朱熹解释为"勉强"②。朱熹的解释如果只按照"强恕而行"四个字的字面意思来说似乎可以接受，但从整句话来说，前面已经"反身而诚"了，既然"诚"了那就不能是"勉强"，或者再要说是"勉强"那前面就还不是真正的"诚"。所以朱熹的解释有些望文生义，而杨伯峻的解释正确，即"反身而诚了，所以会自觉自愿地、心甘情愿地、尽心尽力地按照恕道来对待他人"（当然也包括按照高要求对待自己，即严于律己、宽以待人的标准）。

另外，孟子这两段话主要在讲道德"内求"这一问题，但我们在孟子这两段话中看不到孟子在此为何极力强调"内求"的原因。在加入墨子"我有天志"之后，我们可以清晰地看到：原来孟子讲"万物皆备于我"主要是针对墨子"我有天志"而言的。墨家讲"我有天志，譬若轮人之有规，匠人之有矩"。全面说来，讲规矩未必是墨家的首创，如孔子就讲过"七十而从心所欲不逾矩"（《论语·为

① 杨伯峻.孟子译注 [M].北京：中华书局，2006：302.
② 朱熹.四书章句集注 [M].上海：上海古籍出版社，1995：404.

政》），但墨家对规矩的重视似乎超过儒家。墨子在此处的思路非常清晰，以为人做事要有规矩（标准、参照），即他说的"仪"。只有有了"仪"，人才能按照"仪"去做，并且做得很好；"天志"是人立身行事的标准，人必须按照"天志"的标准去行或者只要按照"天志"的标准去立身行事就可以了（当然，墨子的天志是立体的、复杂的，不是单一的、孤立的，因为其背后还有天德、天意、天赏、天罚）。

在墨子这里，有了标准，人可以按照标准去做；同时人应该、也必须要按照标准去做。墨子讲"我有天志"的优点在于思路清晰，凸显了标准的重要性、权威性和神圣性，墨子凸显标准与儒学凸显楷模也具有一定相似性。在此没有标准自然不行，标准不对恐怕也不行，有了标准就如同有了规矩一样简便易行（我有天志，譬若轮人之有规，匠人之有矩），既可以自己如此去行，也可以纠正别人的错误。总之，在出现了"天志"这一标准之后，一切便简单明朗了。墨子讲"我有天志"的缺点在于独断武断、僵化停滞，更根本的缺点在于把标准外化，与儒学相比更是如此。我们可以说有些事物有时候的标准是外在的，需要学习和借助，如同荀子讲"善假于物"；但对于道德来说，即便有一个学习他人（如楷模、老师）的过程、即便有一个接受他人批评的时候，道德在本质上还是一个自觉自主的、内求内省的过程。如此，标准的外化与道德的内求内省在本质上是不符合的：执着于外化的标准不是道德之途而是宗教之路，如墨家最终走上了宗教的道路，而儒学本质上并不是真正的宗教，过分夸大外化的标准会使得道德难以成立或从根本上立不起来；反之，如果道德要想真正立起来，不但要有标准，还要把标准内化。标准内化对于儒学不是可有可无的问题，而是必须要有的事情，不是细枝末节的小问题，而是核心问题、关键问题。这不是要模仿别人的问题，而是自己一定要有自己的特点，以便成为其自身得以自立的根本问题。

如此，孟子立场明确、用力颇多（如孟子强调真正的道德行为是由内而外的"由仁义行"，而非由外而内的"行仁义"），实在是既用对了方向，又用够了力度。理论而言，内与外之争之所以是儒学的重要问题，根本上是因为儒学是道德之学，道德必须走内在之路，如此要注意区分与讨论各种"内"以及处理好"内与外"的关系。如孔子曾言"我欲仁，斯仁至矣"，此处的"我"即"人"也，当然是真正自觉自愿走上道德之途的人，如此就是：只要人真正想成就仁德，完全可以成就仁德；这里不是狂妄，而是自我心迹的真诚表达；虽然各种外在因素人不一定做主，但内在因素人是完全可以做主的。人可以做到心无旁骛、矢志不渝，人可以做到不为所动、无怨无悔，即便很难做到、很少人做到，但也完全可以做到。因此我们看到道德首先是内与外的问题，要注重内而不苛求外（甚至完全注重内）；其次不是多与少的问题，而是高与低的问题。道德之高虽然很难达到，但完全可以达到，甚至是应该达到，人若不如此就不是真正懂儒学道德（如孟子区分"不为"与"不能"，道德行为不是"挟太山以超北海"而是"为长者折枝"，人不行道德不是能力上不能、不够而是态度上不为、不愿，这样就批评甚至堵死了人不行道德的借口）。而要真正达到，在本质上靠外在是不可能的，而只能靠内在，走内在之路。由此要以道德立身，在根本方向上就一定要走上并且也只能走上内在之路。这是不二法门，也是光明之门。

就整个儒学道德体系的"天在内"简言之，在孔子与孟子那里，天分化出来（天与命分开）；在墨子与孟子那里，天由外在转为内在（天非外在）；在庄子与孟子那里，天从大道转为人道（天非人道对立面）；在告子与孟子那里，天主要与理性相连（天主要不与感性相连）。进而天在内，天是人文道德理性，所以诚与思诚才能成立。如此，天在内为儒学人文道德理性立场提供了最合理、最恰当、最完备的形上证明。

第二章　何为仁

天是孔孟仁学的形上根据。对于仁的理解应该上溯于此，但仅仅停留于此会有些抽象。孔孟仁学来自天，但既然由孔孟来体认、表达，就必然带有孔孟自身的特色。

第一节　自觉自信的仁爱宣言：
"我欲仁，斯仁至矣"与"仁者爱人"

孔子讲："仁远乎哉？我欲仁，斯仁至矣。"（《论语·述而》）天有很多东西，如生命、地位、知识、容颜、仁德，我们都可以追求。常人往往去追求生命、地位、知识、容颜，在常人看来，孔孟似乎与众人不同，偏偏舍近求远、舍易求难，去追求仁德。有人或问，天以仁德为尊贵，会舍得吗？这倒是杞人忧天了。天是慷慨大公的，没有像常人一样把尊贵的东西藏起来，舍不得拿出来。有人或问，切近的、容易的东西都未必绝对求得到，遥远的、艰难的东西能求得到吗？这其实是常人的思维方式，是从人出发、为人着想的思维方式，但却未必是合理的思维方式。常人往往急切地追求眼前的生命、地位、知识、容颜，却忽略了最尊贵的仁德，这已是舍大逐小；常人往往习惯于生命、地位、知识、容颜这些东西外求的方式，不习惯仁德需要内求的方式，这是不得要领。不管是舍大逐小还是不得要领，常人往往不求仁、求不到仁，甚至以为根本就没有仁，也就与仁渐行渐远了。孔子讲"仁远乎哉？我欲仁，斯仁至矣"，意思是说仁并不远人，只要人想求仁就完全可以求得到。这里强调的当然是人应该立志去求仁、可以去求仁，也能求得到仁。除此之外我们也可以说，此处也多少包含有求仁之方，即仁应该通过内求的方式来获得，即"我欲仁，斯仁至矣"。从反面说，孟子借孔子之口指出："道二，仁与不仁而已矣。"（《孟子·离娄上》）这虽然是对君主而言的，但对每个人也可作如是观。也就是说，每个人其实并没有很多选择，除了仁就是不仁；具体而言还表现在追求最宝贵的才是仁①，不追求最宝贵的看似不错，其实就是不仁。这种对仁与不仁的理解与常规似有不同，但目的无非是鼓励人应该去追求最宝贵的仁德。

面对天的丰富宝藏，孔子直接宣布"我欲仁"，直奔最尊贵的东西而去，用孟子的话说就是"先立乎其大"。我们既要学习天的慷慨无私，也要学习孔孟先立乎其大的方法。天允许人求仁、仁要通过内求的方式得到，既被允许又方法得当，孔孟当然可以宣布"斯仁至矣"。天以仁德为宝贵，天也允许人追求仁德，甚至更希望人追求仁德。仁德宝贵，孔孟直接追求仁德，可谓高度自觉（天也应欣慰）；追求仁德只能通过内求，孔孟重视反省、反思，可谓高度自信（天也应信赖）。自觉找到了方向、目标，自信找到了方式、途径，仁者之路就此展开。

通过比较可知，追求仁德之外的东西可能切近些、容易些，追求仁德的确漫长些、艰难些，但却是可能的，也是值得的。追求仁德可能在其他方面有所损失，不能十全十美，但既然以仁德为己任就应无怨无悔。"求仁得仁，又何怨？"当然，仁德之路虽是可行之路、

---

① 在亚里士多德思想中，指出所谓德也就是使万物本性得以充分发挥，如刀之德在于锋利，马之德在于快速。孟子讲"仁，天之尊爵"以及"道二，仁与不仁"，其最终目的与此相关。

光明之路，却也需要高远的志向和坚定的意志相伴。质言之，追求仁德之外的东西虽然容易、切近，但也未必绝对求得到，追求仁德虽然遥远、艰难，但完全可以求得到。孔孟立身于世就自觉自信地选择了仁德之路。

仁德是美好的、尊贵的，自己立志追求仁德、成为仁者，是否是想把这美好的、尊贵的仁德据为己有，独占、垄断这美好、尊贵的仁德呢？不是的。天慷慨大度，没有把最美好、最尊贵的东西藏起来独享，而是敞开让人追求；仁者既要追求天之仁德，也应学习天对待仁德的态度，也就是"仁者爱人"（《孟子·离娄下》）。否则，只学习天之仁德而不学习天对待仁德的态度，能算是彻底地学习天吗？学习了天之仁德又不愿施行出去，能算是真正的仁者吗？天以仁德为尊贵，仁者也以仁德为尊贵；天慷慨大公，仁者也慷慨大公；天以尊贵的仁德给人，仁者也以尊贵的仁德给人；天不悖乎自己，仁者也不悖乎自己。仁者效法天道，直接追求最尊贵的东西，而不在次要的东西上浪费光阴；仁者效法天之慷慨大公，不会自私狭隘；仁者效法天对待仁德的态度，会以仁德去爱人，自然不会羡慕嫉妒恨。如果做一简要比较，西方基督教称上帝把独生爱子都赐给了人，也就是把自己最宝贵的、唯一的都给了人，以此成就了基督的大爱、博爱，也鼓励基督徒去如是做。孔孟称仁是天最宝贵的，天把最宝贵的给了人，人也应该以天这种态度来爱人，以自己的真爱、仁爱来待人，这也应是儒学仁爱的真谛了，也必定成就儒学仁爱的辉煌。质言之，"我欲仁"就是想成为仁者，成为仁者就应该去爱人，这就是自觉自信之仁者立身处世的公开宣言。相比而言，龌龊的难以见到阳光，狭隘的也羞于启齿，而自觉自信的仁者则愿意开诚布公与大家分享，并以分享为乐，以至于在分享中使狭窄变得宽阔、漫长变得短暂。

自觉首先是相对自然而言的，人生而为自然人，具有自然属性，自然与自觉并非截然对立、格格不入，如孟子也讲人会无条件地救孺子体现了人类之间有关爱，孟子还讲君主不忍心见衅钟之牛觳觫说明了人类对动物也有关爱；然而，无条件救孺子是自然本能行为，虽不能说没有，但很难具有普遍性，也就难以保证仁爱为必然性；同理，以一个君主不忍心牛之觳觫来论证仁爱也难以保证普遍性、必然性；借用康德的表达，本能是或然地、偶然地"合乎"道德，不是"出于"道德，而只有"出于"道德才能保证普遍性、必然性、长久性，这显然是自然本能难以胜任的（合乎是偶然合乎，不是必然；本质而言，"出于"是由内而外，"合乎"是由外而内）。况且，自然虽有淳朴特点，但自然也有蒙昧特征，道德文明不是蒙昧混沌、徘徊不前，而是知识文明、理性自觉、不断进步，如蒙昧之仁可能害了人，但真正包含了知的仁是不害人的（如百姓用巫术治病与医生以医学治病，显然前者较为蒙昧而后者体现文明）。

还有，本能是类本能、在类内也具有普遍如此、始终如此的特征，但同时也具有只能如此、别无选择的特征；而道德具有选择性（即便选择只有两种），或者说选择是道德之为道德的重要特征。由此选择具有一定的自由性、道德含义（选择高尚之举要表扬，选择低下之举要批评），而自然本能是无选择、不自由的，也就无所谓表扬与批评，也即讲本能体现了人的被动，而道德是主动、能动；常规讲"人挪活"多少反映了人并不完全受制于自然因素（"树挪死"则表明自然之树受制于自然因素）。还有，讲本能、本性虽有率性而为、率真（非虚伪做作）的优点，但率性也有任性、不管不顾的缺陷；而道德不但讲真实、真诚，也讲克制、宽恕，讲克制、讲宽恕是率性、任性不曾具有的（如自然人多是"以牙还牙"，道德人则是"以直报怨"）。还有，自然往往是自然本能，人有本能，动物也有。如果过分强调自然本能，则人与动物难以分离，不能体现人之为人的根本特点。还有从静态来看，动物的某些特点可能超过人类，如狗的嗅觉、蜜蜂的勤劳、蚂蚁的合作，如此等等；从动态来看，即便有些动物经过训练可以学会些什么，如猴子可以学会骑车、鹦鹉八哥学会几句话，如此等等，但在本质上它们也不可能达到文明程度，本质上不可能与文明的人相提并论。简言之，如果仅仅以自然来作为道德根基，虽不能说完全没有道理、例证，但至少是根基不稳固的。人当然有本能，本能也具有一定合理性，但人更具有独有的道义，并且是以道义为主要特征的，由此道德的首要特点一定是自觉（社会自觉而非自然本能）。

补充一下，通过分析自觉与自然、道义与本能可知，所谓人性善不可能是人"天生"地、"自然而然"地性善，一定是"后天"地、"社会道义"地性善，也即不是"自然"地性善，而是"自觉"地性善。或者说，虽然人生而为自然人，具有自然本能，但道德性善论却立足于社会人，凸显人的社会道义。即便孟子频频举"天"，此天肯定不是"自然而然"的天，而是"社会道义"的天（如果是自然而然的、无法选择的天，在未达到目的时人可以抱怨，如怨天；但如果是社会道义的、自由选择的天，就不应怨天，如求仁得仁又何怨）。孟子讲人性善，此处的"性"一定是"社会性"，而不是"自然性"。所谓的性本善之"本"也就是建立于"社会性"之上的"本"（所谓"由仁义行"就是"由社会行"），站在"社会性"上当然是"本善"，而站在"自然性"上则是"向善"。人既具有自然性，又具有社会性，所以"本善"与"向善"皆有根据，如同"横看成岭侧成峰"之意；进一步，虽然人既具有自然性又具有社会性，但人的本质是社会性或者说本质方向是由自然走向社会，那么人的本质或主流应该是（社会）"本"善而非（自然）"向"善。

自觉还与自愿相对，自觉是理性，自愿是意志。理性与意志应该结合起来，也可以结合起来（当然是理性指导意志或意志服从理性），但理性与意志毕竟是两个方面，虽然也有人看到意志的重要性，甚至非常突出意志（如尼采）。自愿是存在的，也是很重要的；但意志有明显缺陷：意志如同动力，缺乏方向（不能自立、需要意志之外的因素来引导方向），如同无头的苍蝇（如尼采鼓吹超人，虽有意志，但意志到底做些什么并不知道；在中国文化中如同有才无德的人，在孔子那里如同有勇无仁的人，即勇而无礼则乱，乱即缺少方向性）。还有，讲意志既有"自愿"也有"不愿"，如果单独讲意志，似乎愿意与不愿皆可、无对错之分、无高下之别；然而道德自觉虽也有仁与不仁的区分，但还讲不仁实际上行不通，只能行仁（而单独讲意志时"不愿"似乎也可）。并且道德自觉绝不是只能平铺并列（而单独讲意志时似乎愿意与不愿是并列的），而是有层次性、高下之别的（是不断进步的，在道德中"进步"不是可以进步、也可以不进步，而是应该进步、必须进步，不进步而故步自封、沾沾自喜是要受到批评的，如孔子批评冉有"画地为牢"）。可见，讲意志往往讲人各有志，众多的志向缺乏规范也会杂乱，甚至混乱，不能保证统一和进步；讲意志似乎也可以愿意与不愿意、进取不进取皆可，这其实是误解。简言之，只讲意志或者过分突出意志难免出现无方向、混乱、不进步，道德显然不是为了引起混乱、杂乱、不思进取，道德是有方向的、有条理的、进步的，在根基上道德应以自觉、理性为基础，不能以自愿为基础。这当然不是说不需要自愿，而是在自觉基础上的自愿、自觉指导下的自愿。

自觉还与情感相对，情感也不是理性，情感也有优点（有情与无情使得某事有意义或无意义），有人也重视情感（如休谟①），情感也不是意志（情感与意志的相似之处在于强烈的情感与意志有助于做成某件事情，缺乏情感与意志难以做成事情，相异之处在于情感有方向而意志似乎没有方向）。情感是存在的，有些事也的确难以用

① 休谟称"理性是并应该是情感的奴隶"。休谟. 人性论 [M]. 北京: 商务印书馆，1980：497-498.

理性说清楚；情感的重大缺点在于非理性（或无理性），无情感难免成为不食人间烟火的抽象人（所谓人非草木，孰能无情），但经常或普遍的非理性也就难免变得不可理喻甚至糊涂荒唐。但道德并不是"非理性"、不可理喻，而是该做什么、不该做什么是清醒的，能做什么、如何做什么是清楚的，总之是理智的、条理的。不受节制的、任性的情感往往如同泛滥的洪水很容易造成灾害（所谓无法无天，天与法都没有了，似乎情感完全胜利，但意义也要打折扣，应该既发乎情又止乎礼），道德不是不可理喻、不可控制、不可预测，道德是理性自觉的、克制节制的，对未来是自信确知的。因此，道德的根基也就建立在自觉、理性之上，而非建立在情感之上。这当然不是说不需要情感，而是说情感要受到理性节制，道德要根本建立在理性自觉的基础之上。

在道德自觉上，孟子区分过"不为"与"不能"[①]，以为道德行为不是"挟太山以超北海"之类的完全不可行之事，而是"为长者折枝"之类常见行为。道德行为对于人是完全可行的，人之所以不做不是能力不够而"不能"，只是志向上"不为"或"不愿为"。如此不走上道德之途完全就是在找借口，这种分析是很细致的、必要的。[②] 严格来说，《孟子·离娄下》的"人有不为也，而后可以有为"

----

① 《孟子·梁惠王上》："挟太山以超北海，语人曰：'我不能'，是诚不能也。为长者折枝，语人曰：'我不能'，是不为也，非不能也。"当然，现实中确有不为与不能之分，孟子以常规的"为长者折枝"来说明不走上道德之途是"不为"而非"不能"，堵住了人们不走上道德之途的借口，孟子的立场当然正确、动机也可取；但道德有平易之事也有艰难之举，如果举"苏武牧羊""杀身成仁"为例，"苏武牧羊""杀身成仁"虽然也能自觉做到，但恐怕只有少数人才能自觉做到，只能成为引导性行为，难以成为常规。这里不是批评孟子，而是孟子思想是道德的一部分，作为道德思考需要进一步细化。

② 当然，"不能"有绝对不能与相对不能之分，绝对不能的确是不能，道德立足现实不会提出无理要求；道德立足现实肯定是"力所能及"之能，此时再说"不能"即是找借口，即实际上是"不为"而非"不能"。与之相关，亚里士多德讲德性突出了万物各自的德性，庄子讲自得突出了万物各自的自得，这与相对不能有一定关系。

（有所不为而后可以有为）虽然也提到了"不为"（这种"不为"似乎也是"能够"），但此处主要区分的是"为"与"不为"，或"有所为"与"有所不为"，而不是"不为"与"不能"。区分"不为与不能"是区分"有所为与有所不为"的前提，区分"有所为与有所不为"是区分"不为与不能"的继续。很显然，通过区分"不为与不能"已经把志于道义与非志于道义的人区分开了；下一步，志于道义的人会继续存在"有所为与有所不为"的区分（不志于道义的人是不存在"有所为与有所不为"的区分的，他们自私自利，无所不用其极，不存在有所不为）。当然"不为与不能"中的"不为"是有能力为"善"而不为善，即不愿走上道德之途，因此是堕落，要受到批评；而"有所为与有所不为"中的"不为"则是有能力为"恶"而不为，是有机会自我放任而尽量克制以避免误会，以尽量让别人舒服，因此是高尚之举，要得到表扬。简言之，真正走上道德之途，要在区分"不为与不能"之后继续区分"有所为与有所不为"。

当然，道德自觉还包含行动（是自觉指导下的行动、立即行动、尽力行动）。道德自觉不但包含知，还包含行。抽象地知而无具体的行意义不大，甚至没有意义。行也不是拖拖拉拉、敷衍了事的行，而是当下行、立即行；不是进一步退两步，而是不断行，即一旦真正明白了、自觉了就立即尽力去行动，不如此的行也不是真正的行（孟子提到过"强为善"，其中的"强"最好理解成"尽力"而非"勉强"，否则与真正的自觉相悖）。在性质、方向上，如孟子批评不自觉的"自暴自弃"[①]（孔子这里大体批评是画地为牢[②]）；在程度、过程

---

① 《孟子·离娄上》："自暴者，不可与有言也；自弃者，不可与有为也。言非礼义，谓之自暴也；吾身不能居仁由义，谓之自弃也。仁，人之安宅也；义，人之正路也；旷安宅而弗居，舍正路而不由，哀哉！"

② 《论语·雍也》："冉求曰：'非不说子之道，力不足也。'子曰：'力不足者，中道而废，今汝画。'"

上, 孟子批评了"一曝十寒"①和偷鸡贼理论②。"一曝十寒"在性质上基本是对的, 是"做事"而不是"不做事", 只不过在程度上是不够的, 这种三天打鱼两天晒网、进一步退两步的懒散状态与道德的不断进步、尽力进步的要求是有很大差距的。在偷鸡贼的理论中, 偷鸡贼也承认偷鸡不对, 但希望通过"月损一只"的方式来逐渐不偷, 考虑到现实条件似乎可以理解也可以接受, 但这只是一般人想当然的想法和做法, 不是真正道德的行为。在这个问题上, 孟子的立场是批评偷鸡贼而不是认同他, 在孟子看来, 道德重在自觉, 自觉在偷鸡问题上是知道错了就立即改正, 而不是拖拉懒散; 又如戒烟, 家人多次劝说往往效果不佳, 但如果医生下了断语 (再吸烟就是癌症晚期) 往往立竿见影。如此可知, 人们在很多时候不是"不能", 往往是"不为", 不是能力问题, 而是自己态度还不太端正、自觉。又如同彭端淑《为学》: "天下事有难易乎? 为之, 则难者亦易矣; 不为, 则易者亦难矣……人之立志, 顾不如蜀鄙之僧哉。"③此处的自觉包含了行动, 甚至是无畏的行动、真正的自觉, 与孔子讲仁包含知、勇的思想是一致的, 是很启发人的。

概言之, 道德的基础不是自然本能、不是意志、不是情感, 而是自觉。道德是社会的 (非自然的)、清醒的 (非混沌的)、清晰的 (非杂乱的)、理性的 (非糊涂的)、理智克制的 (非无知任性的)、

———————

① 《孟子·告子上》: "虽有天下易生之物也, 一日暴 (曝) 之, 十日寒之, 未有能生者也。"

② 《孟子·滕文公下》: "今有人日攘其邻人鸡者, 或告之曰: '是非君子之道。'曰: '请损之, 月攘一鸡, 以待来年然后已。'如知其非义, 斯速已矣, 何待来年!"

③ 彭端淑《为学》: "天下事有难易乎, 为之, 则难者亦易矣; 不为, 则易者亦难矣。人之为学有难易乎? 学之, 则难者亦易矣; 不学, 则易者亦难矣……蜀之鄙有二僧, 其一贫, 其一富。贫者语于富者曰: '吾欲之南海, 何如?'富者曰: '子何恃而往?'曰: '吾一瓶一钵足矣。'富者曰: '吾数年来欲买舟而下, 犹未能也, 子何恃而往!'越明年, 贫者自南海还, 以告富者, 富者有惭色。西蜀之去南海, 不知几千里也, 僧富者不能至而贫者至焉。人之立志, 顾不如蜀鄙之僧哉!"

持久的（非短暂或然的）、自信的（非迷惘茫然的），道德是社会要求，意志有助于自觉，情感受制于理性。也就是说，道德的首要特点是自觉，然后才是其他（如情感、意志）。缺乏理性自觉，情感与意志虽存在也难得其所，有了理性自觉，情感与意志各就其位。

道德自觉表现为一种立场、性质、态度[①]，孟子有"士何事？尚志！"，孔子有"志于道""我欲仁""志于仁"。一个人志于什么当然有其自由，似乎可以多样化，然而从道德的角度，这是志于道还是不志于道的问题。其答案一开始就是明确的：志于道。在志于道的选择中，当然有意志、情感的因素（如"欲"），但意志情感只是辅助，所欲之"仁"、所志之"道"才是根本，也即道德之始在于首先自觉确立志于仁还是不志于仁，也即孟子的"道二：仁与不仁"（孔子的"君子去仁恶乎成名"）。只有志于道、志于仁才构成了良好的开端，由此可知道德的开端是清醒的、清晰的、理智的、自由的、自觉自愿的、无怨无悔的，简言之，就是自觉。自觉还表现为立场，立场不同自然无法继续，如孔子提到的"道不同不相为谋"，如孟子提到的"缘木求鱼"（孟子还讲到虽然杯水不能灭车薪，但水在性质上必然能灭火[②]）。自觉又表现为性质，性质对了再讲数量，不先讲性质而先讲数量是糊涂荒唐的，如孟子以为"五十步笑百步"不可，即性质不成立（数量之比无意义）。自觉还表现为态度，"态度决定一切"重在突出树立"正确态度"的关键性。"愚公移山"中的愚公直面困难尽力解决，被描述成正面人物；而智叟回避问题冷眼旁观，被

---

① 道德的自觉与佛教的觉悟当然不同，但都讲觉，本质上都是自我的内在觉悟，都是觉悟之后有了变化有了新生，如此思考二者之觉也是非常必要的。

② "以杯水去灭车薪之火，常常被视为无意义之举，这种无意义，并不在于它无法理解，而主要是指：相对于灭车薪之火这一目的而言，杯水并无真正的价值或作用。同样，螳臂当车也往往被用来说明无谓之举或无意义之举，这里的'无谓'或'无意义'，其内涵也就是：较之特定的目的（如阻挡车辆的前进），螳臂并没有任何实质的或积极的价值。"杨国荣 . 成己与成物：意义世界的生成 [M]. 北京：人民出版社，2010：35.

描述成反面人物。面对别人批评劝谏，周厉王止谤最终被逐，而唐太宗李世民从谏如流成就美名。在孔孟这里，孔子批评弟子冉有"画地为牢"，画地为牢的实质是不认同或不根本认同正确主张而以能力为借口进行狡辩。

道德自觉的主体是自我，是自我要求、主动要求，不是被动要求、被迫应付，如"为仁由己，而由人乎哉"；这个自我不是自然的我，而是社会的我，也不可能一下子自觉，而是逐渐自觉的过程；但一旦自觉了，也就超越摸索而豁然开朗，从而立场坚定矢志不渝，并且心甘情愿、无怨无悔，如孔子讲"苟志于仁矣，无恶也"（《论语·里仁》）。并且志于仁是核心立场，要求立场坚定。头脑不清醒、立场不坚定是不可接受、不可原谅的，如"士志于道，而耻恶衣恶食者，未足与议也"；对于持守难度也是心知肚明的，如"三年学，不至于谷，不易得也"，对于应该持守而自觉持守这种知难而进的态度是欣慰的；虽然有难度，但完全可以做到，这时的自觉也就表现为自信，"我欲仁，斯仁至矣"（《论语·述而》）。自信如没有内在的深沉自觉往往流于表面的轻狂，而自信建立在自觉基础上就表现为坚定执着，这时不是目空一切，而是凛然不可冒犯。

在仁道自觉面前，做人做事咸得其宜，积极消极相得益彰。就做人，仁者自重稳重（仁者如山、君子不重则不威），稳重是发自内心的、由内而外的，不去抢夺别人的，也是别人抢不去的；仁者恢宏大度（如孔子对后进者讲"后生可畏"，不是嫉妒而是欣赏，如孔子讲"当仁不让于师"是老师主动允许学生超越自己，不是亚里士多德"吾爱吾师，吾更爱真理"中学生对老师的不逊），仁者慷慨大方（如孔子给原宪粟九百，在原宪以为多时说"以与尔邻里乡党乎"），仁者与人为善（如孔子"与其进也不与其退也，与其洁也不保其往也"），仁者一视同仁（如孔子教儿子与学生一样），仁者以诚信立身交往（如孔子说"人无信不立""与朋友交，言而有信"），仁者对于别人指出自己的过错感到高兴从而立即诚恳改错（如孔子讲"丘也幸，苟有过，人必知之"，如孟子批评偷鸡贼的懒散立场），仁者对于别人的过错不借题发挥而是引以为鉴（如孔子"见不贤而内自省也"），对于别人无意指责不放在心上（如孔子"人不知而不愠"），对别人故意为难也是适可而止（如孔子"内省不疚，夫何忧何惧"）。就做事而言，仁者自己有正经事可干，不无事生非，仁者做事忠于职守（如孔子为人谋而忠、与人忠、言而有信），仁者做成事不添乱（如孔子"敏于事而讷于言"）。就积极而言，仁者好学、乐学、终身学习（如孔子"发愤忘食，乐以忘忧，不知老之将至""知之者不如好之者，好之者不如乐之者""加我已数年，五十以学易，可以无大过矣"），仁者不仅当下成绩让别人自愧弗如，就是其好学、乐学、进取不已的态度也是让人不得不心服口服。就消极而言，不苛求别人、不在意外在形式、不盲从、不好高骛远，可以说仁者之"为"（选择正确、意志坚定）别人很难赶上，就是仁者之"不为"（淡定、从容）也是别人难以达到的。如《两小儿辩日》中，孔子在被别人讽刺刁难时竟然谦虚求教，而非不屑一顾反唇相讥。孔子这种"不为"显然是正确的，也是一般人难以达到的，好好体会孔子的"不为"对于反思我们的诸多缺陷是很有现实针对性的。西方有"要责备智慧人"之说，责备智慧人，智慧人会虚心接受，使得责备显示出应有的积极意义；而责备愚昧人不但不起作用，往往还会增加怨恨对立。其中的关键在于，智慧人与愚昧人对于责备批评的态度不同：智慧人谦虚开放，愚昧人狭隘封闭；或者说谦虚开放则是智慧人，狭隘封闭则是愚昧人，亦成立。在中国也有"宁得罪君子，不得罪小人"之说，显然是看到了君子与小人的差异：君子有原则、有底线、有克制、会留有余地、会给人机会，因此得罪了君子还有改过自新、改善关系的可能；而小人无原则、无底线、无所不用其极、只顾自己一时痛快、不顾别人感受，因此得罪小人往往焦头烂额纠缠不清。按照严于律己、宽以待人的标准，可以说君子严于律己，小人则严于律人；君子厚道，小人刻薄。孔子区分了"以直报怨"和"以德报怨"，主张不能无条件地一概"以德报怨"，应该对坏人坏事"以直报怨"。这至少可以使自己从无意义、无休止的纠缠中尽量摆脱出来，孔子的观点显然具有相当程度的现实可行性。

在孔子这里，仁道自觉还有着更为广阔的视野，仁并非狭隘封闭、孤独自满，而是与其他诸德取长补短、和谐相处。如孔子讲仁者必须包含知（仁且智、仁者必有智）、勇（仁者必有勇），仁使礼焕发生机，使等级出现正面含义（其身正不令而行，举直错诸枉则民服）。就仁与其他诸德而言，其他诸德有其独特之处，仁也不能简单替代，然而仁这种严格要求自己、始终进取不已并且不苛求其他（自强不息、厚德载物）的态度使其在不断进步完善中获得了领先位置，并且自然而然地获得了对其他诸德的涵盖。其他诸德并未被仁所掩盖替代，而是在仁中获得了更好的发展（在中国文化中，榜样不但具有带头作用，而且还要具有奉献意识，不可只讲一方面）。严格说来，自强不息未必一定能够厚德载物（如明哲保身），然而自强不息再加上厚德载物就使得仁的涵盖诸德成为心悦诚服的应然和水到渠成的必然。可以说，孔子对仁的要求是很高的、很广的，绝非简单止于现实、停留常规，不是一般人自由散漫就能达到的，然而不断趋近（甚至达到）也是皆大欢喜、有百利而无一害的，是"仰之弥高，钻之弥坚"，自然是苦中有乐的。

第二节　人的本质是社会性之确立：
"鸟兽不可与同群"与"人异禽兽"

孔孟为什么首先追求仁德，而不是首先追求生命等因素呢？因为孔孟把握了天赋予人高于动物的、高贵的本质属性——社会性，并且以此属性指导人们走出困惑，过上有意义的人生 ①。

　　"鸟兽不可与同群，吾非斯人之徒与而谁与？天下有道，丘不与
易也。"（《论语·微子》）

　　"厩焚。子退朝。曰：'伤人乎？不问马。'"（《论语·乡党》）

　　在隐者讥讽孔子周游列国不得志时，孔子并没有顺着隐者的思
维、认同隐者的行为，反而提出了一个重要观点："鸟兽不可与同群"。
他凭什么这么说呢？从现象上看，很多鸟兽是同群的 ②，至于人是不
是同群暂且不说，孔子明确讲人不能与鸟兽同群。为什么人不能同
鸟兽同群？在道家那里，鸟兽与人都是道的产物，在道面前是平等的。
"以道观之，物无贵贱。"如此，在道家这里，人与鸟兽同群并无不妥。
孔子如此说，显然表明他并不是道家人，不会认同道家立场。人不
能与鸟兽同群是因为人不如鸟兽吗？鸟会飞、栖息于树上，兽能奔跑、
吃生肉；而人不会飞、不能吃生肉，那说明人还不如鸟兽。孔子当然
知道人有不如鸟兽的地方，但他并不认为鸟兽比人强，而主要是区
分开人与鸟兽，讲人与鸟兽有明显不同，人应该按照人的方式来生
存，不应该按照鸟兽的方式来生存。在孔子的"伤人乎？不问马"中，
孔子首先关心的是人而不是马，甚至"不问马"，至少说明在孔子这

　　① "逻辑地看，人既不同于动物，也有别于基督教所预设的上帝，动物仅仅限定于
其所属的物种，受其肉体需要的直接支配，基督教意义上的上帝则被设定为超越的存
在；前者以有限性为其特征，后者被赋予无限的品格。相对于此，人既在生命存在、
日常形态等方面表现出有限的规定，又不满足于有限性而要求超越其物种及特定存
在形态的限定、走向无限。"杨国荣. 道论 [M]. 上海：华东师范大学出版社，2009：
265.
　　② 从现象上看，鸟兽同群是显然的，例子很多。但到了荀子，提出了一个重要观点
"人能群，彼不能群"，也就是说人能群而动物不能群。荀子是为了说明人胜过动物（人
力不若牛，行不若马，而牛马为用，何也），人胜过动物或人高于动物也是儒学的基
本观点，但如果严格追溯孔子的本初立场，孔子观点中并未有"动物不能群"的意思。

里人优于马。考虑到当时在周代社会中，孔子出行需要乘车，马的价格比奴隶要贵重的基本事实，孔子的如此立场就具有很强的、超前的人文色彩。

孔子这种人异于动物、优于动物的观点，在孟子这里得到了更为直接的表达和合理的解释。

"人之所以异于禽兽者几希？庶民去之，君子存之，舜明于庶物，察于人伦，由仁义行，非行仁义也。"（《孟子·离娄下》）

孟子明确提出了"人异禽兽"这一话题，这显然是继承了孔子的基本立场，由此也构成了儒学的基本立场。并且，孟子多少指出了人异禽兽在于什么以及这一点是否重要，这就深化了对这一问题的认识。孟子实质上指出，人异禽兽之异在于道德意识，这一道德意识非常重要，有之是人、是君子，无之是禽兽、是庶民。在孔子那里，人异禽兽比较明显，人高于禽兽还未详述；在孟子这里，人异禽兽比较明显，人高于禽兽也比较明显，说明孟子不但对孔子思想有所继承还有所推进。质言之，人异禽兽，不能混同禽兽；人高于禽兽，不能低于禽兽；人应具备道德，不能丧失道德意识，这就构成了孔孟在人与禽兽问题上的基本立场，也决定了儒学在此问题上的基本立场。

结合历史与现实就可看到，孔子批评用人（甚至用陶俑）来进行殉葬的不合理举动。"始作俑者，其无后乎！为其像人而用之也。"（《孟子·梁惠王上》）他对于满足自己私欲而无视他人的举动是相当反感的。孔子作为有身份的人，没有因为马棚失火，首先去关心自己贵重的马，而是首先关心人（此处之人很可能是看守马厩之人，其身份应低于孔子）。孟子以此立场为基准，猛烈抨击了社会上层"率兽食人"①、不恤下层疾苦、把自己的宠物看得高于他人之命的社会不良现象。在儒学的影响下，杜甫的"朱门酒肉臭，路有冻死骨"，对社会上层与富有者只顾自己享乐、不顾同类死活大加挞伐。如现实中不免有人讲"人为财死，鸟为食亡"，那是把人与鸟并列；如果把人看得高于鸟，人有道德意识，应该按照道德来合理处理财物，就应该说"鸟可以为食亡，人不应为财死"。这些在矫正流俗、阐扬人性上，是有重要贡献的。②还有，人异于禽兽，更高于禽兽，也可以说人性高于兽性。如果有人严重泯灭人性，人们会称之为"禽兽不如"③。如果有人道貌岸然、道德颓废，人们会称之为"衣冠禽兽"。不管是"禽兽不如"还是"衣冠禽兽"，都不配称为堂堂正正的人。"唯仁者能好人，能恶人。"对社会丑恶现象加以批判也是仁学的应有之意。简言之，孔孟仁学倡导人性、批评丑恶，对于人与社会的健康发展做出了无可磨灭的贡献。

在哲学上，人异于禽兽、高于禽兽，实际上揭示了动物的本质属性是自然性，但人的本质属性不是自然性，而是社会性。人有自然性，这只是人的次要属性；人有社会性，这才是人的本质属性。这不但是儒学的重要立场，而且还可以战胜其他似是而非的错误观点。

"告子曰：'生之谓性。'孟子曰：'生之谓性，犹白之谓白与？'曰'然'。'白羽之白也，犹白雪之白；白雪之白，犹白玉之白与？'曰：

---

① 《孟子·梁惠王上》："庖有肥肉，厩有肥马，民有饥色，野有饿莩，此率兽而食人也。兽相食，且人恶之，为民父母，行政不免于率兽而食人，恶在其为民父母也？"；"今恩足以及禽兽，而功不至于百姓者，独何与？"

② 牟钟鉴提出孔子所倡导的"仁学是对人的本质的伟大发现，在思想史上第一次找到了人之异于禽兽的道德本质，也找到了人类社会高于动物世界丛林规则的人道普世价值"。牟钟鉴. 新仁学构想 [N]. 光明日报，2012-11-4.

③ "人而不能无仁，失去了仁义道德，名虽为人，而实无异于禽兽。"蔡方鹿. 中华道统思想发展史 [M]. 成都：四川人民出版社，2003：188.

'然。'曰：'然则犬之性犹牛之性，牛之性犹人之性与？'"（《孟子·告子上》）

    在告子看来，人或物的本质就是生而具有的属性，也就是自然性。在这样的观点下，告子会认同，白羽、白雪、白玉作为物所具有的属性就是相同的，也就是白羽之白如同白雪之白、白雪之白如同白玉之白。告子也会认同，犬、牛、人作为生物生而具有的属性就是其本质属性，也就是说犬、牛、人的本质属性是相同的，如此其本质属性只能是也必然是自然性。告子的观点表明其立场是自然人性论[①]或近似道家立场，把人与动物看作平等。然而，孟子不是告子，也不认同告子的观点。告子立足自然性（无视社会性），讲的是人禽之同；孟子立足社会性，讲的是人禽之异。在自然性上，犬、牛、人之性可以大体等同；但在社会性上，犬、牛之性可以等同，但犬牛与人的性完全不同（犬牛的本质是自然性，而人的本质恰恰是社会性）。也就是说，由于孟子作为儒家学者，已经十分清醒地把握了人的本质是社会性、不是自然性，所以他不会认同告子的观点，他会十分清楚、容易地驳倒告子。按照告子的立场，在本质上，犬等于牛、牛等于人、犬也等于人。牛等于人，甚至犬等于人，是一般人、即便是道家也难以接受的结论。质言之，告子以自然性为人的本质，以为人与动物完全相同，会得出十分荒唐[②]、连自己也难以想象的结论，这显然是不成立的，

---

    ① "告子认为，凡是生下来就有的能力和性质就是性，他所说的'性'实际上就是本能。孟轲反对说：如果这样说是对的，人之性和牛之性就没有差别了。孟轲认为，要讲人之性，那就应该注意人和其他动物的不同之点。"冯友兰. 中国哲学史新编（上）[M]. 北京：人民出版社，1998：366.

    ② 刘述先认为："孟子显然认为，只要导引出牛之性（生）与人之性（生）一样，便已经归谬成功。"江文思，安乐哲. 孟子心性之学 [M]. 梁溪，译. 北京：社会科学文献出版社，2005：185.

是与社会发展方向明显背道而驰的。孟子站在孔子开创的人异禽兽、人的本质是社会性的典型儒学立场上，很清晰地驳倒了告子，维系了社会发展的基本方向。告子的失败是必然的，孟子的胜利也是必然的。儒学在自然性与社会性的观点还很多，但基本观点、基本方向大体如此。当然，从更广阔的视野来看，孔孟的基本立场也得到了广泛认同①，代表了人类的基本共识。

第三节　对血缘、地域的超越：
"四海之内皆兄弟"与仁义内在

人的本质是社会性，不是自然性。这一重要立场不但体现在人与动物的区分上，也体现在人对自身自然属性与社会本质属性的区分上。在人与动物的区分上，动物的本质属性是自然性，人的本质属性是社会性，二者显然不同。在人自身，人既有自然属性又具有社会属性，只不过自然属性是次要属性，社会属性是本质属性。区分人与动物属性的不同是必要的，区分人自身属性的不同也是必要的。在人的自然属性中，血缘、地域是经常引起讨论的话题。

"司马牛忧曰：'人皆有兄弟，我独亡。'子夏曰：'商闻之矣：死

---

① 康德称："作为动物，人属于世界。然而，作为人，他又属于具有权利并相应的具有自由意志的存在。二者在本质上使人区别于所有其他存在。"（Kant.Opus Postumum[M].Cambridge University Press, 1993：239）黑格尔称："人之所以异于禽兽在于他能思维。"（黑格尔．小逻辑 [M]．北京：商务印书馆，1980：38）冯友兰称："人之所以异于禽兽者，就是有跟其他动物不同之点。这才是人类之特点，才可以作为人的规定性……'理性'两个字就是人之所以异于禽兽者。"（冯友兰．中国哲学史新编（上）[M]．北京：人民出版社，1998：366）冯契称："在社会实践的基础上，人的理性发展起来，这是人区别于禽兽的本质"；"人与禽兽的区别在于人有思维"；"孟子认为，人之所以异于禽兽者，在于人有理性。"（冯契．人的自由和真善美 [M]．上海：华东师范大学出版社，1996：153，158，220）

生有命富贵在天。君子敬而无失，与人恭而有礼，四海之内皆兄弟也，君子何患乎无兄弟也？'"（《论语·颜渊》）

　　司马牛有兄弟不怎么样（司马桓魋作乱），司马牛就不与之住在一起。孔子（子夏）不是责备他、让他无论如何也不能与兄弟分开，而是提出了一个新概念"四海之内皆兄弟"来安慰他。孔子（子夏）肯定知道司马牛品德高而其兄弟品质差、二人不可能是同路人（孔子讲过"道不同不相为谋"），孔子（子夏）也就没有简单地以血缘关系来强求司马牛必须无条件地与其兄弟住在一起。从血缘关系上说，事实上司马牛是有兄弟的，司马牛自称无兄弟似乎难以成立，孔子（子夏）当然知道这一事实。如果孔子（子夏）是一个高度重视血缘，把血缘这种自然属性看得高于一切的人，那他就会斥责司马牛在说谎，就会压服司马牛去与其兄弟住在一起。然而孔子（子夏）没有这么做，说明孔子（子夏）虽然也重视血缘关系，但还不是把血缘关系看得高于一切，也就不是一个自然人性论者。如果局限于自然血缘，那么司马牛不与其兄弟住在一起，还说自己无兄弟，这一难题很不好解决；但孔子（子夏）在这里通过创造"四海之内皆兄弟"这个新概念解决了这一难题。孔子（子夏）是超越自然血缘、站在社会道义的立场上的，这样做也就表明孔子（子夏）是把社会道义放在第一位的。在社会道义的角度上，孔子（子夏）认为只要每个人"敬而无失，与人恭而有礼"，到处都可以找到兄弟；当然，这样的兄弟主要是社会道义上的兄弟了。在自然血缘的角度上，司马牛的问题可能会以悲剧收场，也可以说是很难解决的问题；而站在社会道义的角度，只要降低血缘关系的地位，或者提升社会道义的地位，或者以社会道义为人的本质属性（自然血缘是人的次要属性），其实司马牛的问题根本不是大问题，完全可以解决。哲学上有事实与价值的区分，孔子（子夏）在此就是通过区分事实与价值，使得事实上难以解决的问题在价值上得到了解决。可以想象,孔子(子夏)的这句话在当时很可能会受到非议,但这无损于孔子(子夏)的光辉形象。可以说,"四海之内皆兄弟"这一见解来之不易,显示了孔子视野的深邃和开阔。面对血缘关系的棘手问题时,我们要好好体会孔子的这一立场,应该能从中受益良多。

"四海之内皆兄弟"不仅是对血缘关系的超越,也多少是对地域的超越。在孔孟时代,血缘关系往往与地域、家族紧密相连,超越不了血缘,也往往超越不了地域;反之,超越血缘也就容易超越地域。就孔子而言,孔子超越了血缘,也超越了地域,这有很多表现。

对于地域、家乡,每个人都生活在特定地方,对之有深厚感情是很正常的,但是不是就固止于此呢?孔子讲过:"齐一变,至于鲁;鲁一变,志于道。"(《论语·雍也》)当时齐国强大,但孔子认为齐国还不如鲁国(齐国以工商治国,孔子不太赞成);然而孔子作为鲁国人是否就认为鲁国是完美无缺呢?也不是,鲁国也要进于道。如果说别人的祖国不如自己的祖国好,这种结论很容易得出,但是否都能得出自己祖国还应不断进于道?这是少有的,但虽然少有,却也是应有。简言之,孔子不但说过"齐一变,至于鲁",还说过"鲁一变,志于道"①。后一句话体现了孔子鼓励道德进步的理性精神,是值得大书特书的。人对家乡有感情很正常,但是否就对家乡无原则地认同呢?或许别人是如此,但孔子并非如此,孔子是主张道义高于家乡的:"士而怀居,不足以为士矣"(《论语·宪问》);"枉道而事人,何必去父母之邦"(《论语·微子》);"君子怀德,小人怀土。"(《论语·里仁》)君子以道自任、以天下为己任,仅仅留恋故乡是不够的。"众恶之,必察焉;众好之,必察焉。"(《论语·卫灵公》)"子贡问曰:'乡人皆好之,何如?'子曰:'未可也。''乡人皆恶之,何如?'子

---

① "孔丘认为,齐国一变,才能赶上鲁国。但鲁国也还需要变一下,才能'至于道'。"冯友兰.中国哲学史新编(上)[M].上海:人民出版社,1998:146.

曰：'未可也。不如乡之善者好之，其不善者恶之。'"（《论语·子路》）孔子认为好恶不应该以人数（众人）、以地域（乡人）为标准，而应该以道义（乡之善者）为标准，这种认识显然超出一般人，更为可取、更经得住推敲。

"樊迟问仁，子曰：'居处恭，执事敬，与人忠；虽之夷狄，不可弃也。'"（《论语·子路》）

"子张问行，子曰：'言忠信，行笃敬，虽蛮陌之邦，行矣；言不忠信，行不笃敬，虽州里，行乎哉？'"（《论语·卫灵公》）

孔子指出，"居处恭，执事敬，与人忠"，在夷狄也行得通；相反，"言不忠信，行不笃敬"，在家乡也行不通。这就说明，在孔子这里，地域并不起决定作用，起决定作用的还是内在的德性，即道义对地域是有超越性的。①

"四海之内皆兄弟"不只是一个事件，也是一种态度，是孔子的一贯立场。孔子在周公诛管蔡问题上的态度也与此相仿。武王去世，周公含辛茹苦、握发吐哺来辅佐周成王，而管、蔡作为周公的兄弟、周朝的嫡子，不是拱卫周朝而是叛乱造反。周公东征镇压了叛乱，处理了兄弟管、蔡。在重视自然血缘的人看来，周公的做法是有问题的、是要受到批评的，孔子岂能不知这一点，但孔子依然不惧流俗，以周公为楷模。楷模在一个人心目中是很重要的，孔子面对质疑执着地以周公为楷模，这一做法不是很耐人寻味吗？与之相关，孔子

---

① 孟子称孔子离开故土恋恋不舍，这当然可以理解。但综合各种材料似乎又并非如此简单，孔子并非故意离开故土，而是不得已才周游列国以推行自己的理想。这多少显示出孔子对故土的一种超越，这种超越未必一定如愿，但还是不难体会到。孔子在周游列国中想回故土也没有立即成行，而是直到故土欢迎他才终回故里；如果故土就是不欢迎他，想必孔子也很无奈。

称赞叔向不隐匿兄弟之错[①]，不是很好理解了吗？孔子对地域、血缘的超越是一以贯之的。

孔子这种社会道义对自然血缘超越的态度，在孟子这里通过与告子辩论，以"仁义内在"的理念形式反映出来。

"我故曰：告子未尝知义，以其外之也。"（《孟子·公孙丑上》）

"告子曰：'食色，性也。仁，内也，非外也；义，外也，非内也。'孟子曰：'何以谓仁内义外也？'曰：'彼长而我长之，非有长于我也。犹彼白而我白之，从其白于外也。故谓之外也。'曰：'异于白马之白也，无以异于白人之白也。不识长马之长也，无以异于长人之长与？且谓长者义乎？长之者义乎？'曰：'吾弟则爱之，秦人之弟则不爱也，是以我为悦者也，故谓之内。长楚人之长，亦长吾之长，是以长为悦者也，故谓之外也。'曰：'嗜秦人之炙，无以异于嗜吾炙，夫物则亦有然者也，然则嗜炙亦有外欤？'"（《孟子·告子上》）

"告子曰：'性犹杞柳也，义犹杯棬也。以人性为仁义，犹以杞柳为杯棬。'孟子曰：'人能顺杞柳之性而以为杯棬乎？将戕贼杞柳而后以为杯棬也？如将戕贼杞柳而以为杯棬，则亦将戕贼人性而以为仁义也。率天下之人而祸仁义者，必子之言夫。'"（《孟子·告子上》）

归纳起来，告子的观点就是"仁内义外"，孟子的观点是"仁义内在"或"仁义皆内"。孟子与告子都认同"仁内"，区别的关键在于义到底是"外"还是"内"。

仁既是自然性又是社会性，站在自然性的角度可以说"仁内在"，站在社会性的角度也可以说"仁内在"。因此，简单说"仁内在"还不能直接判断他是坚持自然人性论还是社会人性论。对于义，就与

---

① 《左传·召公十四年》："叔向，古之遗直也。治国制刑，不隐于亲，三数叔鱼之恶，不为末减。曰义也夫，可谓直矣。"

仁有所不同。仁与自然血缘有关系，也与社会道义有关系，而义与自然血缘无关，只与社会道义有关。因此，对于义而言，如果认为义是"外在"的，就可以看出其立场是自然人性论；如果认为义是"内在"的，就可以看出其立场是社会人性论。

告子坚持"仁内义外"的观点。他指出，自己只爱自己的弟弟，外人（秦人）的弟弟是不爱的。很显然，这是因为自己与弟弟有自然血缘关系，而与外人（秦人）的弟弟没有自然血缘关系。因此，在告子看来，爱自己的弟弟很自然，可以说是仁内；爱外人（秦人）的弟弟不自然，可以说是义外。这是从自然性"自然而然"的角度说的（其实社会性也可以"习惯成自然"）。告子指出，对于自己的父母长辈自己是内里愿意尊重，而对于其他人的父母长辈的尊重与自己内里无关。这似乎说明尊重不尊重其他人的父母长辈由不得自己，似乎不是自己心甘情愿的事情，说明告子多少认为自然性是心甘情愿，而社会性有些不情愿、不得已（其实这种不情愿、不得已完全可以通过换位思考、通过学习来改变）。告子区分了"长"与"长之"，以为二者可以不一致（这有一定意义，如同"老"与"尊老"未必一致，"老"是别人年龄老，"尊老"是我对别人尊重，"老"是事实，"尊老"是道德价值；"老"是外在，"尊老"是内在），而孟子则强调了"长"与"长之"之间的一致性（如同别人"老"与自己的"尊老"完全可以一致，人家"老"自己也应该"尊老"，这应该协调也可以协调）。告子认为，（儒学的）仁义是对人性的戕害，如同杯棬是对杞柳的戕害，实质就是社会性是对自然性的戕害、社会性是自然性的破坏，那就是不能制造杯棬①、不需要仁义；孟子指出，由杞柳制成杯棬是顺杞柳之势而为，由人性而仁义也是顺势而为，并不是逆性而为（这里的性当然是社会性）。简言之，在告子这里坚

---

① 《庄子·天地》中道家汉阴老人知道桔槔而不用，依然抱瓦罐打水似乎淳朴，其实瓦罐也不是天生的。

持自然人性论，出于自然血缘只爱自己之弟，出于自然情感只对尊重自己的父母长辈心甘情愿，出于自然势理不能制造杯棬。由此可见，告子以自然性为人的本质，受制于自然性，不能合理认识社会性，其认识有明显的局限。联想到老子的"小国寡民"中"民至老死不相往来"，真是让人感慨。告子"只爱己弟，不爱人之弟"，与孔子的"四海之内皆兄弟"相比，会如何呢？答案不言而喻。

在孟子看来，告子所谓的"仁内义外"实质上采取自然人性论的观点，所以就不能正确认识、定位义。义倒是不受制于自然血缘，也不是不情愿，也不是不得已，也不是戕贼人性与人性相反，而是顺势而为（如国君好货好色只要推之于每个人即可，如国君有不忍人之心就会有不忍人之政）。

如果简单按照自然人性论只认同血缘关系的模式，刘备、关羽、张飞就是义外，也就是不义；而按照社会人性论还认同社会道义的模式，刘备、关羽、张飞当然是义内，也仍是义。如果简单以自然人性论局限于地域为标准，可能只习惯当地的风味饮食；而以社会人性论的社会道义为标准，其他地方的风味饮食也一样好吃。

自然人性论爱自己的家庭亲人，比连自己的家庭亲人也不爱的要好一些，但还不肯跃出血缘关系，受制于血缘关系也就视野有限。相比而言，社会人性论虽然也重视血缘关系、家庭亲人，但也能看到血缘之外的因素、家庭亲人之外的人，也把它们纳入自己的视野、作为自己的责任，也就超越了自然因素，而以社会道义作为人的本质属性了[①]。

---

① 细致说来，孔子在理念上是这么认识的，在行动也是这样做的，基本做到了理论与现实的一致。而孟子虽然在理念上认识比较到位，但在具体现实中还是多少有些脱节，体现为理论与现实的不完全一致。孟子在现实中的一些举动不完全合理，也不完全与孔子一致。如孔子推崇周公，但孟子对周公的举动有些微词；如孔子默认甚至肯定司马牛不与品质恶劣的兄弟住在一起的行为，而孟子辛辣讽刺了陈仲子不与其兄弟住在一起的行为；孟子理论上讲仁义内在，爱自己的亲人，也爱别人的亲人，但他在现实中"邻人斗而不救"、让舜"窃负而逃，乐而忘天下"难以自圆其说。这些事实也引起了古今中外的激烈讨论。

儒学以仁为基本立场，提出"四海之内皆兄弟"，坚持"仁义内在"，也就是在实质立场上坚持了社会人性论，这就显示出儒学仁爱超越血缘、超出地域的博大情怀。

第四节 对自我的超越：
"修己以敬"与"老吾老以及人之老"

儒学提出了仁爱主张，不但要对血缘、地域加以超越，而且更要对主体自我加以超越，孔孟对之都有所思考。

"子路问君子。子曰：'修己以敬。'曰：'如斯而已乎？'曰：'修己以安人。'曰：'如斯而已乎？'曰：'修己以安百姓。修己以安百姓，尧舜其犹病诸？'"（《论语·宪问》）

"老吾老，以及人之老；幼吾幼，以及人之幼，天下可运于掌。诗云：刑于寡妻，至于兄弟，以御于家邦。言举斯心，加诸彼而已。故推恩足以保四海，不推恩无以保妻子。古之人所以大过人者无他焉，善推其所为而已矣。"（《孟子·梁惠王上》）

对于仁爱主体之行动，孔子提出了"修"，孟子提出了"推"。二者用词不同，观其用意其实并无二致。在顺序上，可以说先修后推，不修无法推，讲推自然是已修了之后才推；先修后推，孟子直接讲推，自然是已经认可了孔子讲修之必要。在范围上，孔子还讲修己以敬以至修己以安百姓，可谓大而化之、推而广之，孟子直接讲老吾老以及人之老，在范围上似乎有所减小，但也更简洁明了。还有在性质上，孔孟都要求避免空谈、避免玄远，都是立足现实、明白易行。当然，如果细分，修似乎可以归为内在的自主所为，甚至可以归为思想认识活动；而推似乎可以归为外在的涉及他人的行动，甚至就是具体行动。如此，孔子讲"修"与"安"，其中的"安"似乎与孟子的"推"大体类似。

孔子讲修己以敬、修己以安人、修己以安百姓，孟子讲老吾老以及人之老、幼吾幼以及人之幼，看似简单，其实用意隽永。

首先，讲修、讲推在性质上体现了孔孟仁爱的主体是社会人而非自然人，或者说是社会性之自我而非自然性之自我，这里在性质上就体现了社会性自我对自然性自我的超越。如果是自然人，如隐者不与人打交道、道家不与文明打交道，似乎不存在修，也不存在推的问题，也就是隐者或道家不用修、不必修，自然也不想推、无法推了。如法家修己是为了称王称霸、居人之上、欺压别人，反正不是为了让别人安、不是推恩惠而是推仇怨（不是推优而是推劣），也就不是仁爱的修与推。由此，可以说隐者或道家不修、不推，法家理解的修与推不是孔孟仁学所理解的仁爱的修与推。如果我们以孔孟仁爱的修与推为合乎社会道义的修与推的话，则隐者、道家、法家之举动的确有些难以合乎社会道义。如果我们以孔孟仁爱之修与推为社会性自我之合理举动的话，则隐者、道家、法家的举动似乎可以归为自然性自我之举动。事实上，隐者、道家、法家也的确经常从自然性上来理解自我。

作为孔孟仁学所理解的修与推。一方面，仁的出发点是社会性之自我，不是自然性之自我，那就意味着要想成为真正的仁者，修与推都是必要的、必需的，而非多余的、强加的，也就要主动、自觉地来对待它，并且把它做得很好、很到位，而非敷衍了事、随意应付，在其中还能体会到喜乐、感动，而非愁苦、埋怨。这是自觉的仁者应有的状态，是有很高要求的。另一方面，仁者修己、提升自己固然是爱己，进一步，仁者还要爱人（广泛真诚地爱人）。孔子讲"修己以敬"，敬虽然有时指向父母（如孝敬父母）与兄长（如敬兄），但更经常地指向血缘关系之外的人，如敬长辈、上级、君主；

或者说即使是对无血缘关系的他人，仁者依然敬之。孔子讲的敬指向外，当然就包括了他人、百姓。这里的敬当然与告子或道家的不敬有所区别。这里的敬也需要修来获得，不是与生俱来，但毕竟应该来修，也可以修来，对之是自觉主动的，也是有信心完成的。孟子不但讲"老吾老""幼吾幼"，还讲"以及人之老""以及人之幼"；不但讲"推己"还会"及人"，也是既包括自己又包括他人，把自己与他人一视同仁，都视为社会仁爱的对象。也就是说，仁者之所以称为仁者并以社会性来定位自我，就内在地包含了要关爱他人，这体现了仁者的视野是宽广的，胸怀是博大的。

其次，讲修、讲推在内涵上不但包括应该修、推，还包括如何修、推，这在程度上就体现了社会性自我对自然性自我超越的深度与广度。修己的问题后面还会涉及，此处主要讲推的问题。推包括在性质上推与不推，在内容上推优还是推劣，在方向上顺推还是逆推、内推还是外推，在程度上是优等推还是差等推，在广度上是广泛推还是推一点就行。

推，之后是如何推，如何推，需要认识自然性与社会性。一方面，自然性与社会性是两个概念，有些自然性与社会性是一致的，这时顺推就可以，这时的顺推有推恩，有推恶。推恩也就是推人性的优点，如孔子的"己欲立而立人，己欲达而达人"，如孟子讲的"恻隐之心"；推恶就是反面推人性所厌恶的缺点，如孔子讲的"己所不欲，勿施于人"，如孟子讲的"不忍人之心"。这时的推，无论是推恩还是推恶，都是把自己与他人放在基本平等的地位上来进行的，都是自然人性与社会人性所共同认可的，一般不会有争议，体现了人类在认识上的共同之处。另一方面，有些自然性与社会性是有冲突的，这时的所作所为是社会性上的高尚还是自然性上的虚伪就会有所争议。如克制（孔子讲克己复礼为仁）在社会性上是美德，但在自然性上或许难以认同，这难免有争议，体现了人类在认识上还有差异。

就儒学之推而言，在推与不推上是成立的，但在如何推上有些分歧。或者说，"应该"推己及人，这在儒学、孔孟中是没有争议的；但是"如何"推，在儒学、孔孟中，还是存在理解与行动上的分歧，并且影响很大。

在学派上就儒墨而言，推还是不推似乎没有争议，都讲推；但在如何推上就出现了差异，一般的见解认为孟子讲"差等"之推、墨子是"平等"之推，孟子是由内而外地"推己及人"、墨子是由外而内的"视人如己"。或者说，差等与平等、推己及人与视人如己，儒学与墨家在此形成了对峙。这似乎是公论，但如果仔细想一想，还是可能有问题。墨家固然是平等地推、由外而内地视人如己，儒学倒是由内而外，但一定是差等地推吗？能不能是优等地推？

推己及人是仁爱的表现，仁爱来自天德、是尊爵。天以仁爱为尊贵，或者说天慷慨大度地把最尊贵的仁德都给了人，人就不应该真正效法天道吗？天怎么对待人，人也就怎么对待他人；而不是天怎么对待人，人不这么对待他人或者有折扣地对待他人，这不是天的不诚而是人的不诚，需要好好思天之诚。儒学讲反省、思诚，在向内反省、向天思诚中，差等地推怎能真正通得过？优等地推应该是坦荡荡的。

儒学的仁爱应该真正效法天德的推优之爱（不是不推，不应推劣，也不应打折扣地差等推），这样的儒学才能真正立于世上，并且发扬光大。在推与不推上，儒学基本没有问题，在如何推上，把推己及人理解成差等之推，远不如理解成优等之推；甚至在一定程度上说，儒学的未来就在于优等之推。不如此，无法坦然面对天德，也无法与西方文化比肩，内忧外困，应让我们对之有清醒的认识、有紧迫的使命。

回到孔子，如果修己以敬、修己以安人、修己以安百姓，那必然是对自我的极大提升和超越，是把自我定位在社会人性论上，是对天德的真正理解和对仁爱的彻底践行，那自我真的就是超凡入圣的人，远非仁或圣之名所能涵盖。无怪乎孔子讲"尧舜其犹病诸"，我们对之是不是也心有戚戚然呢？

回到孟子，如果把孟子的推恩理解成推优（是推而不是不推、是推优而不是推劣、是优等推而不是差等推），那很明显，推恩或推优必然是对自我的极大提升或超越；那孟子讲的"推恩足以保四海，不推恩不足以保妻子"就完全成立了。而联系现实可知，真正理解推恩、做好推恩，还真是不容乐观、任重而道远。

第五节　对感性、身体的超越：孔颜乐处与"先立乎其大"

作为仁学主体的自我需要修己（修身）。修己不但要合理处理己与人的关系，还要合理审视理性与感性、心与身的关系。常规都希望二者两全[①]，而孔孟仁学却一再强调前者对后者的优先。

在理性与感性关系上，在孔子（颜回）这里出现了一个重要议题：就是被后儒（尤其是宋儒周敦颐）颇为称道的"孔颜之乐"或"孔颜乐处"。

"贤哉回也！一箪食，一瓢饮，在陋巷，人不堪其忧，回也不改其乐，贤哉回也！"（《论语·雍也》）

"子曰：'饭疏食饮水，曲肱而枕之，乐亦在其中矣。'"（《论语·述而》）

---

① "感性之'身'与观念之'心'不仅各自包含内在的统一，而且彼此相涉。作为个体的相关方面，身与心难以分离。从存在形态看，个体既有肉体的、感性的方面，又有意识、精神之维；无前者（'身'），则个体便如同虚幻的幽灵；无后者（'心'），则个体仅为行尸走肉，在以上二种情形中，均无法达到真实的个体。中国古典哲学强调形神相即，无疑也注意到了个体的具体形态在于身与心的统一。"杨国荣. 成己与成物：意义世界的生成 [M]. 北京：人民出版社，2010：239.

颜渊生活水平很低、居住环境很差，一般人往往坚持不住，而颜渊竟然毫不介意，甚至还一直乐在其中。不但颜渊乐在其中，而且作为其老师的孔子不但没有看不起颜渊，反而还十分欣赏他、高度称赞他。这就出现了令一般人有些费解的"孔颜之乐"。孔子还讲过"贫而乐"①。为什么在贫贱中还那么坦然，甚至还有快乐，只执着于外在感性就不易说得通。

可以说，在一般人以感性为乐的条件下，颜渊怎么说都谈不上有什么快乐的理由。质言之，孔颜之乐不是感性之乐而是理性之乐②，不是身之乐而是心之乐，不是功利之乐而是道义之乐，不是外在之乐而是内在之乐，不是短暂之乐而是持久之乐，也是不可替代、剥夺的乐，是内在之大乐、高尚永恒之乐，也就是真正的乐。

当然，这种快乐也并非人人都能享有，只有那些内在地、自觉自愿志于道义、高扬理性、持久如此的人才配享有。一个人由于精力高度集中，可能对周围的事物（如饮食）有所不顾。如孔子在齐闻韶，三月不知肉味，曰："不图为乐之至于斯也。"（《论语·述而》）当音乐与饮食相比时，孔子认为音乐高于饮食，当沉浸在音乐之中时，人会不自觉降低对饮食的要求。进一步，道义还要高于音乐，毕竟音乐还只存在于特定的情境，只持续有限的时间（如余音绕梁三日不绝），而道义超过环境、超越时间。因此，道义对人的满足会远远大于音乐对人的满足；或者说，在道义充盈时，人们会更加不自觉地降低或减少对饮食的要求（在道义缺乏时，人们也会如此，

---

① 《论语·学而》："子贡曰：'贫而无谄，富而无骄，何如？'子曰：'可也。未若贫而乐，富而好礼者也。'"有人根据后文的"富而好礼"而以为是"贫而乐道"，即掉了一个"道"字。

② "它的核心是超越感性的欲求，在理想的追求中，达到精神上的满足。孔颜的这种境界将精神的升华提到了突出的地位，强调幸福不仅仅在于感性欲望的实现，从而凸显了人不同于一般生物的本质特征。"杨国荣.孟子的哲学思想[M].上海：华东师范大学出版社，2009：82.

如"志士不饮盗泉之水"）；甚至当志士慷慨成仁时，饮食不值一谈，此时缺失了饮食也完全无损于道义的成立，不会减少或降低其慷慨激情、道义之乐（道义满足）。在结构上，内在充足了，自然不求外。如瓶中装满了水，再来倒水是倒不进去的，也没有倒进去的必要。在内容上，只要内在道义充盈，外在饮食缺失一些是无伤大雅的。

孔子讲过："君子谋道不谋食。耕也，馁在其中矣；学也，禄在其中矣。君子忧道不忧贫。"（《论语·卫灵公》）这里当然承认了正当的耕、禄的现实合理性，但更强调道对于食、贫的优先。孔子还讲："富与贵，是人之所欲也。不以其道得之，不处也。贫与贱，是人之所恶也。不以其道得之，不去也。君子去仁，恶乎成名？君子无终食之间违仁，造次必于是，颠沛必于是。"（《论语·里仁》）孔子在此承认富贵是人之所欲，但更承认要以正道得之，君子要以仁立身、始终持守仁。孔子还讲："君子固穷，小人穷斯滥矣。"（《论语·卫灵公》）穷困当然不利于人的生存与发展，人们都希望赶快摆脱它。君子处于穷困时首先考虑的不是穷困，不是从现实出发，无论如何先摆脱穷困再说；而首先考虑的是道义（如果合乎道义，当然可以摆脱穷困），如果不合乎道义，那就以道义为上、以道义为重，宁肯固守穷困也不做违背道义之事。相反，小人不以道义为重，而以穷困为重，在面临穷困、摆脱穷困时也就对道义不管不顾、胡来乱来。人人都难免临到穷困，这时的区别就在于是否以道义为重。以道义为重，即便穷困，仍不失为君子；不以道义为重，即便摆脱穷困，仍不失为小人。孔子讲过："不义而富且贵，于我如浮云。"（《论语·述而》）也就是说，在孔子这里，富贵是否可取要受到道义的审查，合乎道义的才被接受，不合乎道义的坚决不能接受，这当然显示了内在道义之于外在富贵的优先性、超越性。孔子还讲："士志于道而耻恶衣恶食者，未足与议也。"（《论语·里仁》）在孔子看来，内在道义高于、重于外在衣食，二者不是平等关系；重视衣食的人不能真正把道义置于第一位，重视道义的人难免顾不上衣食；那种既想志于道又想衣食充足的人表面上面面俱到，实际上未能凸显道义的优先，也就首鼠两端、进退失据，真正的君子、士人是不屑与之同处的。这种人如同乡愿，想讨好所有人，实际上是没有原则，未必真正认同儒学立场。乡愿，德之贼。儒学孔孟是一概反对之的。君子、士人不屑与乡愿为伍，说明人与人相比，其认识有差距，君子、士人的认识更为合理。就是人与动物相比，如果人过分重视饮食，也难以与动物划清界限，如有人讲"人为财死，鸟为食亡"，似乎人与鸟都为食物所左右；但当儒学提出了人高于动物的立场之后，就可以说"鸟可以为食亡，但人不应为财死"。儒学认识到人不为衣食所困，可以集中精力来思考更为高尚的道义之事，获得更大的自由、更高的尊严、更大的提升。可见在儒学这里，理性与感性的问题是必须要回答的问题，孔子以"孔颜之乐"揭示出这一问题，并且也基本表明了自己的立场：就是作为人，尤其是有道君子，理性要比感性重要，或者说要在感性之上有更高的追求。

孔颜之乐，以颜回境遇为典型，反映了孔子在理性与感性问题上的深刻立场。孔子的立场当然是正确的，这一立场是前后一贯的，也有过一些角度的合理解释（如内与外、得与失），但似乎总缺乏一种更为合理的方法、更为简明的立场，不能更上层楼、让人眼前一亮、叹为观止、不接受都不行。这在孟子那里得到了相当好的解决。

"鱼，我所欲也；熊掌，亦我所欲也。二者不可得兼，舍鱼而取熊掌者也。生，亦我所欲也；义，亦我所欲也。二者不可得兼，舍生而取义者也。生亦我所欲，所欲有甚于生者，故不为苟得也。死亦我所恶，所恶有甚于死者，故患有所不避也。如使人之所欲莫甚于生，则凡可以得生者何不用也。使人之所恶莫甚于死，则凡可以避患者何不为也。由是则生而有不用也，由是则可以避患而不为也。是故所欲有甚于生者，所恶有甚于死者。非独贤者有是心也，人皆有之，贤者能勿丧耳。一箪食，一豆羹，得之则生，弗得则死，呼尔而与之，行道之人弗受，蹴尔而与之，乞人不屑也。万钟则不辨礼义而受之，万钟于我何加焉。为宫室之美，妻妾之奉，所识穷乏者得我与？向为身死而不受，今为宫室之美为之；向为身死而不受，今为妻妾之奉为之；向为身死而不受，今为所识穷乏者得我而为之，是亦不可以已乎。此之谓失其本心。"（《孟子·告子上》）

首先，孟子提出方法，不可得兼，取消中间状态，简化问题。其次，指出生命虽然重要，但有比生命更重要的东西，这已经开始步入儒学轨道了。这里实际上以儒学道德来涵盖生命，不是用生命涵盖道德，即：道义高于生命、宁肯光荣而死也不能耻辱而生；认为如果不这样，人会无所不用其极，也就是不这样后果难以想象；如果这样，面临生死人就会有合理举动，所以道义高于生命是必需的；并且超越儒学贤者扩而大之，提出这样的认识人人皆有（非独贤者有是心）。再次，重提孔颜之事，以乞人都能做到不吃嗟来之食[①]来验证孔颜所作所为的合理性[②]，也暗示每个人都应该如此做，否则连乞人都不如。最后，指出自己也是孔颜的后继者，也会如此行；在坚持人性本善的条件下，还指出其他人之前也会做出合理举动，只是后来在现实中由于

[①] 《礼记·檀弓下》："齐大饥。黔敖为食于路，以待饿者而食之。有饿者，蒙袂辑屦，贸贸然来。黔敖左奉食，右执饮，曰：'嗟！来食。'扬其目而视之，曰：'予唯不食嗟来之食，以至于斯也。'从而谢焉，终不食而死。"看来并非鲁国独有，齐国也有讲求道义的人。

[②] 杨国荣老师认为："'嗟'表现为居高临下的怜悯，与之相联系的予人以食，带有施舍、恩赐之意，其中显然缺乏对人格的充分尊重。拒绝嗟来之食，意味着将饮食与人格尊严的维护联系起来。在这里，饮食已不仅是维持生命的本能活动，而是与确认人之为人的内在尊严联系在一起，为了维护自身的尊严，人甚至可以选择'不食而死'。"杨国荣．成己与成物 [M]．北京：人民出版社，2010：211.

种种原因而做错了，这是失去本心的举动。所以，当然应该找回其本心，按照其本心来重新过上有尊严的生活。

孟子的思路严谨、条理，一环扣一环，层次清晰、重点突出。其重心就是要合理解释孔颜之乐。通过指出不可得兼，为不吃嗟来之食做好方法上的准备；通过道义与生命的对比，说明当饮食生命与道义尊严相对峙时应选择道义尊严；通过重头戏（乞人都不吃嗟来之食）来引起强烈震撼，迫使人不得不严肃思考自己的人生立场，不但合理回答了问题，还产生了强烈共鸣，取得了极好的效果；通过列举自己的志向，说明自己毫无疑问会走儒学道路，其他人虽然一时糊涂也是可以回头走上这条道路的。也就是说，这条路人人应该走，也完全可以走。不吃嗟来之食就很好凸显了生命饮食与道义尊严的对峙，这时没有中间道路，不能折中、滑头，如何取舍是很能凸现立场的；不吃嗟来之食这一形象有力的故事，充分说明理性高于感性、心重于身、道义重于生命，验证了孔颜举动的合理；不吃嗟来之食在学派上也有力地胜过了墨子的"三患"说。

"公都子问曰：'钧是人也，或为大人，或为小人，何也？'孟子曰：'从其大体为大人，从其小体为小人。'曰：'钧是人也，或从其大体，或从其小体，何也？'曰：'耳目之官不思而蔽于物。物交物，则引之而已矣。心之官则思，思则得之，不思则不得也。此天之所与我者。先立乎其大者，则其小者不能夺也。此为大人而已矣。'"（《孟子·告子上》）

"人之于身也，兼所爱。兼所爱，则兼所养也。无尺寸之肤不爱焉，则无尺寸之肤不养也……体有贵贱，有小大。无以小害大，无以贱害贵，养其小者为小人，养其大者为大人……饮食之人则人贱之矣，为其养小以失大也。"（《孟子·告子上》）

"口之于味也，有同耆焉；耳之于声也，有同听焉；目之于色也，有同美焉。至于心，独无所同然乎？心之所同然者何也？谓理也，义也。圣人先得我心之所同然耳，故理义之悦我心，犹刍豢之悦我口。"（《孟子·告子上》）

"孟子曰：'养心莫善于寡欲。其为人也寡欲，虽有不存焉者寡矣。其为人也多欲，虽有存焉者寡矣。'"（《孟子·尽心下》）

在这里，孟子又提供了一种重要方法：先立乎其大。他提供了一个新视角（大与小）：理性是大，感性是小；心是大，身是小。解释了儒学的基本立场：舍生取义是合理的、必然的。他强化了儒学的重要立场：道义比饮食重要，重视道义的人是大人，重视饮食的人是小人。

孟子认为人的各个部分有不同的属性、从事不同的工作、具有不同的地位，可以简化为"理义之于心"与"刍豢之于身"的关系。也就是认为心与理义、身与感性享受相连，或者说感性与理性、身与心的关系大体等于口与心的关系。孟子把心作为与四肢感官相对的、更为重要的器官，这体现了人类认识的进步。孟子以心为大、心为大体而身为小体，这为进一步讨论道德提供了良好基础。

大体与小体的关系包括为什么确立大小、如何确立大小。孟子解释了为什么把心视为大体、口耳鼻等四肢视为小体。[①]首先，墨家提出了"三患"，道家提出了"为腹不为目"的要求，其实质都要求对人的感性需求给予满足，如此固然体现了对生存的重视，但仅仅强调人的感性生存是不全面的，尤其是没有抓住根本。孟子指出感性因素是小，而不是无，体现了对感性因素一定程度的认可；并以

---

①　孟子以心为大体、口目耳鼻四肢为小体，但其表述还不直白，而后于孟子的马王堆帛书《五行》说部就直白多了。试比较以下两段话："体有贵贱，有小大，无以小害大，无以贱害贵。养其小者为小人，养其大者为大人"（《孟子·告子上》）；"耳目鼻口手足六者，人体之小者也；心，人体之大者也。"（马王堆帛书《五行》说部）

理性因素为大，体现了理性对于人更为重要的特征，这样既部分认可了墨家、道家的立场，又超越了二者的立场。儒学当然让人生存，甚至要让人生活得更有质量（如孔子食不厌精，脍不厌细），但儒学从来不认为人只要吃饱喝足就可以了，人应该自觉把理义、道义作为人的本质，将之置于首要的地位，这是儒学一贯的理性主义、人文主义立场。其次，道家老子提出："五色令人目盲，五味令人口爽，驰骋田猎令人心发狂，难得之货令人行妨。"（《老子·十二章》）不难看到，老子认识到感性因素会对人的正常活动产生不良影响，要对感性因素加以警惕，这当然比一般人浑浑噩噩地生活要好得多。但也不难看到，在道家这里，似乎感性与理性处于并列的地位，并且感性能很容易影响、败坏理性，理性似乎无能为力。孟子对之有不同理解，在孟子这里：感性与理性并不平等，承认外界因素有其影响力，但外界因素至多可以左右四肢等感觉器官（耳目之官不思，而蔽于物），但不承认外界因素也会对理性（心）有所左右。或者说，在孟子看来，对于人之大体（心）与小体（身），在环境中"大"可以自立、不为所动，"小"即便有所摇动也不能拿大体怎样；甚至反过来说，孟子认为理性能够思维（心之官则思），而感性不能够思维（耳目之官不思），所以理性可以指导感性；并且在理性的指导下，感性（小）也可以不被外界所摇动，即"先立乎其大者，则其小者弗能夺也"。要言之，在孟子这里，他区分了感性与理性，认为理性是自身圆满的（君子所性，虽大行不加焉，虽穷居不损焉），外界因素最多能影响表面的感性，而并不能影响内在理性；感性不能影响理性，还要受制于理性；而理性不受制于感性，还要指导感性；并且，在确立了理性的主导、优先地位以后，外界因素对感性也不能产生影响了。由此可知，相对于道家的很容易被外界感性因素所左右的观点，孟子提出了理性不为感性所动、为理性而不为感性的观点，显示出孟子理性优先立场的合理性。"堂高数仞，榱题数尺，我得志，弗为也；食前方丈，侍妾数百人，我得志，弗为也；般乐饮酒，驰骋田猎，后车千乘，我得志，弗为也。在彼者皆我所不为也，在我者皆古之制也。"（《孟子·尽心下》）所谓的"为"实际就是在道德理性上"有为"，所谓"不为"就是在感性享受上"不为"，而感性的"不为"是为了更好地做到理性的"有为"。孟子还讲过，理性是天爵、是源于天的，感性是人爵、是源于人的。理性源于天，不会受到外界因素的影响，所以是永恒的（不可夺）；感性源于人，会受到外界因素的影响，所以是暂时的（可夺）。从暂时与永恒、可夺与不可夺的角度也说明了理性才是人应努力的方向。最后，孟子还比较有源之水与无源之水，认为有源之水会"源泉混混，不舍昼夜"，不管遇到任何困难都会"盈科而后进"、无所畏惧、勇往直前；相反，无源之水如同"七八月间的雨水"，虽喧嚣一时，终究归于寂灭。有源之水如同有内之水，有内在根源的支持，其外在表现值得期待；相反，无源之水似乎能有所表现，但一般不能期望过高。当然，在常规现实中不可能完全无视欲求，但又要凸显心的优先地位，因此结合现实，孟子也讲了"养心莫善于寡欲"；这既体现了心优于身的典型立场，又对欲有较为适当的态度，顾忌了现实，可行性较高。概言之，正是通过一系列感性与理性、大体与小体的比较，孟子从各个角度说明了只有坚持先立乎其大的方法，确立理性为大（感性为小）、理性优先（感性次要）的地位，人才能对自己有一个正确的认识，才能对外界因素有一个正确的处理态度①。

孟子以大小来解释心与身、理性与感性的立场与方法深深影响

---

① 当然，既要明于大小之分，同时也要讲大对小的兼容、润色，这在孔孟思想中都有所表现。如"君子所性，仁义礼智根于心，其生色也，睟然见于面，盎于背，施于四体，四体不言而喻"（《孟子·尽心上》）。其他如管仲也有对于心身关系的认识（心之在体，如君之在位也），限于篇幅，不加赘述。

了后世，后世十分关注孔颜之乐的周敦颐就从大小角度来解释①，学者也多加沿用②。孟子著名的"贫贱不能移"在树立理性为大的条件下，不但应该不移也可以做到不移。在孟子这里，心比身重要，必须把心摆在优先位置；立乎理性之大的为大人，立乎感性、饮食的为小人；能够立足理性，不为感性、饮食所诱惑的就为大人，不立于理性，而为感性、饮食所诱惑而动的就是小人。这些见解在历史关键时期、转折时刻一再得到印证。持守住心灵、理性的受到尊重，为身体、感性诱惑而动的受到唾骂，反映了儒学特别是孔孟思想的深刻影响。

从孔子的"孔颜之乐"到孟子的不吃嗟来之食、"先立乎其大"，心大于身，理性大于感性，如此等等，作为儒学的基本立场得到了一贯地坚持，得到了越来越系统地论证，受到了越来越明显地强化，变得更为简洁、醒目、有力，更加深入人心。孔孟仁学的立场连贯、系统、成熟、有力了。

---

① 周敦颐以大小来解释孔颜之乐。"夫富贵，人所爱也，颜子不爱不求，而乐于贫者，独何心哉？天地间有至贵至富可爱可求而异乎彼者，见其大而忘其小焉尔。见其大则心泰，心泰则无不足。"周敦颐. 通书·颜子第二十三 [M] // 周敦颐集. 北京：中华书局，1990：31.

② 陈来教授称："儒家思想一向认为，在人生中有比个体生命更为重要的价值，要求人应当有一种为道德价值和理想信念而超越物质欲求的思想境界。周敦颐特别突出信念与富贵的矛盾，在他看来，富贵是常人共同追求的对象，但以富贵为人生目的只是俗人对于生活的态度。一个君子必须超乎富贵的追求，因为对于君子来说，世界上有比富贵更宝贵、更可爱的东西。这种至贵、至富、可爱、可求的东西是'大'，相比之下，富贵利达不过是'小'。人若真能有见于'大'，则不仅可以忘却'小'，而且可以在内心实现一种高度的充实、平静与快乐。照周敦颐的这个说法，颜回之乐根本不是因为贫贱本身有什么可'乐'，而是指颜回已经达到了一种超乎富贵的人生境界。有了这种境界的人，即使是人所不堪的贫贱也不会影响、改变他的'乐'。这种乐是他的精神境界所带给他的，不是由某种感性对象引起的感性愉悦，而是一种高级的精神享受，是超越了人生利害而达到了内在幸福和愉快。人生应当追求的最高境界就是这种境界。"陈来. 宋明理学 [M]. 沈阳：辽宁教育出版社，1997：44.

第六节　对功利的超越："君子喻于义"与"何必曰利"

感性与理性、心与身的关系，经常与义利关系（道义与功利）密切相关，并且二者立场大体一致。① 儒学关心义利关系，以致有人以义利关系为儒者第一义，这当然看出了义利关系的重要性（西方康德以区分幸福论与道德论为实践理性之首要任务②）。就孔孟思想而言，孔子确立了儒学义利关系的基本立场，孟子（针对墨家义利观）把义利关系发展为彻底的道义论立场。

义与利、道义与功利的关系问题，在内容上包含义与利两个方面，在现实中十分重要，各家各派都会加以关注、比较用心③。

孔子在义利关系上的基本立场是"君子喻于义"（《论语·里仁》）。在孔子看来，君子不应只顾自己而是负有社会责任，应该自觉理解与认同道义的优先；这要求君子作为社会成员首先自己志于道义，以此来引导社会风气使之成为有道义的社会。一方面，君子要修身，树立起道义对功利优先的自觉意识，即"士志于道而耻恶衣恶食者，未足与议也"。另一方面，君子要明白自己是社会中人，不能只顾自己，而是负有社会使命，要引导社会成为有道义的社会，即"君子喻于义"；或者说，"小人喻于利"，小人由于种种原因不能做到道义优

---

① "就广义言，'义'在某种意义上体现了理性的要求，'利'则往往落实于感性需要的满足，因而义利关系又关联着理性要求与感性欲望的关系。"杨国荣．孟子的哲学思想 [M]．上海：华东师范大学出版社，2009：70.

② "区别由经验原则构成整个根基的幸福论与毫无经验成分的道德论，是赋予纯粹实践理性分析论的第一和最重要的任务。"康德．实践理性批判 [M]．韩水法，译．北京：商务印书馆，2010：100.

③ 孔孟之外的义利观瑕瑜互见，如"夫义者，利之足也""废义则利不立""义以生利，利则丰民"（《国语·晋语》）；"夫义所以生利也……不义则利不阜"（《国语·周语中》）；"义以达利"（《左传·成公十六年》）；"利，义之和也……利物足以和义。"（《左传·襄公九年》）

先，这时就需要君子对之进行教育、教导（如同"君子之德风，小人之德草"），由此，君子引导小人共同建构道义优先的社会。可以说，孔子基本上确立了道义优先的社会基调。为什么在社会中必须坚持道义优先？孔子或许看到，一般人（如小人）直接追求利，对于利的现实性有所认识，但对于为何追求与如何追求利却没有合理认识，以至于在求利过程中出现了种种不良现象。实质而言，功利优先虽直接讲利，但却讲不好利，往往陷溺于人的立场而缺乏天道的立场，陷溺于当前之利而缺乏长远眼光，陷溺于个人之利而缺乏整体眼光；缺乏道义的、长远的、整体的眼光，虽然人暂时、局部得到一些利益，但却总不能出现有道社会。而道义优先似乎不直接讲利，但其实质在于应该优先建立一种合乎道义的、普遍的、长久的社会规则，在此指导下使得功利、个体暂时得到合理定位，最终促成有道社会的出现。

孔子还讲过："义以为上。"（《论语·阳货》）"义以为上"虽然首先是针对义与勇而言的，但还是经常被用来解释义利关系。"义以为上"暗含义与利不冲突时可以义利互补，但很明显，此处主要还是强调义对于利的优先。孔子并非不讲利，如"吾少也贱，故多能鄙事""富与贵，是人之所欲也"。这些多数人可以认同、做到，似乎平淡无奇，看不出孔子有何深刻之处。然而孔子并不停留于此，他还看到"放于利而行多怨"。即放任功利、不加引导，无论获得还是没有、获得多还是获得少，都会抱怨。如果放任功利的结果是抱怨，也就是说单纯功利的放任并不能出现美好的结果，因此就要重新审视功利，或者说，对于功利的重新审视是出于社会良性发展的需要。孔子还讲"饱食终日、无所用心，难矣哉"，孟子讲"饱食暖衣，逸居而无教，则近于禽兽"。即人并不是只要吃饱喝足就行了，人还有吃喝之外的道义要求，这种道义要求虽然看不见摸不着，但不可以之为无而对之不管不顾。要想使社会与个体得到良好发展，就需要道义对功利的优先。正是在此思想指导下，孔子一再提倡道义对于功利的优先，如"庶富教""义然后取，人不厌其取""富而可求，虽执鞭之士，吾亦为之""不义而富且贵，于我如浮云"等。孔子对此是自觉的、一贯的。在孔子这里，义与利虽是两个，但却是不平等的，是义对于利的优先与超越，在常规时期不显山露水，但在关键时刻就体现为义对于利的不顾①。换言之，孔子不但讲义在利中，还讲义在利上，并且义在利上不是可有可无的枝节问题，而是必须具有的关键立场。这是儒学突出道德自觉和道德理性的必然结论，是儒学体系的重要组成部分。孔子强调义对于利的优先、道义对功利的超越，能使人不受制于利益的诱惑和功利的束缚，使人真正有尊严地挺立于天地间，这与儒学强调人的尊严、人格等因素是一致的。后世我们赞扬闻一多、朱自清的高尚行为，显然只有在儒学"君子喻于义""义以为上"为主流思想的背景下才可以理解。

孔子强调义对于利的超越，难免出现分裂二者、贬低利的可能。孔子之后，墨家墨子力图把义与利结合起来②，如"义，利也""义者，利也！"（《墨子·经说下》），"合其志功"（《墨子·鲁问》）。从形式上，墨子的立场似乎十分全面、无懈可击，不应加以批评。义利结合有助于克服义对于利的超越而出现的义的虚伪与欺骗，注重利也有现实的必要性。墨家的思想有其一定的合理性，如墨家讲公利与儒学讲公利多少有一致之处③、如墨家还讲互利交相利，不能简单视之为

---

① "按照孔子的看法，义作为道德规范，本身便具有至上的性质，并包含内在的价值。正因为有自身的内在价值，所以没有必要到道德领域之外去寻找义所以存在的根据。"杨国荣. 孟子的哲学思想 [M]. 上海：华东师范大学出版社，2009：71.

② "在墨子看来，真正的爱总是要落实于利，'爱人'和'利人'是同一问题的两个方面。按其本质，兼爱体现了人道的原则，而交相利则体现了功利的原则，如果说孔子强调人道原则对功利原则的超越，那么，墨子则要求将人道原则与功利原则结合起来。"杨国荣. 孟子的哲学思想 [M]. 上海：华东师范大学出版社，2009：74.

③ "孔子之重公利是因为公利体现了'义'的准则，质言之，其出发点首先是义；与之相对，墨子则将'利'视为'义'的基础。在他看来，'义'本身不过是一种工具。"杨国荣. 孟子的哲学思想 [M]. 上海：华东师范大学出版社，2009：75.

庸俗低下；墨子义利结合中不是完全不要义，其境界不是最低，不是完全自私。然而在现实中也要看到，墨家义利结合的重心实际上是利而不是义，如此就不能真正建立起义的优先地位，也就不能合理引导利。当墨家认为义就是利，认为义必须带来利（或只有带来利才算义、或没有利就没有义），认为要互利交相利时，义往往被利等同、代替或掩盖，突显的是利而不是义，或者说义实际上成了利的工具、手段，如墨家讲"夫义，天下之大器也"（《墨子·公孟》）。墨家以义为手段（器），也就不可能真正凸显义，也就不可能是道德之路，如此儒学重义而墨家重利，其间有本质差别是不难看到的。我们经常可以看到墨家科学知识之真、科学知识的力量性（如墨子救宋），但很少看到德性之美、德性的高尚性①，如墨子止楚攻宋时给出的理由是攻打宋国不利、不能，而不是直接讲攻打宋国不义、不道德。

就义与利而言，义与利是两个（无形的义与有形的利），不能简单归纳为一个，更不能以利来代替掩盖义，以为义是利的工具②。在哲学上，亚里士多德对苏格拉底"德性即知识"的评价值得借鉴。亚里士多德认为："苏格拉底的探索有时是正确的，有时是错误的。在他认为全部德性都是明智时，他是错误的，在他说德性离不开明智时，就完全正确……苏格拉底认为德性就是理性（因为全部德性都是知识），而在我们看来德性伴随着理性。"③亚里士多德对苏格拉底把（无形之）德性与（有形之）知识相结合是赞成的，但以为不应该用知识掩盖代替德性，而是德性优先领导知识，亚里士多德的认识显然更为合理。儒学的义利观可以说与之类似（孔子的仁且智也与之类似）。

---

① 如孟子曾经委婉地批评过宋牼以利来阻止战争的方式本质上不可行。

② "以利为唯一准则的功利主义观点，最终将取消道德原则对利益关系的调节作用。"杨国荣. 孟子的哲学思想 [M]. 上海：华东师范大学出版社，2009：75.

③ 亚里士多德. 尼各马科伦理学 [M]. 苗力田，译. 北京：中国人民大学出版社，2003：134.

墨子之后的孟子开篇就言"上下交征利而国危矣"和"何必曰利？亦有仁义而已矣"，这两句话显然针对墨家主张的"交相利"和"义即利"而言的。孟子指出，如果国家以利为根本原则，国家上上下下都以利为根本行事原则，则人际关系危殆、社会秩序崩溃、国家陷入混乱不可收拾，那是不可想象的。因此，他有针对性地提出"何必曰利？亦有仁义而已矣"；或者说"何必曰利？亦有仁义而已矣"是结论，是针对"上下交相利"的不良后果而提出的新观点。抓住儒墨细微而关键的差异进行论证，孟子的眼光可谓敏锐犀利。孔子讲过"放于利而行多怨"，指出了放任功利的不良后果；孟子继续指出"苟为后义而先利，不夺不厌"。他认为如果坚持先利后义的观点，把功利放在道义之上，那么人人都为了自己的利益最大化而不顾一切，不顾他人、社会秩序，这样人际关系可怕、社会秩序失范，其结果不言而喻，对于君主也将是灾难；反过来，君主应该切实认识到功利的局限性，认识到道义的必要性，建立起道义优先功利的社会，这是对于包括君主在内的每个人的首要责任。

孟子不但提倡道义对于功利的优先，甚至更进一步，他还提出了更为彻底的道义论立场，使得其立场更为鲜明、更具特色。他提出："大人者，言不必信，行不必果，惟义所在。"（《孟子·离娄下》）这恐怕也是针对墨家的"合志功"而言的。孟子还提出了"由仁义行，非行仁义也"，这恐怕也与墨家讲"义即利"可能导致"义"外在形式化有关，因此要求内在的"由"仁义而非外在的"行"仁义，这也是相当敏锐深刻的。可以说，针对墨家的义利结合、义成为利的工具这一尴尬事实，孟子走上了彻底的道义论立场[1]：把义的优先性

---

① "除了正面的引发之外，墨家与法家在义利关系上的理论偏向，特别是法家对功利原则的过度强化，又从反面促使人们对义利关系重新加以定位，后者在某种意义上具有更为重要的意义。不妨说，正是墨法的反面激发使孟子同时突出了道义原则（义）的作用。"杨国荣. 孟子的哲学思想 [M]. 上海：华东师范大学出版社，2009：79.

发展成义的独立性，坚持彻底的道义论立场、拒绝一切非道义论道路（如拒绝霸道、拒绝与管仲为伍、改变孔子对管仲的赞赏）。就义利关系与道义论而言，在本质上，利为外在而义为内在（也会外化），利为数量变化不已而义为性质居中持守，利为动而义为静，利无所不为而义有所不为、利顾当下而义还看长远。儒学义利观和道义论立场能使人坚定立于内在道义的磐石立场上（不是立于沙土之上经不起摇晃，不是立于墙头之上失去了定力，不使自己为眼前暂时的外在利益而趋炎附势迷失了双眼），不是只讲利益而是更讲道义，不是无所不为而是有所不为，不是只顾自己而是也顾别人，不是把自己当作目的、把别人当作手段，而是把人（自己与他人）当作目的，不是只顾当下而是指向长远甚至永恒。

还有，儒学义利关系对利不是全盘接受而是有所取舍，只取义中之利，甚至只讲义而不讲利，似乎思路很狭隘、道路很窄小；而对利的全盘接受、无所不为，看似通达顺利、风光无限，两下相较只取义中之利似乎很压抑、很被动。但其实，世界是条理的，道义是存在的，各行业有自己的道义规则，不可能怎么都行。怎么都行这种想当然的想法、做法实际上并没有建立在坚固合理的基础之上。一时的风光难以应付持续的忧患，忧患之后的凄凉说明对利无所不为、全盘接受的想法和做法无疑是饮鸩止渴、玩火自焚，终究是竹篮打水、本质上行不通的；与之相对，只取义中之利或者不取不义之利看似狭隘狭窄，却是走在正义光明的安全之路上，并且是一条可以大有作为的道路。从形式上看，似乎道义之路很窄、很难、很苦，但其实质却是充实、坦荡、甚至快乐的（如工作努力和自愿付出是有些辛苦，但事后的回味是坦然欣慰的，是金钱无可替代的），而且在道义中也完全可以大有作为（如在道义之中学海无涯、艺无止境、技进乎道），在道义中的大有作为甚至可以吸引功利之人改弦易辙归于正途。这虽然很高、很难，但却是可以做到的，如此道义之人就不是只顾自己而是还有责任使命，不是埋怨环境而是自己持守道义就可以改善环境，不是苛求他人而是发扬自己就可以影响别人改善。对利无所不为看似通达却藏有隐忧，看似宽阔却藏有危机，看似风光无限却是戚戚不已；而道义之路虽狭窄却安全，虽艰难却终究可行，虽有苦终有乐。"君子坦荡荡，小人长戚戚"，不妨说"坦荡荡于道义之途终则君子，戚戚于利益之途终则小人"。孟子的道义论立场似乎不完整、不面面俱到，但无疑是振聋发聩、发人深省的。孟子大讲浩然正气，绝非想当然的无病呻吟和矫揉造作，而是深刻立场由内而外的必然结果。

　　从孔子的"君子喻于义"到孟子的"何必曰利"，道义优先功利，甚至彻底的道义论，成为儒学的典型立场。从中我们不难看到，孔孟不为功利所迷惑，力图对功利合理引导的清醒态度；孔孟注意把功利与道义、个人与集体、暂时与长远结合起来思考，体现了负责任的大家风范；孔孟还能审时度势，对儒学理论适时进行调整、修改、完善，使之更为合理、更具特色、更具说服力，显示出哲人的深邃。

第七节　对环境的超越："何陋之有"与"忧患生"

　　孔孟仁学主体不但要理顺感性与理性、心与身、功利与道义的关系，也要理顺环境与人的关系。在环境与人的关系上，孔孟的基本立场是立足环境而又超越环境，典型表现为孔子讲"君子居之，何陋之有"和孟子讲"生于忧患"。

　　立足现实环境不是否定拒绝环境，不是超脱虚无环境。儒学是道德之学，不是宗教。道德直接正视现实，宗教大体超越现实。或者说，儒学首先立足于现实人、现实环境，对现实之外的虚无缥缈之事有意识地有所阙疑、有所不顾。如孔子讲"未知生，焉知死""未能事人，焉能事鬼""子不语怪力乱神"等，只有界定清楚了才能下一步展开现实人的道德之学，孔子的思路是非常清晰的。进一步，正视现实也未必处处通达、时时如意，但还是执着于此，如孔子有"鸟兽不可与同群，吾非斯人之徒与而谁与""知其不可而为之"。可以说儒学道德之途充满了喜怒哀乐、悲欢离合、成功失败，绝非平坦之途，但儒学依然不愤世嫉俗、消极颓废，而是念兹在兹、休戚与共。与之相对，宗教似乎超脱清净了许多，不再受制于环境变换、人世沧桑，但又难免失去了真切感受，多少成了世间看客、人间的局外人。无现实的超脱、无内涵的清净也就多了孤寂冷清，少了充实喜乐。

　　立足现实还包括承认接受现实环境，即承认接受环境的存在与影响（也包括承认人的现实性、有限性）。孔子认识到虽然卫灵公昏聩，但有几个能干的大臣辅佐还可以维持局面①，由此可知辅助的作用也是不可忽视的（当然也坚持不了多长时间）。《论语·泰伯》中还记载周武王有"乱臣十人"。与孔子相似，孟子也看到了环境的存在与影响，如他结合现实提到"富岁弟子多赖，凶岁弟子多暴"②，如他结合小人物提出"楚人学齐语"的困难③，如他结合历史大人物提出"文王何可当也"④。周文王当然可以说是内在道德的代表（孔子称

---

① 《论语·宪问》："仲叔圉治宾客，祝鮀治宗庙，王孙贾治军旅。夫如是，奚其丧？"

② 《孟子·告子上》："富岁弟子多赖，凶岁弟子多暴，非天之降才而殊也，其所以陷溺其心者然也。今夫麰麦，播种而耰之，其地同，树之时又同，浡然而生，至于日至之时，皆熟矣。虽有不同，则地有肥硗，雨露之养，人事之不齐也。"

③ 《孟子·滕文公下》："孟子谓戴不胜曰：'子欲子之王之善与？我明告子。有楚大夫于此，欲其子之齐语也，则使齐人傅诸？使楚人傅诸？'曰：'使齐人傅之。'曰：'一齐人傅之，众楚人咻之，虽日挞而求其齐也，不可得矣；引而置之庄岳之间数年，虽日挞而求其楚，亦不可得矣。子谓薛居州，善士也。使之居于王所，在于王所者，长幼卑尊，皆薛居州也，王谁与为不善？在王所者，长幼卑尊，皆非薛居州也，王谁与为善？一薛居州，独如宋王何？'"

④ 《孟子·公孙丑上》："曰：'若是，则弟子之惑滋甚。且以文王之德，百年而后崩，犹未洽于天下；武王周公继之，然后大行。今言王若易然，则文王不足法与？'曰：'文王何可当也！由汤至于武丁，贤圣之君六七作，天下归殷久矣，久则难变也。武丁朝诸侯有天下，犹运之掌也。纣之去武丁未久也，其故家遗俗，流风善政，犹有存者；又有微子、微仲、王子比干、箕子、胶鬲，皆贤人也，相与辅相之，故久而后失之也。尺地莫非其有也，一民莫非其臣也。然而文王犹方百里起，是以难也。齐人有言曰：'虽有智慧不如乘势，虽有镃基不如待时。'"

文王为"至德"），商纣王可以说是暴君的代表，周文王有内在道德，却也要暂时受制于商纣王的暴政之下，一时也拿商纣王没有办法（当然不是永远无办法）。质言之，最有道德的文王竟然一时拿最坏的暴君商纣王没有办法，可见环境有明显的影响作用。还有如"孟母三迁"也说明对环境的影响作用有所注意。

在孔孟之外，其他人对环境也有所认识。如在自然环境上，晏子提出："橘生淮南则为橘，橘生淮北则为枳。"[①]墨子提出："染于苍则苍，染于黄则黄。"（《墨子·所染》）老子讲："五色令人目盲，五味令人口爽，驰骋田猎令人心发狂，难得之货令人行妨。"晏子、墨子、老子观察到环境的影响作用，有一定的事实依据，不能简单斥之为虚妄。然而我们同时也要知道，晏子、墨子、老子的结论也并非绝对，有些事物即便处于特定环境之中也未必被环境所改变（如周敦颐讲的荷花出淤泥而不染）。即便动植物可以为环境所改变，但人高于动植物，应该超越动植物，不应该完全与动植物一样，尤其是人之内在道德不应改变（如贫贱之交不可忘，糟糠之妻不下堂；如洋装虽然穿在身，我心依然是中国心）。人的身体五官虽然受到色声味的影响，但人又可以在大心的支配下不为所动（孟子以心为大体、身为小体，"先立乎其大，则其小者不能夺也"）。晏子、墨子、老子三人的观点虽然涉及不同方面，但也有相同之处。他们虽然看到了环境因素，但往往忽略了人或忽略了人的主体作用，故而其认识是不完整的；他们虽然看到了环境的影响作用，但往往夸大了环境的作用，以为环境起了绝对作用。而儒学虽然也讲环境的影响作用，但儒学更看到了主体应该并可以对环境加以超越，因此在儒学看来，晏子、墨子、老子三人的认识不全面且没有抓住根本，其结论难免是消极的。质言之，三人的缺点就是讲环境而不及人，讲环

---

① 《晏子春秋·杂下》："婴闻之：'橘生淮南则为橘，生于淮北则为枳，叶徒相似，其实味不同。所以然者何？水土异也。'"

境而不承认人的主动性。如同老子看到了"五色""五味"作为外在环境对人的强烈影响，这当然有其真实性、有其道理，但老子似乎以为在外在影响面前人是无助无奈的，只能随波逐流、不能自持。这样的人被外在因素所左右，呈现出无助无奈的可怜状态。这样的人生没有信心、没有方向，也就谈不上什么人生的意义，谈不上为社会做什么贡献。

在社会环境上，墨子提出了治理国家要注意"七患"①，这当然有现实性和必要性，不能简单无视之；孟子没有就环境而论环境，而是把环境与人相比，认为人的因素（相比环境）更为重要，即"天时不如地利，地利不如人和"②。在墨子那里，环境似乎是"独立"于人之外的，而孟子则把"独立"的环境问题转化成人与环境的"关系"问题，进而得出人（道义）比环境更为重要的结论：即环境不是关键因素，而道义才是关键因素，得到道义的支持一定会获得胜利，失去道义的支持一定会失败，因此是否获得道义的支持才是在环境中胜利的根本条件。道义优先于环境，这使得人们不再孤立看待环境而是从道义角度来考察，这既是孟子的立场，也构成了以后儒学、甚至中国人的基本立场。孟子讲："天作孽犹可违，自作孽不可活。"③

① 《墨子·七患》："国有七患，七患者何？城郭沟池不可守而治宫室，一患也；边国至境四邻莫救，二患也；先尽民力无用之功，赏赐无能之人，民力尽于无用，财宝虚于待客，三患也；侍者持禄，游者爱狡，君修法讨臣，臣慑而不敢拂，四患也；君自以为圣智而不问事，自以为安疆而无守备，四邻谋之不知戒，五患也；所言者不忠，所忠者不信，六患也；畜种菽粟不足以食之，大臣不足以事之，赏赐不能喜，诛罚不能威，七患也。"

② 《孟子·公孙丑下》："天时不如地利，地利不如人和。三里之城，七里之郭，环而攻之而不胜。夫环而攻之，必有得天时者矣，然而不胜者，是天时不如地利也。城非不高也，池非不深也，兵革非不坚利也，米粟非不多也，委而去之，是地利不如人和也。故曰：域民不以封疆之界，固国不以山溪之险，威天下不以兵革之利。得道者多助，失道者寡助。寡助之至，亲戚畔之，多助之至，天下顺之。以天下之所顺，攻亲戚之所畔，故君子有不战，战必胜矣。"

③ 《孟子·离娄上》："夫人必自侮，然后人侮之；家必自毁，而后人毁之；国必自伐，而后人伐之。《太甲》曰：'天作孽，犹可违；自作孽不可活'，此之谓也。"

换句话说，自然环境是事实存在，人似乎对之无能为力，但社会道义可以对事实存在进行规范指导，从而使事实存在居于道义之下，使事实存在具有可理解性、可控制性，也就合理解决了人与环境的关系问题。

就孔孟荀而言，孔子讲过："见贤思齐，见不贤而内自省也。"即自己有了内涵，无论环境怎样都可以，见贤可以思齐，见不贤也可有助于反省借鉴，自己始终处于主动、自主的状态。即在有了内涵之后，完全可以不奢求环境，甚至可以取舍环境。孟子提出心为大体而身为小体、心之官则思，即心为大而身为小、小身应受大心的领导节制、心可以思考取舍，完全可以配得上驾驭节制的地位与作用。因此，在明白并且树立了心为大体之后，人在外在影响面前不再是无助无奈的可怜状态，而是呈现出有所不为、有所取有所舍的游刃有余的状态，这时的主体虽然还面对外在环境，但已经是正面的、积极的状态了。此即孟子的"先立乎其大，则其小者不能夺也"，只要树立了心之大体的位置，身虽处于环境也可以合理处之。孟子的观点具有相当的针对性，也是非常正确的。孟子还讲"人有不为也，而后可以有为"。"有所不为"即道德主体要面对环境，但并非完全接受，而是以道义为原则进行取舍，其"取"为了道义，其"舍"也为了道义。在此，取与舍都呈现出积极意义。"取"有积极意义这易于理解，"舍"也具有积极意义显然就具有了智慧，并且这种"舍"不是畏惧、害怕、躲避之舍而是正视之舍、道义之舍、超越之舍。"舍"了之后不是心有不甘而是心平气和，甚至其中有乐，这种"舍"也只有树立了内在根据之后才能做出。孔子讲"四十而不惑"，孟子讲"四十不动心"，又讲自己对于"堂高数仞，榱题数尺""食前方丈，侍妾数百人""般乐饮酒，驱骋田猎，后车千乘"而"得志弗为"。平心而论，对以上诸多外在因素，在"不得志"之时对之"不为"是可以理解的（不得志之时是不能为），但怎么在"得志"之后也"不为"呢？这恐怕是四十岁成熟之后的孟子早已坚定地"志于道"，无论其得志还是不得志都不会为外在功利因素所动了。"富贵不能淫，贫贱不能移，威武不能屈"，恐怕也只有孟子才有资格说出。荀子既讲环境的影响（"蓬生麻中，不扶自直；白沙在涅，与之俱黑"），又讲人的主体作用（"假于物"）。可见，儒学总是把环境与人结合起来，承认环境，但更注重人。

在人与环境上，我们必须好好体会孔子名言"性相近，习相远"的丰富含义。孔子没有孤立地谈论人性，而是把性与习、近与远相对待而言，即把先天人性与后天环境、抽象人性与具体环境结合起来；虽然也含有先天人性抽象人性的因素，但对后天环境具体环境的顾及是明显的；并且如果说先天因素人无法左右的话，那么后天因素人是可以有所作为的。以孔子淡化玄远、注重现实的特点来说，孔子似乎更重后半句的"习相远"，即人们即便不能对"性"负责任的话，应该也是可以对"习"负责任的。"习"是"人"习，当然是在"环境"中习，虽然涉及环境，但并非只讲环境，这与墨子与荀子过分重视环境有所不同，多少有些在"习"中人与环境并重的意味（墨子"染于苍则苍，染于黄则黄"和荀子的"蓬生麻中，不扶自直"似乎是环境胜人）。孟子讲"天降大任"当然是人胜环境。可以说，孔子的人性论是一种现实人性，具有现实平等、简单易行的特点，而孟子的性善论虽然也具有一定的平等性，但抽象平等而非现实平等的特征比较突出；孟子的人性论全面深刻，孔子的人性论简单易行。

孔子当然看到了环境的存在与作用，但并非俯伏于环境之下消极颓废、无所作为，而是在立足现实环境的基础上努力超越环境。如孔子的不计较环境反而突出道德主体（"君子居之，何陋之有"）、面对问题保持清醒（"远人不服，则修文德以来之"）、遇到隐士讽刺不灰心（"鸟兽不可与同群，吾非斯人之徒与而谁与"）、受到武力压迫不胆怯（"桓魋其如予何"）、看到不义之财而有超越（"不义而富且贵，于我如浮云"）、面对困顿有持守（"君子固穷"）、甚至在困顿中有快乐（"孔颜乐处""贫而乐"），如此等等。

以孔子的"君子居之，何陋之有"为例。"子欲居九夷。或曰：'陋，如之何？'子曰：'君子居之，何陋之有？'"（《论语·子罕》）这句话中的"君子"似乎可作两种理解：一、君子是孔子本人，是孔子想去九夷，是孔子认为只要自己这样的君子在那里，简陋一点是无伤大雅的（再说君子还可以改善风气）；二、君子是九夷之人，因为九夷之地重视亲情、有仁者之风，只要有仁德风气醇厚，环境简陋一点也不要紧。两种观点似乎都能成立，当然常规多以前者为主。"君子居之，何陋之有"，首先看到，孔子既看到了环境又看到了人，当然视野比较完整全面，不是只讲环境而忽略人，也不是只讲人而无视环境；其次更要看到，孔子也不是对环境与人完全并列，而是认为人是主动的、主导的，只要人能立得住，环境不必太在意。如此，既讲环境的现实性，又讲人的主导性；既立足现实环境，又超越现实环境；既全面，又有侧重。由此就体现了孔子立足现实又超越现实，注重现实更注重仁德的健全、健康态度，这种态度也成了儒学甚至中国人的典型态度。

在孔子观点的基础上，孟子进而提出了"生于忧患"的观点。

"舜发于畎亩之中，傅说举于版筑之间，胶鬲举于鱼盐之中，管夷吾举于士，孙叔敖举于海，百里奚举于市。故天将降大任于斯人也，必先苦其心志，劳其筋骨，饿其体肤，空乏其身，行拂乱其所为，所以动心忍性，增益其所不能。人恒过，然后能改。困于心，衡于虑，而后作。征于色，发于声，而后喻。入则无法家拂士，出则无敌国外患者，国恒亡。然后知生于忧患而死于安乐也。"（《孟子·告子下》）

"人之有德慧术知者，恒存乎疢疾。独孤臣孽子，其操心也危，其虑患也深，故达。"（《孟子·告子上》）

首先，孟子列举了多个历史大人物，他们出身卑微、经历坎坷，最后都成就非凡，促使人们不能仅仅停留于表面和暂时来看待苦难，而应深入思考。其次，孟子增加了"天"的角度，不是就事论事来谈论苦难，而是从天的角度来看待苦难。直接来看，苦难当然给人以苦痛和磨难，谈不上快乐和希望，然而从天的角度，那又是天将要给人以大任的锻炼和契机。天对人训练很苦，但却使人的心志与筋骨得到锻炼，使人的心性得以改善、能力得以提升，使人合理思考、合理表达。最后，与常规讲顺境才好的观点相反，孟子指出国家往往在顺境中灭亡，人也会在安乐中死，但却可以在忧患中生存下来，甚至生存得很好。

常人多以苦难、患难为痛苦，不愿接受苦难、患难，往往逃避苦难、诅咒患难。但孟子没有顺着常人思维，孟子看出自然人有种种惰性，难以担当大任，故而苦难、患难对人的成长是有益处的，必须使人正面接受苦难、患难；不是逃避苦难、回避患难，而是接受苦难、正视患难，这是孟子的深刻之处。常人多是直接讲苦难、患难，往往看不出苦难、患难的合理性、必要性；但孟子增加了天的角度，让人跳出自我，从天的角度来看待苦难、患难，也就看到从人的全面发展、长远发展来说，苦难、患难真的有其必要。常人就是自然人，天的角度也就是社会人的角度；不是从人的角度而是从天的角度，不是从自然人而是从社会人的角度，让人承认苦难的合理性、接受患难的必要性，这是孟子的高明之处。由此，结论"生于忧患"或者"忧患生"就不难出现、不难接受了。所谓的"生于忧患"或"忧患生"，实际上是天假借给人以忧患、给人以锻炼，使人心智成熟，得以更好地生存与发展；实际上忧患是天化了装的祝福，是天给人的礼物。西方黑格尔讲"理性的技巧"中似乎有对人的玩弄摆布，而孟子提到的天将降大任，本质上是给人以锻炼成长。

孔子提到了环境，孟子提到了忧患。直观来看，环境简陋让人很不舒服，对君子、小人似乎都一样，忧患会使人濒临死亡，而非生存发展。常人遇到简陋环境和忧患往往一筹莫展，只叹命运的不济，但孔孟的深邃在于既直面简陋环境和忧患，又合理处理了简陋环境和忧患。即孔子不是直接讲环境，而是讲环境与人，孟子不是直接讲忧患，而是讲忧患与天，也就是孔子从人的角度来看待环境，孟子从天的角度来看待忧患，视角一变，满盘皆活。从人的角度，环境不再是冷冰冰的、不再那么强大，人可以超越环境、胜过环境；从天的角度，忧患不是痛苦而是锻炼，不是向死而是重生。直观来看，环境简陋应该抱怨，忧患会让人死亡，但经过天德洗礼的仁者，似乎完全变了，人会在简陋环境中挺立，会在忧患中越发生长。天德给了人信心，也给了人勇气；经过了忧患，人往往内在地感激着忧患、外在地渴盼着锥处囊中。从孔子的"何陋之有"到孟子的"忧患生"，前者似乎是环境简陋些也无关大局，多少有不在乎环境简陋之意，后者甚至有些期盼忧患之意，从不在乎简陋环境到期盼忧患，其间信心的增强与勇气的提升是不难看出的。孔子也讲过："岁寒，然后知松柏之后凋也"，艰苦环境可以检验出真正的仁者，这时还是检验，似乎还未谈及生存发展；孟子则讲"生于忧患"，忧患可以使仁者生存发展，这就比检验又进了一步。对于环境和忧患这极为现实又极为棘手的问题，一般人往往束手无策，孔孟以其哲人的深邃，在环境中加入了人、在忧患中加入了天，以人来看待环境、以天来看待忧患，从而使人得以挺立于环境中、生存于忧患中；环境没有把人淹没而是人胜过了环境、忧患没有使人死而使人生，挽狂澜于既倒、扶大厦于将倾，这种开端与结论的巨大反差是在孔孟努力下完成的，这也成为人们接受孔孟仁学的理由之一。

孔孟对待环境与忧患的认识多维地、深深地影响了中华文化。首先，它一扫儒学之外的其他学派对待环境与忧患的消极思想，使得儒学对待环境与忧患的积极思想成为主流；在环境与忧患问题上，儒学思想之所以胜过其他学派，实际上就是积极心态胜过消极心态，中华文化以儒学为主流就是最终选择了积极心态，这也使得中华文化虽历经磨难而屹立不倒，甚至历久弥新。其次，这种积极心态虽然是孔孟两位仁者所独创和坚持的，但经过传播而逐渐为更多人所接受，成为仁者们的共识，孔孟对待问题的积极心态也就成为仁者应具备的心态；它使得仁者们在遇到问题时不逃避、不回避、不妥协、不退让，也就是不丢失信心，正视问题、发挥自己潜能，努力寻找解决问题的恰当办法，以积极心态、大智大勇使得问题得以解决。最后，具体而言，孔子在面临环境与人时侧重于从人的角度来看待问题，侧重于调动人的积极态度，这种方式使得中国人往往淡化环境，特别是淡化恶劣环境，而更重视心在德性的提升。如刘禹锡《陋室铭》有："山不在高有仙则名，水不在深有龙则灵，斯是陋室，惟吾德馨。"这里已经不再刻意追求外在的山高、水深、豪宅，而是因有了内在因素而自信淡定。可以说，道德生活就是坦荡荡的生活，就是减法生活：有所不为，重视内在自然不计较外在，洒脱明白多了。如周敦颐《爱莲说》的"予独爱莲之出淤泥而不染"[①]，君子可以像莲花一样出淤泥而不染，形象有力地说明了君子立足环境而又超越环境的人生境界。淡化外在环境，注重内在心性的提升，在一定程度上符合了哲学的"内因是根据，外因是条件"。内因是根据，有内因就可以立足、甚至自足，外因只是参考条件，有之可以、无之也可以，有利可以、不利也可以；内因决定外因，外因通过内因可以起作用，通不过内因就不起作用。淡化环境还意味着淡化外在借口，从而更加注重内在心性的完善。如《荀子·解蔽》讲的："口可劫而使墨云，形可劫而使绌申，心不可劫而使易意，是之则受，非之则辞。"

---

① 周敦颐《爱莲说》："予独爱莲之出淤泥而不染，濯清涟而不妖，中通外直，不蔓不枝，香远益清，亭亭净植，可远观而不可亵玩焉。予谓菊，花之隐逸者也；牡丹，花之富贵者也；莲，花之君子者也！"

人面临不良环境似乎可以寻找借口与托词，但内在心性总使我们不找借口与托词，这也必然会使人尽量趋于完善。淡化环境还意味着淡化外在关系，使人更加强调自强、自立，如"流自己的汗，吃自己的饭，靠天靠地靠祖宗，不算是好汉"，这对于当下存在的"官二代""富二代"现象有其针对性。孟子以更高、更长远的视角来对待忧患、转变忧患的态度，也深深影响了中华文化。通俗的有"挑战就是机遇""自古英雄多磨难，从来纨绔少伟男"。系统的也有司马迁的《报任安书》："盖西伯举而演周易，仲尼厄而作春秋，屈原放逐乃赋离骚，左丘明失明厥有国语，孙子膑脚兵法修列，不韦迁蜀世传吕览，韩非囚秦说难孤愤，诗三百篇，大抵圣贤发愤之所作也。"无论是从天还是从历史，无论是从孟子还是从司马迁，中国人大都学会了在忧患①中看到希望、在苦难中看到成长，基调虽然是沉重的，步履虽然是缓慢的，但却是坚实的、有信心的。

在环境与忧患问题上，孔孟的努力使得中华文化成为进取的文化、有信心的文化，使之有资格立于世界文化之林②，完全可以与世界其他文化相媲美、交流，共同推动世界文化向前发展。

---

① 在孔孟影响下，常规多讲"忧患意识"，学者张灏又讲"幽暗意识"。

② 西方《圣经》中保罗有"那美好的仗我已经打过了，当跑的路我已经跑尽了，所信的道我已经守住了，从此以后，有公义的冠冕为我存留"。在外在有形冠冕之外增加内在无形的公义冠冕，以公义冠冕高于有形冠冕，由此增加了自信心，如此做法与孔孟有契合之处。

第三章　仁何为

对仁的知必然涉及对仁的行，从知到行，也就是从"何为仁"到"仁何为"的过程。其间，孔孟不但思考了"何为仁"，也关注了"仁何为"。

"仁何为"涉及为仁的方向、动力、方法、范围、过程、结果等众多方面，下面一一道来。

第一节　为仁的方向："为仁由己"与"求在我"

对仁的践行，即为仁，首先要确立为仁的方向。孔子讲"为仁由己"，孟子讲"求在我"。

"为仁由己，而由人乎哉？"（《论语·颜渊》）
"孟子曰：'求则得之，舍则失之，是求有益于得也，求在我者也。求之有道，得之有命，是求无益于得也，求在外者也。'"（《孟子·尽心上》）

从形式上说，孔子从己与人的角度讲为仁的方向，孟子从内与外的角度讲为仁的方向；孔子以设问的方式，孟子以肯定的方式；孔子似乎还有所疑惑，孟子则是断然肯定；孔子主要凸显为仁的方向，孟子不但凸显了为仁的方向，还提到了能否得到仁。当然，孔孟二人都是从比较的角度来谈仁，都是从二维对立的角度来谈仁。在方法上，后来孟子就假借孔子之口提出了"道二，仁与不仁而已矣"。

从义理上说，孔子所提到的"己"、孟子所提到的"我"，都不是自然意义上的"己"与"我"，而是社会意义上的"己"与"我"，是经过天德浸润、认同天德、以天德为旨归的"己"与"我"。也就是说，在天德之下，"己"与"我"是一致的；在方向上，天在内，以天德为旨归也就是向内求，"为仁由己"与"求在我"的实质就是"求在天"，"求在天"的实质就是"求在内"；在得到与否上，天德就是仁德，天不但赋予人最美好之仁，而且也完全让人可以求得到；就人而言，本质上人只能求天而不能求人、求内而不能求外，并且求在天、求在内完全可以解决问题。相对而言，人不应求人、求外，求人、求外在本质上并不能真正解决问题；求天是无条件的，求人是有条件的，求天必然能得到，求人未必能得到。天能给人最美好的方向，而人未必能保证如此，天始终能给人无穷动力，而人未必如此。求天、求内不但是唯一的，而且是完全有效的，有道君子为何不如此做呢？

孔子讲过："古之学者为己，今之学者为人。"（《论语·宪问》）这里不但提到古与今、为己与为人的不同，同时还意味着为己是正确的而为人是错误的，有道君子应该为己而非为人。孔子还讲过"我欲仁，斯仁至矣"，这里主体所欲、所想的是内在之仁，内在之仁是天之所赋予，所以一定可以说"斯仁至矣"；而如果所欲、所想的是外在地位富贵等，则未必能求得到。孔子还讲："求仁而得仁，又何怨？"（《论语·述而》）在孔子看来，内在求仁不但应该求，而且完全可以求得到，求得到就会内在心满意足 [1]，是不会有什么怨言的。

---

[1] 与之相关，魏晋时期的嵇康讲："足者不须外，不足者无外之不须也。无不须，故无往而不乏；无所须，故无适而不足。"（《答向子期难养生论》）

在此，作为道德主体，既应该内求，也可以内求，又完全可以求得到。也即道德之路不但是光明之路，而且是可行之路，有道君子不但可以志于此，还可以乐于此。

孟子不但在方向上列出了求在我与求在外、求在内与求在外，而且肯定求在我、求在内一定可以得到，而求在外未必可以得到；孟子还针对内在之天仁而言"求则得之，舍则失之"，他还假借孔子之口讲："操则存，舍则亡，出入无时，莫知其乡，其惟心之谓与。"（《孟子·告子上》）也就是说只要想求就可以求到，而不想求是一定不会得到的，其中当然含有内在之天仁让人追求，可以追求得到，也含有内在之天仁并非要附着人不可，或者说人追求内在高尚之时，内在之天仁会鼓励、支持人，但在人追求外在堕落之时，那是无关内在之天仁什么事的，也可以说明内在之天仁只鼓励、支持合理光明之事，不纵容、怂恿罪恶错误之事[①]。孟子讲："诚者，天之道也；思诚者，人之道也"（《孟子·离娄上》）；"尽其心者，知其性也；知其性，则知天矣"（《孟子·尽心上》）；"心之官则思，思则得之，不思则不得也。"（《孟子·告子上》）孟子在这里讲到了心、性、天的关系，指出了其关系的一致性，并且指出人可以知天（当然需要尽心）或者天愿意向人敞开；进一步还表明，人（心）的责任就是思天，也就是知天，并且一定可以思得到（知得到）；当然，在思到、知到之后，就是行的问题了。

质言之，孔子的"为仁由己"与孟子的"求在我"，实质上表明了道德仁学是内求之学，应该内求，也完全可以内求。并且也提到了道德仁学源于天、落实到人，内化为心性、展现为外在行动。求仁、

---

① 甚至说有些事未能当下遂人所愿或遂一部分所愿，对于人或人类也未必是坏事，也不能否认天的决定作用，如孟子称"吾之不遇鲁侯，天也，臧氏之子焉能使予不遇哉"（《孟子·梁惠王下》）。孟子此处当然不能说是臧仓起了决定作用，那就太看得起臧仓了，就只好说是天在起作用，但这又与天应支持合理之事不相协调。

得仁、行仁，就应该向内、向天，以此获得正确的方向、无尽的动力。

第二节 为仁的动力："内自省"与"集夜气"

道德仁学既然是内求之学，也就是向内而求。内是什么，在孔孟这里是有具体内容的，在孔子这里是"内自省"，在孟子这里就是"集夜气"。也就是说，在孔孟仁学这里，为仁的动力就具体表现为"内自省"和"集夜气"。

"子曰：'见贤思齐，见不贤而内自省也。'"（《论语·里仁》）

"子曰：'内省不疚，夫何忧何惧。'"（《论语·颜渊》）

"曾子曰：'吾日三省吾身，为人谋而不忠乎？与朋友交而不信乎？传不习乎？'"（《论语·学而》）

"夜气不足以存，则其违禽兽不远矣。"（《孟子·告子上》）

在西方文化中，先贤苏格拉底曾说过"认识你自己""未经反省的人生是不值得过的人生"。反思的结果不妨称为"有所为有所不为"，其有所为应与"知识即美德"有关，强调了知识的重要性；其"不为"应与"节制"有关。节制是西方美德之一[①]。与西方文化讲"认识自己"多于"反省自己"不同，中国文化讲"反省自己"往往多于"认识自己"。不同于西方文化偏重知识，中国文化更偏重道德的倾向。西方通过认识上帝来认识人自身，认识上帝成了人不断前进的动力；中国文化不是如此，人进步的主要动力在反省中，如"见贤思齐"和"见不贤而内自省"。换言之，在中国传统文化中，讲道德虽有外在批评，但道德自觉往往更重内求，这时的内求实质

---

① 如柏拉图讲四种美德：智慧和知识、勇敢、节制、正义。黑格尔. 哲学史讲演录（卷二）[M]. 北京：商务印书馆，1997：254.

就是孔子讲的内自省、反省、三省，在孟子这里又表现为"集夜气"。由此，孔子讲的"内自省"（反省、三省吾身）和孟子讲的"集夜气"就成为道德进步的主要动力。

在中国传统文化中的内自省，用最通俗的话说就是"扪心自问"（关键在"心"而不是"身"），是道德体系的重要内容。它反映了道德主体主动要求、严格要求，而非自私任性、自轻自贱的积极人生态度，体现了道德的自觉和主动，表现为时时审查自己以往或当下的言行是否符合道德的要求，以达到改过自新、不断提升的道德要求。道德人不是自然人，不是无所不为、无所不要、无所不用；道德人是社会的，有进亦有退、有为亦有不为、有取亦有舍（如发乎情，止乎礼）。内自省是道德体系的重要内容，是道德发挥作用的重要形式，是每个人成长过程中都应注意的重要议题。自省之后如果发现没有过错，可以阳光健康地继续生活；如果发现了错误，及时认真改正如同亡羊补牢还为时未晚。我们亦不妨说，正面上，内自省是健全成长、健康成长的助推剂，有之可以成己成人、成己成物；反面上，内自省是防止自私、阻止堕落的安全阀，无之自以为是、自私冷酷。可见内自省非常重要，其涉及面亦很多，下面从内自省的前提、主要特点、内容、方式、标准等方面多言几句。

内自省至少含有两个前提：一、虽然是自己反省、表面上是单个人，但这里的人实质上却是社会中的人，是希望通过个人的道德自觉反省以实现和谐良好的社会关系。其中，社会人、道德自觉、可以实现是需要思考的几个方面。就社会人而言，虽然人直接而言是具体的个人，但中国传统文化的主流（即儒学）经常是把人放在社会关系中来理解的，如让人思考人所面对的诸多道德关系、应尽的诸多道德义务，让人真切感受到社会道德的层层氛围，这时的人是典型的社会人。当单个人独处时，似乎可以说是脱离社会氛围了，但即使是单个人独处，儒家也提到了"慎独"，认为慎独不是封闭、孤独，不可放纵、任性；认为即使个体暂时在形式上脱离了社会的约束，但个体与社会道德理念之间的密切关系依然存有，甚至只有在"慎独"境况下才更能突显道德的重要特征（是真正的内在自觉还是虚假的外在做作），显然只有内在自觉才具有真正的道德意义，才能真正成就大写的人格。这样反而可以说"慎独"不是"断电""真空""自由区"，而是道德的"检查站""加油站"和"高速公路"（如道士在"闭关"中得到极大提高）。在西方，无人监督可能认为上帝仍在监督；在中国，无人监督则意味着对人的高度信任、对自己高度自觉，显然是很高的道德层次。可见，无论是慎独还是无人监督并不是脱离了社会可以肆无忌惮，而是主要地甚至完全地依靠内在高度自觉，而道德依然成立。如工厂能获得"免检"资格是建立在自我长期严格要求基础上的，是很难获得的资格；如现在很多大学生面临抄袭成灾的不良风气反而要求进行"无人监考"，就是在很大程度上检验自己在不良风气中是否还能坚持道德原则，这也可以说是"慎独"的一种特殊表现，是难能可贵的、自觉的道德行为，是值得鼓励和提倡的。二、反省不是总结自己的成绩、炫耀自己的成就，而主要是反省自己的言行是否违反了社会道德规范，即自己是否有过错。内自省当然是对以往或当下的言行进行反思总结，其中当然会有成绩，或许有些成绩还来之不易、具有重要意义，难免会高兴一阵、欣慰许久，这都是正常的、可以理解的，没有必要故意否认、故作清高（如当孔子的学生称赞他"圣""仁"时，孔子则回答"学而不厌、诲人不倦"，其中既没有受之坦然洋洋自得，也没有一概拒绝、断然否定，而是有所清醒、有所谦让，注重其中所做的实际工作而不注重外在评价）。反省虽涉及总结，但主要还是反省错误，反省如同违禁物品检查站，对于合格的东西一概放行，而对于违禁物品则严加盘查、不予放行；过关是正常的，没有必要自吹自擂、加以炫耀；而不过关则问题严重，要受到审查，直到改过为止。《大学》讲

"德润身"，俗话说没做亏心事不怕鬼叫门。这样我们在理解内自省这一概念时要求我们在提到自己的成绩、帮助、贡献时应该轻描淡写、一带而过（这类似道家提倡的"功成身退，天之道也"），而对自己出现的错误或给别人带来不利影响的失误、缺陷、错误应该加以重视、及时改正。过分重视成绩时难免骄傲自大、沾沾自喜、故步自封、前进动力不足，甚至可能功亏一篑、遗憾终身；只顾及自己难免封闭、狭隘、想当然，甚至严重影响了别人还自高自大、狂妄不已、铸成大错。反省过错时则可能认清差距、摆正位置、及时清醒、幡然悔悟、为时未晚。内自省的"反"除了具有反身之意，还应具有返回、退回、收回的意思，当犯了错误，尤其是伤害了别人时，赶紧后退、收敛尚有可挽回余地，而非狂妄自大、目无法纪，甚至将错就错、一错再错，终成害人害己、不可收拾的人间悲剧。人难免犯错，但对错误却可以有积极的、正面的态度。"君子之过也，如日月之食焉，过也，人皆见之；更也，人皆仰之。"（《论语·子张》）"不迁怒，不贰过。"（《论语·雍也》）有道德的人不是在消极地等待祸福的转化，更不是一味地推卸责任、推诿遮掩、百般狡辩，而是坦诚相见、真诚悔改、及时改正；虽然其错误已成事实，但真诚的态度与及时的言行仍可避免再犯类似的错误，会获得社会的必要谅解和正面评价；而无道德的人犯了错误也不及时认真承认，反而埋怨环境、迁怒他人以试图洗清自己，这表面上看似振振有词，还可能暂时通达，实际上这种将错就错、一错再错的行为已经是大错特错了，一定会引起天怒人怨、不容于天地的结果。内自省看似是自己的单方行为，实则始终指向和谐良好的人际关系，为和谐良好的人际关系留下足够空间；看似发生在当下，实则还向未来敞开，为社会的健康发展留下足够的可能；看似消极，实则是相当积极的态度，是对自己严要求、高要求的必然表现。或者说，失误、缺陷、错误经常是事实、在所难免，但是道德依然给我们指出了合理的出路与方向。

　　内自省的主要特点有：一、内自省反映了道德"内求"的重要特征。虽然"内求"与"外求"要相互结合、也可以相互结合，但就各自的侧重而言，与法律强调外在约束不同，"内求"是道德的突出特征。用哲学的话说就是"内因是根据""外因是条件"，用常规话可以理解为：强调内因就可以成立，只需要内因就足够了；与之相对的外因则是或有或无、可有可无，并且不影响内因的成立与足够。相对而言，内因可以说是"一"，外因可以说是"多"，加之"内因是根据"，由此可以说：在面临错误时，讲外因似乎可以"旁征博引""头头是道"，甚至还"理直气壮""义正词严"，然而讲内因一条就足以使人哑口无言、羞愧难当、无地自容（如 2010 年福建南平郑民生杀人案中他列举了诸多理由以显示自己的不幸，但就是没有列举自己是否真正做人端正、做事认真。如 2010 年药家鑫杀人案中诉说自己诸多压力，但不能解释自己是否就应将错就错、一错再错）。内因是根据，足以保证道德言行的合理展开；内因还可以保证道德行为的普遍化；内因还是可靠的、长久的。孟子曾经对比了泉水与雨水，他把有内在动因的行为称为"泉水"，把没有内在动因的行为称为"雨水"："源泉混混，不舍昼夜，盈科而后进，放乎四海。有本者如是，是之取尔。苟为无本，七八月之间雨集，沟浍皆盈，其涸也，可立而待也。"（《孟子·离娄下》）道德并非简单等于事实，而是在事实中褒扬价值；道德并不简单等于眼前的短暂，而是在其中寻求长久乃至永恒。[①] 而价值、永恒这些只有在内因中才能实现，并且必然实现，即只有内求才能实现道德普遍的永恒价值，才是有道君子采取的行为；与之相对，如果仅仅停留于外在的暂时浮华

---

　　① "作为特定的生命个体，人具有有限性，他所处的各种境域，也具有暂时性。然而，在体验中，时间往往超越了过去、现在、未来的分隔和界限，有限境域中的触发，可以使人感受无限；瞬间的领悟，可以使人领略永恒。"杨国荣．成己与成物：意义世界的生成 [M]．北京：人民出版社，2010：92.

或眼下暂时的雨水，似乎还可以沾沾自喜，然而终究要面临无意义的失望或必然的失败。类似的多角度比较可以使我们更为深入地思考和重视"内求"的沉稳，而非简单地流于"外在"的虚浮。"仁者如射，射者正己而后发；发而不中，不怨胜己者，反求诸己而已矣。"（《孟子·公孙丑上》）仁人君子并非空谈静坐、无所事事，也要进入日常生活。孟子通过射箭比赛来说明，在遇到问题时，不是舍弃内因反而去求外因，不是舍弃自己（的不足）反而去压制别人（的成绩）。因为即使暂时压制别人，也不会使自己的射箭技术得到真正提高、做到发而必中；反之，只要自己内求，就可以通过正当的途径实现美好的结果，从而皆大欢喜。孟子这个例子形象生动、深刻入理，使人受益良多。常规而言，道德要求上进，在上进的过程中，涉及上进的动力、自己的进步与他人的进步等问题。就上进动力而言，道德上进的动力虽然有时与外因有关，但外因也要转化为内因才可以（外因要通过内因才能起作用、外因有时通不过内因）。只有内因才会提供自觉自愿、无怨无悔、始终如一、稳定可靠的不竭动力，这样才有可能在漫长的道德实践过程中帮助我们最终实现理想；而短暂的外因往往难以胜任，故而我们要实现远大理想，推崇内求也是"不得已"的明智选择。如同用马拉火车不会走远，而火车自己驱动则跑得很远。在道德世界，内因还是鲜活的、生动的、富有生命力的，而外因则不免枯干、僵化、没有生气。生活中鲜花是富有生命力的，发出由内而外沁人心脾的香气，给人带来生机和活力；而假花看似不错，但由内而外的香气则是不会有的。更有甚者，如果过分重视外在或只重视外在而不讲求内在，出现"金玉其外，败絮其中"或"滥竽充数"之类的事情也是毫不奇怪的。重视内因一般不会出现弊端，强调外因则经常出现尴尬，有识之士不难做出选择。

内自省的特点之二涉及主动反省与被动反省，内自省形式上看似消极被动，实则是自觉主动的；或者说，即使有两种反省（主动的反省和被动的反省），但常规在讲内自省时往往更强调主动的反省。就被动反省而言，主要是指不是自己发现错误，而是别人发现并指出错误。在这时，不自觉的人可能遮掩推诿、矢口否认，甚至反唇相讥、怒目相向；而自觉的人则会坦然承认、道声感谢、认真及时改正。可见自觉的人与不自觉的人对待错误的态度是不同的，结果也就大相径庭。就自觉的人而言，虽然存有外在的被动反省的一面，然而另一方面，既然是真正道德自觉的人，被动反省虽时而有之，但主动反省则更为经常。因此在看到和重视外在被动反省的同时，更应该重视和突出主动反省，这样更能体现出道德重视自觉主动的特征。

什么是自觉主动？它何以如此重要？自觉主要体现了理性、理智的特点，当然也与情感、意志相连。常规经常讲知情意的结合，就一个人而言，当他在理智上理解、情感上认同、意志上坚韧几者相互结合时，就可以使之在道德旅途中坚定地走下去。我们不妨说，在知情意三者中，理性理解是方向，情感认同是润滑剂，坚定毅力是不懈动力，它们共同推动着道德主体坚定地、活泼地向前努力。当然，三者虽然不可完全分离，但在三者之中，理性、理智相对重要些。所谓觉，虽然包括外在的他觉和觉他，但我们常说的自觉主要还是说自己之觉（内在之觉、主动之觉）。如孔子讲"为仁由己，而由人乎哉"，是否成就理想人格完全是自己自觉自愿、必须自己选择的事，是他人强迫命令、代替不了的。通过这种非此即彼的方式，道德自觉的重要性、不可替代性就清晰地显现出来。孔子还讲"我欲仁，斯仁至矣"，这里不是说"自己想干什么就可以干什么"，而主要是体现道德主体在理性上已经完全理解作为人只有按照"仁"去做才有意义，自己会心甘情愿走在求仁为仁的道德之路上，终究会成就其理想人格。又如孔子还讲"君子求诸己，小人求诸人"，在成就道德人格上，君子既有道德自觉，又有坚定毅力，在遇到困难时主要靠自己来解决，虽经历磨难但终能成就理想人格；而小人则有所不同，或者没有道德自觉以至于被逼着去做难免流于做作，或者没有毅力以至于遇到困难就抱怨埋怨，自己不能很好地解决问题，虽然也勉强做了些事但难以成就真正的理想人格。在中国文化中，唐玄奘志向坚定，虽历经磨难而矢志不渝，终成正果，其自觉的态度、坚定的毅力为历代人们所称赞。在明清小说《西游记》所描述的唐玄奘西游的团队中，人们往往直观地看到并非常欣赏孙悟空的通天本领，但如果没有唐玄奘理性的方向、坚定的毅力，孙悟空的通天本领就如同无头的苍蝇，没有也不会干出真正有意义的事业来（孙悟空被压五行山之前闹天庭、地府、龙宫，说好听一点是锻炼本领为以后取经做准备，难听一点是他除了显示其本领闹来闹去之外并未做出什么非常合理的举动）。如此从团队整体来考虑，没有了理性、自觉的方向，其他什么本领、毅力都无法施展，也无用武之地。因此，理性、自觉作为方向应该更为重要。自觉往往体现为主动，是主动反省而不是被动反省；反省不是为了应付他人，不是糊弄他人或做个样子给他人看，而是对自己而言，是自己自觉自愿、心甘情愿，经常是默默无闻地进行的，即使没有他人发现或批评也会主动反省；这样的反省也必然是无功利的，不是好大喜功，即便不会带来利益，甚至明知要吃亏、要损失利益，也会进行反省；这样的反省也必然是时时的、经常性的，不是偶尔的头脑发热、虎头蛇尾、三天打鱼两天晒网，而是有条有理、有始有终、持之以恒的。道德的这种自觉主动体现了对自己和他人的尊重，体现了对过程与结果的合理认识，体现了对道义与功利的合理处理，没有道德的自觉主动，出现种种混乱是难以避免的。

内自省的特点之三在于反省不仅是自觉主动的行为，还是一种严要求、高要求。一般而言，自觉主动的行为往往就是严要求、高要求，二者有时可以等价、互换，否则这种自觉主动的意义就有所降低。这样笼统理解似乎不错，然而我们仍然可以继续追问几句：就内自省而言，自觉主动往往与理性、理智相关，也与行为有关；常规而言，知道就会做到、不知道就不应怪罪，如"人不知而不愠，不亦君子乎"（《论语·学而》）。然而深入思考一下，知道自己错了是否就能认真改正、及时改正呢？这也未必！现实中如扔垃圾、乱刻画、吐脏话、不排队等众多"小"不文明行为，如果对自己的道德要求不高，就会觉得这些虽然是错误，但危害很小、无所谓，芝麻绿豆大的事，何必这样斤斤计较？这是用数量掩盖了性质。道德先讲性质上的对与错、当为与不当为，错的事情如影响危害别人即便很小也不当为，应"有所不为"，如"勿以恶小而为之"关键在于"恶"，这是性质决定的；其次道德还是上升上进的，上升上进的基础是已经立足于正确开端之上，但也不是仅仅停留于良好开端就可以了，这就需要严于律己的高要求才能保证从不同方面不断完善和从不同层次不断进步。如"勿以善小而不为"即首先立足于善，表明开端尚且良好，但不能仅仅停留于良好开端，所有有利于不断完善的事情即便是微小之事也要尽力去做，如此才能不断完善、不断进步，而自由散漫的低要求显然是不能胜任的。现实中的诸多观点似乎表明道德只能在大事中才能显示出来，只能与经天纬地之类的大事业相联系，小事情是不配、不用谈道德的，这种观点显然是用数量掩盖了性质，是不成立的。在这种想当然的认识下改正错误的意志也是不强的，因此知道错了与认识到无论什么错误都应该认真及时改正之间未必完全等价（认识到应该完善进步与事实上的尽力完善进步也未必完全等价）。我们虽然见到些因无知而犯错的，但也不乏明知故犯、已知还犯的，这是仅仅用理性、理智难以应对的，这时就需要从道德的高要求、严要求角度来思考。如同千里之行始于足下、万丈高楼平地起，这种高大完美的道德形象需要平时一点一滴的积累与积聚，不管是正面的积累积聚还是反面的功亏一簣①，不管是"勿以善小而不为"还是"勿以恶小而为之"，先贤都注意到了没有平时的积累与注意，最后高大完美的道德形象只能是水中月、镜中花，像空中楼阁一样不会成为现实。现实地讲，我们一般都会有所经历，在做一件事情时即使是时时注意、处处小心，也很难保证不出漏洞；如果再马大哈、不在乎、想当然，其成功的概率也就微乎其微了。因此，只有高要求、严要求才能使我们尽量少犯错误或犯了错误及时改正，以使错误尽量少影响到我们前进的步伐，以使自己的道德理想尽快得以实现。儒学有很强的忧患意识，曾参曾引用过《诗经》中的"战战兢兢，如临深渊，如履薄冰"，把自己严谨谨慎、唯恐犯错的态度描述得非常形象。从形式上，似乎不管不顾才是"豪爽潇洒"，谨慎是"窝囊胆小"，其实非也。谨慎不是胆小怕事、畏首畏尾，而是提醒自己尽量少犯错误、不干扰别人的必然表现。孟子曾说过"人有不为也，而后可以有为"，少犯错误、不影响别人才可以使自己集中精力做好应该做的事情；否则四处张扬、无所顾忌，看似豪爽潇洒终则天怒人怨，也常会一事无成。严要求、高要求、尽量少犯错误、尽量不干扰别人，这看似消极，实则是做好积极事业的必要准备，它需要极坚定的立场和极顽强的毅力才能实现，在道德上大有作为者不可不三思而行。质言之，道德讲"不为"，是对于道德底线之下的事情不为；道德还讲提升进步，最后达到完美圆满；对道德底线之下的"不为"和道德底线之上的"无所不为"显然是相辅相成的，"不为"是为"无所不为"提供必要基础，"无所不为"是在"不为"的基础上不断趋向完美；当然，现实中哪些当为、哪些不当为，需要严格按照道德标准来审核。

还有，内自省不但与"一般"理性、理智有关，还与"内在"高要求、严要求有关，如在现实中知道自己错了是否就及时认真改

---

① 《孟子·尽心上》："有为者譬若掘井，掘井九仞而不及泉，犹为弃井也。"

正呢？那也未必！因为还有"从众心理"等问题，道德虽然是从一个个人出发的，但还受到公共环境的影响。如果自己对自己要求不高，即使知道自己犯了错误，但看到大家都麻木不仁、见怪不怪，恐怕及时认真改正的心情也会顿减，甚至荡然无存，并且还可能觉得大家都犯错时我也可以犯一下。这其实是相当可怕的事，甚至是最为可怕的事，因为人会逐渐失去认识错误、改正错误的动力，以至于虽然在理论上向往理想人格，但在现实中对错误逐渐麻木，最终销蚀掉了美好理想，岂不痛心哉！"君子之交淡如水，小人之甘若醴"（《庄子·山木》），君子之交虽淡却长久，并且有益无害；小人之交虽然有滋有味，却消磨了人的意志，经常害人不浅。对于恶，"非不能也，是不为也"是相当高尚的事，会让人鼓掌叫好、欣慰不已，而这不只是理智、理性就能解决的事，只能是对自己高要求、严要求的道德人才能做到的。对于善，"非不能也，是不为也"是相当遗憾的事，会让人扼腕伤心、痛心不已，我们不愿看到这样的悲剧。对于道德素质高的人，其"为"一般人赶不上，其"不为"一般人也赶不上；其"为"会让我们敬佩不已，其"不为"也会让我们肃然起敬。社会道德也涉及"从众心理"，传统的道德秩序相对缺乏平等意识，大体是少数人引导多数人，少数人素质较高、多数人素质较低，积极情况下少数素质较高的人可以把多数素质较低的人引导上道德之路；但消极情况下也要注意到多数素质较低的人现实中可能境界不高、对错误罪恶不敏感等，会产生消极氛围，如果不严要求、高要求，而是一味从众，则道德的提升性、进步性也就无从谈起（如同本想救落水之人反而被拉下水）。因此我们既不应无视社会舆论，也不应降低要求简单从众，其中的关键在于是否自己始终保持高要求、严要求。消极地说，如有些错误已经时过境迁，别人已经淡忘或有些错误按照一般社会标准可以获得别人谅解，这时即使别人原谅自己，而自己仍然对自己高要求、严要求、积极加以补偿，则会获得别人和社会的正面评价，产生良性循环。更进一步说，由于现实中会发生很多变化，人们对这些变化经常无奈、无力左右、习以为常，大多也接受了种种消极的现象，如富贵发达之后变心（如陈世美），虽然大家无奈接受、无言接受，但人们还是会对更为积极的"不为"（贫贱之交不能忘，糟糠之妻不下堂）表示出欣赏和赞美。因为大家都知道，这时的"不为"或"未为"没有以自我为中心、以当下为取舍，一定是承受了很多委屈、付出了很多牺牲的。常规而言，不为、不要、说不似乎是消极的，但在道德方面实质上还有其积极的一面，这需要引起我们的深思。如在《两小儿辩日》的寓言故事中，面对两小儿的故意刁难，一般人可能早就不耐烦、不屑一顾，勃然大怒也是可能的，但孔子依然认真听完，诚恳表示不懂："知之为知之，不知为不知，是知也。"在这则寓言故事中，我们虽看到了两小儿的聪明机灵、暂时胜利，但更看到了孔子的"为"与"不为"。孔子的"为"（知识广博）早已为我们常人不及，孔子的"不为"（谦逊、不知为不知）亦为我们常人所不及，如果我们仅仅停留于两小儿"聪明机灵"的暂时胜利上，而看不到孔子"不知为不知"的永远进取，那么孔子日进、两小儿日退，其间的差距也就越来越大了。孔子之所以被称为圣人，一是当下而言孔子已经拥有渊博的知识，远超过常人，这时人们自然应当称其为圣人；二是就趋势而言，虽然当下而言孔子的知识未必是无所不知，如两小儿在特定知识上亦可超过他，但就趋势而言，孔子虽然有所不足但始终在谦虚承认、不断进取中。就这种趋势而言，这也是孔子被称为圣人的原因之一，并且就这一趋势而言，两小儿虽然在某个方面超过了孔子，但他们的沾沾自喜、骄傲自满使得他们不再进取，反而就没有什么可以称道的了。

积极地说，如学校和社会在洪战辉困难时给予了捐助，但洪战辉或是拒绝或是转而捐给他人或社会，宁愿靠艰苦打工来养活自己。

短暂而言，学校和社会的捐助可以帮助他渡过难关，完全可以受之坦然，但洪战辉宁愿靠自己更为艰苦的打工来生活，也不愿意接受捐助。长远来看，这是默默接受现实对自己意志力的挑战，对自己的长远发展是极为难得的经历，可以说是把苦难当作了成长的台阶（很符合孟子"苦其心志，劳其筋骨，饿其体肤，空乏其身，行拂乱其所为，所以动心忍性，增益其所不能"）。在洪战辉与社会这里没有谁对谁错的问题，可以说两者都没有错，用对与错的方式来解释太消极了。社会虽存在消极的一面，但还有积极的一面；社会虽存有一般道德标准，但还存有相当高的道德标准。洪战辉对自己的这种积极要求显然不是消极要求，对自己的高要求、严要求显然超出了社会的一般标准，显然这种积极要求、高要求、严要求是会对社会道德产生相当大提升的。又如河南焦作煤矿工人谢延信在妻子离世后依然不离不弃、无怨无悔地照顾有困难、已成负担的妻子家属，按照一般社会标准，妻子去世后他可以离开，人们也可以理解、无可厚非，但他"不离不弃"、依然如故地照顾妻子的家人显示了很高的道德境界。不离不弃显示出对自己高要求、严要求、对自己克制和对他人负责任的、超出一般道德标准的高标准，是积极的人生态度，是良性社会秩序的代表。可见，自觉主动去做包括按照一般标准去做和按照高标准去做，按照道德一般标准去做是常态，是可以理解和接受的；按照道德高标准去做的相对较少，但道德并不仅仅表现为数量上的多与少，而是体现为性质上的高与低，人们希望用高尚的、积极的人生去引导人。这种高标准可能会超过甚至远远超过常规，它虽然在数量上似乎曲高和寡，有时还有些不可思议，但它在实质上合乎了、带领了道德不断进取、上升的方向，反而是社会道德进步不可缺少的道德标杆。现实中，高标准可能较少，但它的引导之功并不因为少而逊色、褪色。高标准对人的提升作用虽然是有限的，但肯定是存在的。可以说，对道德的高要求、严要求是与道德自觉主动既有所区别，又与道德自觉主动相辅相成，共同组成道德体系的重要一环，对它进行关注和思考是道德细化的必要步骤，可以解决很多看似复杂棘手的道德问题。

内自省的内容就是反省自己的言行是否符合道德标准、是否是积极向上的价值取向。如孔子说："见贤思齐，见不贤而内自省也"（《论语·里仁》）；"三人行，必有我师焉，择其善者而从之，其不善者而改之。"（《论语·述而》）现实中总是鱼龙混杂、良莠不齐，有贤有不贤、有善有不善，一般人对自己要求不高、不反省，经常以自我为中心，由着自己的私心去嫉妒贤者、善者，嘲讽不贤者、不善者。这样似乎显示了自我的态度，显示出自己对强者的"好强"和"不甘心"，似乎是希望上进的；显示了对弱者的优越，似乎是贬低落后的。但这种以自我为中心而不是以道德为中心的心态，最后导致的结果必然是对己、对人都不利。因为自己虽然看到了贤者、善者的领先，但在不反省自己的条件下找不到进步的动力，也就流于感叹；自己对弱者的优越还让其洋洋自得，也不会再进步，从而出现"比上不足，比下有余"的尴尬状态，这实在是看似聪明而实则糊涂的事情。不反省自己，找不到原因、动力和方向，人生就只剩下了徒呼奈何，了此一生，岂不尴尬、可怜。孔子不是见贤、见善而嫉妒，见不贤、不善而嘲讽，而是以人为镜、及时反省，努力向积极方向学习、及时发现错误改过自新，这当然是内心自觉主动、高标准严标准才能做到的，也进一步丰富、强化了自己积极向上的人生观，进入了道德良性循环之途。随着时间的流逝，一般人和孔子的差距越来越大，似乎天上地下般遥不可及，而思考其源头我们会发现原本并没有那么大的差距，真是差之毫厘、谬以千里，有作为的年轻人岂能不留心？就见贤思齐和见不贤内自省而言，在历史与现实中往往对后者相对较为注重，似乎主体可以见不贤而内自省，尚能体现出主动性，与道德强调自觉主动、改过自新关系较密切，道德教育中对之也强调较多，这自然是必要的、合理的；然而我们也应看到，我们最终要以道德为中心，而不是以哪一个"我"为中心，别人并不仅仅是我们反省的被动镜子、思过的消极例子，他们也具有独立性、积极方面，对之承认、学习也是重要的，甚至可以说大方承认、认真学习别人的长处显示了更为克制、开放、平等、积极的态度，这种态度如果说在自己领先时尚不突出的话，在别人领先时就很有针对性了。事实上，在较为平等的立场上，孔子的"见贤思齐"和"见不贤而内自省"才有可能呈现出立体的、互动的可能。因此，我们在传统角度经常提倡"自立立人"的同时，也要在现代视野中逐渐地学会多讲别人也会"自立立人"（事实上的"自立立我"），这种合理态度在逐渐走向平等、走向开放、走向尊重、走向欣赏的现代社会更应加以鼓励和提倡。如我们经常讲性善论，似乎别人只是我们启发教育的对象，但也要注意孔子的"性相近"，其中的平等性是我们应该逐渐加以注重的优秀资源。还有有克制才会有感恩，克制使得两者相对独立，自己不是别人的玩物，别人也不是自己的工具；如此只要别人给你帮助，哪怕只有一件帮助，也应感恩；否则没有克制，就会以自己为中心，觉得自己对不起别人是小问题，而别人对不起自己是大问题；或者别人给我们做了99件，只有一件未做到，我们便翻脸，实在是既不妥当又不应该的。简言之，克制使自己的膨胀之心得到控制，使别人不成为自己的玩物，为良好人际关系打下了坚实基础。

《论语·学而》中，曾子说："吾日三省吾身：为人谋而不忠乎？与朋友交而不信乎？传不习乎？"三省吾身可能是三次，更可能是多次，反省内容包括了为人做事是否尽职尽责（类似于亚里士多德说的万物各自的德性）、与人交往是否诚信、文化经典是否认真学习，可能还会有其他内容。在其中，我们看到了克制而非放任，高要求而非想当然的人生态度。孔子与曾子大体可以说是主动反省，在没有遇到别人批评指责时主动反省自己的过失。反省包括主动反省和被动反省，也会面临合理批评和无端指责。对于合理批评当然应该心悦诚服、表示感谢、立即改过，但当遇到别人无端的批评指责时怎么办？孔子讲："内省不疚，夫何忧何惧？"《孟子·离娄下》有："仁者爱人，有礼者敬人。爱人者人恒爱之；敬人者，人恒敬之。有人于此，其待我以横逆，则君子必自反也；我必不仁也，必无礼也，此物奚宜至哉？其自反而仁矣，自反而有礼矣，其横逆由是也，君子必自反也；我必不忠。自反而忠矣，其横逆由是也，君子曰：此亦妄人也已矣，如此则与禽兽奚择哉？与禽兽又何难焉？"孟子也看到了社会中应该是互敬互爱、有爱有敬的，但也有可能会遇到无端指责（横逆），这时君子要进行两方面的反省：一是自己是否内在地合乎道德规范（自反而仁、自反而有礼），即自身是否无可指责；二是自己是否外在地合乎道德规范（自反而忠），即在履行社会义务时是否无可指责。如果自己内与外都无可指责，孟子认为："此亦妄人也已矣，如此则与禽兽奚择哉"，显示出孟子不可冒犯的冷峻性格。

反思包括自己与道义、自己与他人。在自己与他人的关系上，孔子讲"以直报怨"，以直报怨不是"以怨抱怨"（当然也不是"以德报怨"），不是与其一起抱怨，更不是比其更抱怨，而是对别人有一定克制、节制、肚量。以原则为底线，别人抱怨、自己还坚持原则，这也是严于律己的高标准的必要表现。同时，也不是一味迎合恶人或拿恶人没办法，而是止于原则，自己不是不亏欠别人而是不亏欠道义原则，或只对道义原则负责而不对恶人负责，即便这时恶人还在纠缠，但自己已经淡然淡定并不慌乱了。"以直报怨"似乎不是最高、不是完美、没有完全改变现实，但"以直报怨"的确是立足现实又有所超越，是以道义为标准，所以仍然是道德，是可以操作的、现实的道德。在自己与道义，也即一个人独处时，"内省不疚，夫何忧何惧"。不受道义的谴责和良心的拷问，也就无忧无惧。当然"内省不疚"也可以指向自己与他人，这时"内省不疚"意味着在面临别人批评（甚至无端指责）时只要自己内心真的无过错，也就心安理得（无忧无惧），并不反唇相讥、冷脸相向。怀有恶心无端指责别人以至于受到别人的强烈反击，的确有些咎由自取。进一步，孟子也是进行了反省，发现自己里里外外真的没有过错时才进行了反击，这样做有理有节，当然并不算错；并且每个人个性不一，反应虽有些差异，但只要是道德范围允许之内都可接受。相对而言，孔子在反省之后就心安理得，并不反唇相讥、冷脸相向，相对温和些、宽容些，自己风度较高，给别人留的余地也较大。通过这两段大体可见，孔子对现实（贤与不贤、善与不善）有所选择，见不贤、不善不是嘲笑，而是反省自己，这就超过一般人。孔子主动反省，孟子被动反省；孔子只是正面反省，孟子还有反面反击；孔子宽容度较大，孟子稍显严厉。就立体的、复合的严于律己、宽以待人而言，如果说孔孟都严于律己的话，则可以说孔子在宽以待人上做得相对更好些；说孔子是谦谦君子，而孟子是严厉的大丈夫，不是没有道理的。

内自省的方式：在道德标准前敲打、拷问自己。对于一个自觉的人，道德标准可以简化为内在良心，内自省即是在良心前拷问自己。在常规条件下，人是处在社会诸多条件、环境之中，如人常讲"人在江湖身不由己"，似乎有种种不行道德的具体借口，似乎自己完全失去了自觉主动的能力；然而另一方面，道德虽然涉及诸多外在因素，但其主要性质还是由其内在因素所决定，正所谓"事在人为""为仁由己"。"内因是根据"，内心起决定作用，而内因是自己可以决定的，由此可见，简单地讲"身不由己"有些以偏概全，是不能成立的。从根本上说，反省是自己在反省，是其他任何人都替代不了的；反省是内在的，是外在替代不了的。

对于反省方式，孟子曾经思考过，他提出了"集义""集夜气"的方式。所谓"集夜气"就是在夜半之时，把自己白天的言行完全置于良心之下、受到良心的审查，合乎道德的顺利通过、得到正面的评价，不合乎道德的则受到良心的谴责。这里要求"夜半"之时，显然这时所谓的性别、年龄、身份、地位、财富、学历、关系等诸多外在因素全部都被忽略了、都不起作用了，显示出外在因素的相对性和不可靠，而只有内心的良心是唯一的、最高的裁判者；在诸多外在借口被抛弃之后，任何错误也就无可逃遁，任何的辩解也就显得苍白无力。孟子的这种反省是强有力的、无人逃脱、无可推诿的，他利用了夜半这一特殊时间剥夺了所有外在借口，让人们直奔主题、拷问心灵；在心灵面前只有正确与错误、肯定与批评，并且虽然看似两条路、两种选择，实则错误与批评是行不通的，这样就使犯错误的人不得不认错、改错、归向正确以获得通过。孟子的良苦用心实在是值得我们敬佩。

内自省的标准是慊于心。内自省的方式同时揭示了反省的标准是慊于心，即合乎内在良心。表面上是两种情况：可以合乎内在良心，也可以不合乎内在良心。但只有合乎内在良心才可以通过，所以实质上只有一种情况：合乎内在良心。合乎良心往往表现在对事与对人上。

在对事上，"行有不慊于心，则馁矣"（《孟子·公孙丑上》）。孟子指出外在行动并不具有真正独立性，要受到内在良心的审查，经过内在良心审查合格了才具有意义、才可以畅行无阻，而不通过审查则行动不具有意义，要受到批评；在此，内在良心即便不是所有外在行动的原因（有些行动可能由于环境、偶然因素而发生），但内在良心却一定是最高和最终的审查，如同高速公路上的检查站、收费站，不管来向与去向都要经过检查站、收费站，只有合格的才放行。有时难免有人说"做好人有什么用""我做好事也没有给我奖励"，如此疑问使其在做好事时往往渴求外在结果，甚至是额外结果。其实做好事时"出于"应该，是一种使命，应该、使命具有单向性、被动性，双向与互动暂时还不涉及，或者说一上来就要求结果是不对的，结果是自然的而不是强求的。再者，做好事未必要有外在结果，但一定有内在结果，即做好事一定行得通，而做坏事一定行不通（这里不是指表面上，而是指内在良心这里通不过）；由于内在良心是真正的审查站，做好事一定可以通得过、做坏事一定通不过，相对于通不过被阻挡，通得过已经是顺利放行、得其所哉了，还要什么？如果因为通得过再要额外结果如同通过审查站再要个奖状一样，实在有些变味。

在对人上，"自反而不缩，虽褐宽博，吾不惴焉；自反而缩，虽千万人，吾往矣"（《孟子·公孙丑上》）。在此，在与人交往上，不管对方是一人还是千万人，不管对方是外在贫贱还是外在富贵，内在良心都是最终的审查者、推动者，标准就是必须通过内在良心审查；如果（自己之于对方的言行）没有通过内在良心审查，即便对方是一个人，是外在贫贱（或者对方在外在形式上低于自己），内在良心也会催促自己反省道歉，向他学习；而如果（自己之于对方的言行）通过了内在良心的审查，即便对方是千万人，是外在富贵（或者对方在外在形式上高于自己），内在良心也会鼓励自己坦然无畏面对。表面上是因为外在因素而起，其实是内在良心最终决定；表面上在变化不定，其实标准始终稳定；表面上或惴惴不安或坦然无畏，其实本应该也能够坦然无畏；表面上是应接不暇，其实可以淡然淡定（所谓不管外在如何千变万化，我有一定之规，以一执万、以一胜万）。还有，此处暗含的背景是自己会反省，对方（不管是一人还是千万人，不管是贫贱还是富贵）也会反省，内在良心不但是自己也是所有人的最终审查者、推动者。总之，不管是对事还是对人，不管暂时表面上如何言行，最终都要经过良心永恒的内在审查，内在良心虽未必显于外在形式、贯于始终，但定然是最终、最高审查者。

内自省的结果：在关系上，对自己而言"不忧"、对别人而言"远怨"。所谓的"忧"多表现在地位上、财物上患得患失；而仁者自己进取不已，无论见贤还是见不贤都会从中受益，仁者以内在道德为根本，对外在财物既不缺乏也不计较，总之仁者"不忧"。所谓"远怨"，因为仁者自己正道直行不会败坏社会风气，并且仁者经常是领先者，不但没有无视、歧视后进者，还关心、关爱后进者，也就"远怨"甚至还有赞誉。孟子讲"仁者无敌"至少可做两种理解：对别人而言，仁者关爱别人、奉献社会，不与人为敌，还会有真正的敌人么？对自己而言，仁者重在内求而不重外求，严于律己、宽以待人，这种方式是正确的、无敌的。简言之，对人而言，仁者不与人为敌，对自己而言，仁者方式是无敌的。还有，常见的"君子坦荡荡，小人长戚戚"（《论语·述而》）不妨倒过来改为"坦荡荡则君子，长戚戚则小人"，君子既生存于现实又合乎道义，既自己进取又与人为善，肯定是阳光的、坦荡荡的；而小人自以为聪明或做得神不知鬼不觉，这种想当然的自视甚高（其实自己也不比别人聪明，别人也不比我们愚蠢）已经把自己放到了非常愚蠢、必定被动的立场上。再者，既然自视甚高、自作聪明，为什么还怕见人，见了人还顾左右而言他呢？无非是怕别人知道后东窗事发，生活在集体中却自视甚高、生活于现实中却害怕见人，如此进退失据、左右为难不把自己折腾成常戚戚才怪呢！进一步，仁者不但"不忧""坦荡荡"，还会体会到做人的生存之乐，孔子的"发愤忘食，乐以忘忧，不知老之将至""闻韶三月不知肉味""饭疏食饮水，曲肱而枕之，乐亦在其中矣""不义而富且贵,于我如浮云""吾与点也"，孟子的"反身而诚，乐莫大焉""仰不愧于天，俯不愧于人"，孔孟把自己置于天地之间、道义之中，如此生存得明白通透、豁达洒脱，"仁者寿"不是没有道理的。此外，如作进一步延伸，可以看到孟子在反省之后提出"集义"而生浩然正气。在浩然正气这里，人不是普通生物，人可以产生浩然正气，浩然正气使人真正挺立于世、与天地相参，这就使仁者有始有终、有里有外，成为天地间大写的人、真正的人。人原来应该这样生存，也完全可以这样生存，志于仁，此生不虚！仁者"不忧"（内在）、"远怨"（外在）、坦荡荡、体会到生存之乐，仁者也就长寿。

仁者不但有自身之乐，还有自然而然的副产品——气。气在孟子这里不是任意的气，而是伴随（志、义）的浩然之气；常规所言之气并不一定"正"，也不一定浩然（如邪气）。如果出于道义做事情，即会产生"正"气，如果一直出于道义做事情，就会产生"浩然"正气，即不但要讲气在性质上之"正"，也要讲量上之"浩然"；如出于道义做事情会"士气高昂""凛然正气"，而作奸犯科会垂头丧气、泄气；加之在孟子这里，天与道义相关，当然只有出于道义做事及其产生的"正"气才有资格存留于天地之间（"塞于天地之间"），作奸犯科不会产生"正"气，更遑论什么存留于天地之间了（如果非说有，其丧气、泄气说明只能作为反面例证）。气虽然不是义、气与义为二，但气却是义自然而然的副产品^①（孟子所言"直养而无害""集义所生者，非义袭而取之也"）；气在来源上不可能是别的（如不义）的副产品，或者说，虽然不义也渴望"气"，甚至更渴望"气"，但却根本不能得到"气"的青睐；而"义"并未"求"气，"气"却甘心追随，如孟子所言"志至焉，气次焉"，如同做好事自然有好名声，而作奸犯科还想要好名声无异于缘木求鱼、南辕北辙；不妨说外在的"气"有其标准且只有一个标准（即内在的义、志），一旦得到了就无怨无悔不再变化。我们常说气质，是"质"与"气"相互交融，实质就是内在的"质"与外在的"气"的结合，虽然表面上显现的是"气"，其实根本作用的是内在的"质"。我们常说的"浩然正气"，其实也是"正"与"气"的结合，"正"也就是内在的仁义。

---

① 我们此处说气是义的副产品，常规说气是义的辅助（如赵岐、程颐），这并不冲突；即便说气是义的辅助，也是如同在水中的冰山，露出水面的部分是很小的，主要部分在水面以下，即气只是很小很少的部分，主要部分还是义。还有，气和义（志）的关系似乎用影子和身体的比喻来说明更好些。

当然，要获得"气"也需要其他条件，如"必有事焉而勿正"（要有正经事做，不能空谈空想，也不能过于期待结果）、"心勿忘，勿助长"（不能不做事，也不能拔苗助长有意为之，要依照事物自身规律自然而然）。简言之，就人而言，或许有人以为"气"不"气"的无所谓，从而不求气；也有人想求"气"却不得要领的。他们以为做什么事情都会有气，或未做事情就想得到气，或只做了一点事情就想得到浩然之气，或做了事情就一定要得到气。但只有以内在的"义"为根本，在"义"的指导统帅下，如何求气、如何得气才能得其所哉。因此，根本就在于全面而深刻地立于"义"："气"只会伴随"义"，不会伴随"不义"，要想获得"气"只能走上"义"路，此外别无他途；气与义不可分（如影随形），但"气"并不是"义"，"气"与"义"的地位不同（义为主，而气为辅），先后顺序不同（先有义，再有气），有了内在之"义"才有由内而外的"气"，有了内在之"义"一定会有由内而外的"气"；单独求"气"是不可能的，"气"是伴随"义"顺理成章地无条件出现的。如"天何言哉""大爱无言""春风化雨，润物无声""桃李不言，下自成蹊""腹有诗书气自华"，如此才能"不求名而名自扬"，或如孔子所说"其身正，不令而行"，或如孟子所说"四体不言而喻"。

结合孟子的"浩然之气"与前面的"有所不为，而后可以有为"可知，为了确立内在"心"之大体的地位，一定要"有所不为"；在确立了内在"心"为大体并为之不已之后，"气"作为外在者反而自然而然地出现了，这既是内在"心"的自然流露，也是其外在补充。如此"不为外在——树立大体且为之不已——外在自然出现"，仿佛是个循环，其实是个上升的螺旋。如此，外在之气的出现使得内在与外在不再是起初的想当然地合一，而是明白地在道义基础上真正地、永恒地合一；人人都希望有（外在的）气，然而获得（外在）气的关键竟然是区分内外、牢牢抓住内在并为之不已，直接求"气"

不可能求得，而（内在做到了）不求"气"而"气"反而自动来到、自动实现。真正渴求气者，不可不三思而行之。

就中西而言，西方讲人要独立地也是孤独地面对上帝，从上帝中寻得真正安慰与动力，在中国则不尽然。孟子把心与天相连，提出了"思诚"和"天爵"的概念。"诚者，天之道也；思诚者，人之道也。"（《孟子·离娄上》）"有天爵者，有人爵者。仁义忠信，乐善不倦，此天爵也；公卿大夫，此人爵也。古之人修其天爵而人爵从之。今之人，修其天爵以要人爵。既得人爵而弃其天爵，则惑之甚者也，终亦必亡而已矣。"（《孟子·告子上》）孟子认为天之道在于"诚"，人要效法天，思考诚并践行诚（天是什么呢？在孟子这里，实际上也就是道德规范，如仁义忠信）。孟子认为人们合理的行为应该先思考、践行道德，然后就会自然获得相应利益，从而实现道德与利益的双丰收；有些人思想混乱、本末倒置，竟然把道德作为敲门砖，在利用道德之名获得利益之后就抛弃道德，实在是非常糊涂，因为不按照道德而来的利益终究也是保不住的（以道德为功利的敲门砖，在孟子看来简直是糊涂透顶，用孔子的话讲就是朽木不可雕）。他还提到外在的利益是可予可夺的，而内在道德则是不可夺的，如此斤斤计较于外在可夺的利益，而不追求内在不可夺的、永恒的道德实在是不太明智。"欲贵者，人之同心也。人人有贵于己者，弗思耳矣。人知所贵者，非良贵也。赵孟之所贵，赵孟能贱之。《诗》云：'既醉以酒既饱以德。'言饱乎仁义也，所以不愿人之膏粱之味也，令闻广誉施于身，所以不愿人之文绣也。"（《孟子·告子上》）从这几个角度可以说，孟子把道德与心相连，与内在、天相连，以为"天"的本质是内在之"诚"、人也应该按照内在之"诚"去做，说明只有内在的良心才具有实质的终极意义，只有它才能让人得到安慰、释放、平安、喜乐；而内自省就是借助于树立良心、拷问良心来让道德发现和发挥作用，从而推动道德主体在为仁之途上不断前进。

第三节 仁者的视野："博施济众"与
"亲亲而仁民""仁民而爱物"

仁者内求、内自省，以使主体不断提升、完善；然而，仁者爱人，不能仅仅停留于主体自身，还应有着广阔的视野。

"子贡曰：'如有博施于民而能济众，何如？可谓仁乎？'子曰：'何事于仁，必也圣乎？尧舜其犹病诸！'"（《论语·雍也》）

"子路问君子。子曰：'修己以敬。'曰：'如斯而已乎？'曰：'修己以安人。'曰：'如斯而已乎？'曰：'修己以安百姓。修己以安百姓，尧舜其犹病诸？'"（《论语·宪问》）

当子贡询问孔子博施济众是否为仁时，孔子认为博施济众超过了仁。当子路问君子何为时，孔子指出要修己以敬、修己以安人，甚至修己以安百姓。这也提出了儒学的群己关系，提出了儒学在群己关系上的基本立场。其中不难看到：一者，孔子认为仁者的视野是广阔的、开放的，仁者虽然修己、修身，但仁者并不能止于自身，还要看到他人、群体，或者说他人、群体也应纳入仁者的视野之内，这体现了典型的儒学视野。其他如道家虽然也讲修身，但其修身既不像儒学更侧重于修心，也不能超越自身而顾及他人、群体；因此，后来的韩愈就称儒学为"公"而道家为"私"，应该说韩愈的分析是很有见地的。正是仁者不但要修己、修身，还要顾及他人、群体，所以仁者是任重而道远的。如果仁者如同道家一样只顾自己，经过自己的努力就有可能实现，也有可能当下实现；如果还要顾及他人，那么群体就是经过自己的努力未必能实现，并且很难当下实现。这似乎是费力不讨好的差事、力所不能及的任务，似乎完全没有必要，然而这样才能体现仁者超越自我的、负责任的主人翁态度，这样才能真正建构和谐共进的社会。质言之，仁者有信念、能力，能不断完善自己；并且仁者也有抱负，希望把自己的合理之处推广出来，希望大家能与自己一同进步，希望建立一个和谐共进的社会，这样的抱负不但是高尚的、健康的，也是可行的。二者，在群己关系中，儒学关注自我但不是以自我为中心，推的是仁爱美好，是人性中的光辉之处，由此才能有望建立一个和谐共进的社会。法家也关注群己关系，但却以自己为中心，关注了人性中的阴暗恶劣之处，由此建立的社会难免是自私紧张的社会。儒学的提升自我奉献社会，与人分享和谐共进，宽容大度其乐融融，这种氛围在法家社会是难以想象的。人类要想建立美好社会，法家理论及其实践就是一种必要借鉴，儒学理论及其实践就是一种重要途径。三者，孔子还指出了这种群己关系的美好是很难达到、无止境的。这里的很难达到不是让人放弃，而是让人不骄傲轻视，这里的无止境不是让人看不到希望，而是让人不骄傲自满，总之就是让人更为谦虚、不断进步。质言之，相比而言，道家修身而不顾人可以说是修己而不推己，儒学则可以说是既修己又推己；法家虽然顾人却不以仁爱待人可以说是推劣而不推优，儒学顾人又以仁爱待人可以说是推己并且推优。道家修己而不推己，自然在范围上有所局限，儒学推己及人自然在范围上要广阔得多；法家推劣而不推优，在性质上与真正建立和谐共进的美好社会基本上是南辕北辙，儒学推优，在性质上就是走在和谐共进的美好之途上。

孔子这种修己助人，以群己关系为己任，把自我与他人、社会结合起来的立场成为儒学的基本立场，这一基本立场在孟子这里得到了继承和发展。

"孟子曰：'君子之于物也，爱之而弗仁；于民也，仁之而弗亲。

亲亲而仁民，仁民而爱物。'"（《孟子·尽心上》）

"诚者，非自成己而已也，所以成物也。成己，仁也；成物，知也。性之德，合内外之道也。"（《礼记·中庸》）

"子钓而不纲，弋不射宿。"（《论语·述而》）

孔子讲了人与人之间的关系，孟子当然不会反对，孟子又增加了人与物的关系，这使得儒学立场进一步完整、仁者的视野进一步开阔。一方面，儒学为了凸显人之为人的本质，需要区分人与物，这时人是凸显出来了，但难免于物有些不顾；另一方面，人之本质凸显之后，人不但有高于物的一面，还有爱物的一面，如同天不但高于人也爱人。这样，人不但高于物也爱物，这样才构成了儒学人与物关系的完整立场。如果只讲人高于物而不讲人爱物，那难免有虐待动物的嫌疑；如果只讲人爱物而不讲人高于物，那难以与道家划清界限。如果说孔子关注人与人、比较好地解决了人与人的关系，那么可以说孟子关注了人与物、比较好地解决了人与物的关系，这样孔孟就比较完整地解决了人与人之外的关系，也就是"成己"与"成物"的关系，也就是宽泛意义上的群己关系。孔孟的视野虽有所扩展，但其实质立场没变，都是以仁爱待之，是希望和谐共处。孔孟的立场基本上奠定了儒学在人与人、人与物关系上的基本立场，后来张载提出了"民胞物与"，要求视民众为同胞、与万物共同生长，其宽阔的视野、仁爱的基调显然与孔孟一脉相承。当然，孔子关注人与人的关系，并非不关注人与物的关系；孟子关注人与物的关系，并非不关注人与人的关系，这是无须赘言的。

在孟子的"亲亲而仁民""仁民而爱物"中，我们当然能看到"修己及人""修人及物"的视野，同时多少蕴含有以自我为中心、逐渐递减，也就是差等推爱的立场，这种自我中心、差等之爱引起了广泛而持久的争论。这要客观而细致地对待之。一方面，在人与物上，儒学中确立了人之为人的本质，这种本质的由来就是通过区分人与物、强调人高于物而得到的，故而在儒学中，人高于物、人不能完全等于物，是儒学的必然立场；要求人与物完全平等的是道家，而不是儒学；如果非要以人与物完全平等来责难儒学，儒学也无能为力，但也不会后退。孟子讲"君子远庖厨"，但不会讲"君子无庖厨"；孔子讲"伤人乎？不问马"引起了一定争议，但如果孔子说"伤马乎？不问人"，引起的争议会更大；孔孟如果那样做，就严重偏离，甚至背离了儒学基本立场。儒学是有基本立场的，不可能什么都接受，儒学基本立场也是坚定的，不能无限后退。质言之，儒学是强调人爱物，但儒学还强调人高于物，这是儒学基本立场不可或缺的两个组成部分；正是有着人高于物的立场，难免就会出现对人与物不可能完全一视同仁，而要有近有远、有高有低的处理办法。因此孟子"亲亲而仁民""仁民而爱物"中出现这种差等并不奇怪，就是孔子的"伤人乎？不问马"也多少蕴含着这种差等。西方动物保护主义者以为儒学不能对动物与人一视同仁加以关爱，从而非议儒学，其实中国道家的举动比动物保护主义者的举动还激进，但儒学还是与道家分清了界限，坚持了自己的基本立场。我们也可以相信，这种在人与物上的差等立场得到的理解与支持，应该比受到的非议与责难要多得多。那么，在人与人上是不是也要坚持差等的方法？可以说，在人与物上实行差等，多少易于理解、易于接受，争议虽然有，但还不是很大；但在人与人上是否也实行差等，就会有很大争议。如果在人与物上实行差等，在人与人上也实行差等，这倒是保持了连贯性，但多少把人与人的关系完全等同于人与物的关系了，也就是把人与物等同了，这时出现争议还真反映出一些问题，真得引起大家深思。按照儒学人高于物、对人的办法应该高于对物的办法，则对人与人关系的处理应该不同于对人与物的处理，对人与人关系的处理应该优于对人与物关系的处理；按照儒学人高于物的立场，似乎应该说，既然在人与物的关系上采取了差等的办法，那在人与人的关系上就不应再采取差等的办法，就应该采取高于差等，也即平等的办法。质言之，儒学坚持人高于物的立场，对人与物的关系上采取差等办法，那么在人与人的关系上就应采取高于差等，即平等的办法。人物一理是连贯性，人物不同、人高于物是间断性。

在孟子这里"亲亲而仁民""仁民而爱物"，我们似乎看到连贯性很明显，间断性不明显，以至于在孟子这里似乎是以差等来对待人与物，也以差等来对待人与人。以差等对待人与物引起的争议不大，但以差等来对待人与人就引起相当大的争议。孟子虽然也意识到这一问题，但也未解决好这一问题。

在孔子这里，在人与物的关系上以差等来对待之，比较明显；孟子也基本延续了这一立场。但在孔子这里，在人与人的关系上并没有明显的差等倾向，孔子在人与人的关系上基本是平等立场，如孔子讲博施济众（不是"薄"施）；而在孟子这里，由于强调"亲亲而仁民""仁民而爱物"的连贯性，因此附带着就把人与物关系上的差等性带进了人与人的关系中，这就使得人与人关系上的差等立场出现在孟子思想，甚至出现在儒学思想中，从而引起了广泛争议。如果对之还原，我们毋宁说孔子的间断性立场比较简单、不容易引起误会，孟子的立场比较复杂、误会不容易消除。在人与物的关系上采取差等关爱的立场，看来儒学与其他学派多会接受，但在人与人的关系上，到底是采取平等还是差等立场，还需进一步讨论。

从人与人到人与物，孔孟仁学的范围扩大了，对于儒学是一个提升；对于人与人、人与物的处理，是采取间断性还是连续性，即采取差等还是平等，尤其是在人与人的关系上是采取差等还是平等，孔孟有所思考，但没有终结思考，值得我们深入思考、广泛借鉴，解决好这一难题。

第四节　仁之方："优等推"与"差等推"

在孔孟仁爱的推行中，包括人与人、人与物。在人与物的关系中，由于儒学采取了人高于物（且人爱物）的立场，故而基本采取了差等的方式。孔孟仁学作为道德之学，虽然包括人与物，但更侧重人与人。在人与人的关系中，人人平等（且仁者爱人），故而至少应采取高于人对待物的态度，也就是采取高于差等的方式，也即至少应采取平等的态度，而不能采取差等化的方式，或者说差等要向平等过渡。作为类，人高于物；作为人，人人平等，这已是基本常识。

孔孟思想中多次表达人与人平等的观点。

"子曰：'参乎，吾道一以贯之。'曾子曰：'唯。'子出，门人问曰：'何谓也？'曾子曰：'夫子之道，忠恕而已矣。'"（《论语·里仁》）

"夫仁者，己欲立而立人，己欲达而达人。能近取譬，可谓仁之方也已。"（《论语·雍也》）

"子贡曰：'有一言而可以终身行之者乎？'子曰：'其恕乎！己所不欲，勿施于人。'"（《论语·卫灵公》）

"故凡同类者，举相似也，何独至于人而疑之？圣人与我同类者。"（《孟子·告子上》）

"人皆可以为尧舜。"（《孟子·告子下》）

"尧舜与人同耳。"（《孟子·离娄下》）

孔子讲"吾道一以贯之"，曾子归纳为"忠恕"。一般理解为：忠就是"己欲立而立人，己欲达而达人"；恕就是"己所不欲，勿施于人"。忠是积极而言，恕是消极而言。当然，忠与恕都是对人而言，主要不是对己而言，也不是对神、对物而言。在忠恕中，孔子多少注重了恕，这是有道理的。如果自己不能"成人之美"，至少也不能"成人之恶"。这体现了不以自我为中心、不以自我好恶为标准、不强加于人、不无视他人的态度，体现了自己能生存下去也让别人能生存下去、相信自己也相信他人的态度，这基本上就是一种人人平等的态度。道德要由自我出发，难免以自我为中心；以自我好恶来裁断一切的不良态度，孔子能意识到这一点、注意这一点，是难能可贵的。孔子还把这种人人平等的态度表达为"能近取譬"的行仁之方。能近取譬应来自"伐柯伐柯，其则不远"。即拿着斧子再砍一个斧子把，斧子把到底要多大，只要用自己手中现有的斧子加以比照就大体差不多；以此说明标准的切近与平等，运用到道德上就是人与人大体平等。孟子的话显示了人与尧舜平等的立场，从类上讲这一角度很好、很对，是类上的平等，不是其他的平等。尧舜作为圣人，似乎与常人差距很大、遥不可及、无法达到，孟子的"人皆可以为尧舜"有助于提升自己的信心。"尧舜与人同耳"拉近了圣人与常人的距离，把似乎遥不可及、无法达到的尧舜与常人放在一起，很直观、有力地体现了道德平等的立场。无论是孔子的"忠恕""能近取譬"，还是孟子的"人皆可以为尧舜""尧舜与人同耳"，都明显体现了道德平等的思想，说孔孟思想中都有平等思想、孔孟思想有相同之处，或者说孔孟仁学中有明显的平等色彩，都是基本成立的。

进一步也要看到，孔孟这时讲的平等基本是类上的平等、抽象的平等、理论上的平等，这自然也是一种平等，然而一旦与个别问题、具体问题、现实问题相联系，孔孟的认识就出现了一定的分化。

"或曰：'以德报怨，何如？子曰：何以报德？以直报怨，以德报德。'"（《论语·宪问》）

"子曰：'躬自厚而薄责于人，则远怨矣。'"（《论语·卫灵公》）

"仁者无不爱也，急亲贤之为务……尧舜之仁，不遍爱人，急亲贤也。"(《孟子·尽心上》)

就孟子而言，他既在理论上讲"仁者无不爱"，又结合现实讲"急亲贤之为务"，希望把理论与现实结合起来，动机尚可，结论尚可；可在现实落脚点上，他明确提出了"尧舜之仁，不遍爱人，急亲贤也"。两句话放在一起，其现实立场的"急亲贤"基本一致，但理论立场已经从"仁者无不爱"变成了"尧舜之仁，不遍爱人"。儒学的基本立场是"仁者爱人"，"仁者无不爱"与之差别不大，但"尧舜之仁不遍爱人"与之差别明显。孟子提出的"仁者无不爱"想来可以接受，孟子提出的"尧舜之仁，不遍爱人"难免出现争议。我们可以看到，孟子希望实现理论与现实的结合，但在结合中最终不是理论指导现实、现实符合理论，而是现实扭曲了理论、理论被打了折扣。"急亲贤"就是有急有缓、有先有后，反正不是平等。当孟子极力想证明现实"急亲贤"的合理性时，他就开始置儒学仁爱的平等立场于不顾，开始偏离儒学仁爱的平等立场了。这表现在他开始放弃儒学仁爱在理论上的平等（普遍），逐渐由讲平等变为讲差等。差等的出现在孟子这里似乎是必然的、明显的[①]；差等的出现引起了很大争议，不但非儒学派加以批评，就是儒学内部也加以质疑。质言之，孟子讲"差等"是为了照顾现实中尧舜"急亲贤"，但这很明显不太符合儒学仁爱理论上讲平等的基本立场。结合孔子，孔子曾经说过"尧舜犹病""尧舜其犹病诸"，但没有给出尧舜到底"病"在哪里。放在当下我们似乎可以说，"尧舜之仁，不遍爱人"很可能就是尧舜之"病"的原因所在；因为很明显，"尧舜之仁，不遍爱人"不完全符合"仁者爱人"的基本立场，不大可能达到最高、最完美的境界。

---

① 尤其是孟墨对比，墨家讲兼爱，孟子就讲不可得兼；墨子讲在劳动面前人人平等，孟子就讲劳心劳力的差异。

就孔子而言，其言论中当然有人人平等的立场。然而仔细阅读《论语》，可以发现孔子言论中还有另外一种人人不平等的立场。当然孔子讲的这种不平等与孟子的差等有一定相似性，如都讲差别、不完全平等；但孔子的这种不平等与孟子的差等有着原则性的区别，孟子的差等实际上是先己后人、厚己薄人，而孔子的不平等实际上是先人后己、厚人薄己，二人的方向恰恰相反。为了与孟子的"差等"加以区别，可以称孔子的不平等为"优等"；或者说，孟子在推己及人上是"差等推"，孔子在推己及人上是"优等推"。孔子讲"以直报怨"，对于别人的缺点（怨恨），孔子不是无条件地"以德报怨"，也不是对等地"以怨抱怨"，而是高姿态地"以直报怨"。无条件地"以德报怨"看似很好，但却有些失去了是非立场；对等地"以怨抱怨"往往使双方关系僵化，甚至恶化，不能体现出道德的缓和与进步；而高姿态的"以直报怨"既体现了自我有是非立场，又体现了对他人的宽容大度，"以直报怨"既不是糊涂不明白，也不是得理不饶人；自己没有错误还让人一步，给别人留有余地，也就给了别人反思改正的机会。用今天的话说，"以直报怨"就是"严于律己、宽以待人"的一种表现。孔子的"躬自厚而薄责于人"当然也是"严于律己、宽以待人"的一种表现。其实，孔子讲过的"恕"（己所不欲勿施于人）也是严于律己、宽以待人的一种表现。还有孔子讲过的"见贤思齐焉，见不贤而内自省"也是严于律己、宽以待人的一种表现，见贤是靠拢学习，不是羡慕嫉妒恨；见不贤是以之为借鉴，不是冷嘲热讽、刻薄挖苦。这说起来容易、做起来其实并不容易。由此，我们当然可以说，孔子不但讲理论上、类上、抽象角度上的平等，还在现实中、个别中、具体中讲不平等，只是这种不平等是"优等""优等推"，实质就是严于律己、宽以待人；这与孟子的"差等""差等推"形成了鲜明对比。如果我们把推己及人做一细化，可以列出"不推—差等推—平等推—优等推"这一系列；不难看出，杨朱可以归为"不推"，孟子可以归为"差等推"，墨子可以归为"平等推"，孔子可以归为"优等推"；就孔孟而言，孔子的"优等推"比孟子的"差等推"明显高出一截。

从更为广阔的视域来看，按照西方的逻辑，上帝没有惩罚、放弃悖逆犯错的人类，而是派下自己的独生爱子来拯救世人，这也就给了世人以机会，这一机会显示了上帝的严于律己（严守自己救人的诺言）、宽以待人（没有以恶对恶），成就了基督的伟大（无过错却承担人类过错、无罪恶却背负人类罪恶，缓和了神人关系）。在神学的形式下不难看到，正是严于律己、宽以待人这种高风亮节使得原来尴尬的局面最终出现了一线生机。在中国文化中，乾为下，大者宜为下，这似乎在形式上讲不通，但却别无他途，并且一定能成就美好。这也可以看作中国文化对世界文化所作出的一种贡献。很明显，孔子的"以直报怨""躬自厚而薄责于人"实质也是严于律己、宽以待人。孔子以其智慧体悟到了这种人类应达到的最高境界，对中国文化甚至世界文化做出了贡献。

就孔孟仁学而言，二人都在理论上讲平等、基本一致；但在结合现实时出现了明显分歧；孟子在现实中讲差等，更多地倾向于现实，对现实做了妥协，孔子讲优等，更多地倾向于理想、接近理想。就方向而言，孔子的立场当然是上进的（宽容的），孟子的立场多少是退步的（狭隘的）。就结果而言，孔子的立场最能体现、最能出现以先进带动后进、共同进步的结果，孟子的立场则往往在现实泥潭中不能自拔。就推己及人而言，孔孟的差异让人看到，推己及人不但有范围的问题（推己还是不推己），还有性质的问题（推优还是推恶、优等推还是差等推），这需要我们的思考更严密、思维更缜密。就前景而言毋庸置疑，孔子的立场前途光明、争议最小，孟子的立场则不容乐观。反之，在仁学上调整孟子的差等立场，积极向孔子的优等立场靠拢是必需的，也是可行的，甚至是当务之急。

第五节　仁者的坚持：“恒其德”与“不可自暴自弃”

　　仁不仅是理论，更是行动，行动是现实的，体现在过程之中。孔孟对于为仁的过程给予了大量关注，并举了与现实相关的很多形象故事来说明在为仁过程中应该注意的诸多问题，故事生动形象、启人良多。

　　“子曰：‘南人有言曰：“人而无恒，不可以作巫医。”善夫。不恒其德，或承之羞。’”（《论语·子路》）

　　“子曰：‘我未见好仁者，恶不仁者。好仁者，无以尚之；恶不仁者，其为仁矣，不使不仁者加乎其身。有能一日用其力于仁矣乎？我未见力不足者，盖有之矣，我未之见也。’”（《论语·里仁》）

　　“冉求曰：‘非不悦子之道，力不足也。’子曰：‘力不足者，中道而废，今女画。’”（《论语·雍也》）

　　“曾子曰：‘士不可以不弘毅，任重而道远。仁以为己任，不亦重乎？死而后已，不亦远乎？’”（《论语·泰伯》）

　　“曰：‘不为者与不能者之形，何以异？’曰：‘挟太山以超北海，语人曰：“我不能。”是诚不能也。为长者折枝，语人曰：“我不能。”是不为也，非不能也。’”（《孟子·梁惠王上》）

　　“孟子曰：‘自暴者不可与有言也，自弃者不可与有为也。言非礼义，谓之自暴也；吾身不能居仁由义，谓之自弃也。’”（《孟子·离娄上》）

　　“有为者譬若掘井，掘井九仞而不及泉，犹为弃井也。”（《孟子·尽心上》）

　　就行动而言，行动与做人相联系，“做”不是“说”，“做”超越“说”：做了不说可以、说了不做不可以，做为根本、根本必须具有，说为必要、有无皆可（甚至不说更好）。孔子批评空言多言"巧言令色鲜矣仁"，认为"刚毅木讷近仁"，也有过"始吾于人也，听其言而信其行；今吾于人也，听其言而观其行。于予与改是"。言与行相比，言容易而行较难（"为之难，言之得无讱乎"），所以"仁者其言也讱"。言与行相比，言为次而行为本，只要本立住了也就大体成立。此外，"言与行"的关系还与"知与行"的关系相涉（虽不完全等价，但关系密切）。知与行相比，知是开端而行是归宿，知是必要而行是根本。孔子曾说："行有余力，则以学文。"子夏曰："贤贤易色，事父母能竭其力，事君能致其身，与朋友交言而有信。虽曰未学，吾必谓之学矣。"如《礼记·中庸》讲"博学之，审问之，慎思之，明辨之，笃行之"。《荀子·儒效》有："不闻不若闻之，闻之不若见之，见之不若知之，知之不若行之，学至于行之而止矣。行之，明也。明之为圣人……闻之而不见，虽博必谬；见之而不知，虽识必妄；知而不行，虽敦必困。不闻不见，则虽当，非仁也"。后来如朱熹的"知先行后"、王阳明的"知行合一"、王夫之"行可兼知，而知不可兼行"、孙中山的"知难行易"，知与行的讨论长盛不衰。[1] 以行动为艰难、以行动为根本，低调务实、避免空谈，也就是立足现实不得不做的最优选择。中华民族在儒学主流思想影响下正是这样走过来的，踏实稳重、不尚空谈在中华文化中是非常典型的（如临渊羡鱼不如退而结网），有诸多表现；也正是因为踏实稳重、真实付出了，也就无怨无悔、无忧无惧；即便儒学道德缺乏精致的形式体系，但只要有真实合理的行动，也就不会影响儒学道德存在与发展的根本。简言之，在言与行、知与行的关系中，突出行动、实践出真知，是儒学道德的典型特征。

---

① 如魏源："及之而后知，履之而后艰，乌有不行而能知者乎？披五岳之图以为知山，不如樵夫之一足；谈沧溟之广以为知海，不如估客之一瞥；疏八珍之谱以为知味，不如庖丁之一啜。"

行动涉及几个方面，一者是行动与动机（动机往往表现为自觉）。行动必须在正确合理的动机之下才有道德意义，才可行，否则就没有道德意义或不可行。孔子讲："苟志于仁矣，无恶也。"既然已经志于仁，就应该按照仁的标准去思考、去行动，不要再按照仁之外的其他标准而摇摆不定、自寻烦恼。"士志于道而耻恶衣恶食者，未足与议也。""志于仁"就是以道德之仁为根本、难免有时困顿，这时如果以恶衣恶食为耻，那就是表里不一、徒具其表，说明其内在并未真正认同。道德是内在真诚，不是外在虚伪，道德重在性质，不要外在凑数。真正内在认同的人往往表里如一、言行一致、自觉自愿、心甘情愿走在艰苦的道德之路上，"不义而富且贵，于我如浮云"，甚至"志士仁人无求生以害仁，有杀身以成仁"。正确而合理的动机是良好的开端，孟子指出良好开端会事半功倍，"事半古之人，功必倍之"。当然，如何事半功倍，这就需要真正理解儒家为仁之学的核心立场，结合当时当地实际提出切实可行的具体策略。重视开端实际上是儒学重视动机、重视自觉、重视性质、重视态度的一种表现，由此在儒学主流思想影响下，重视开端成为中华文化的特色之一（如道不同不相为谋、话不投机半句多、良好开头等于成功的一半，等等）。

二者是行动与过程。在开端之后即是过程，道德开端是艰难的、过程亦是漫长的。道德不仅有良好开端，还有漫长过程，二者都是必要的，应兼得、兼顾，不能非此即彼、各执一端。只有过程而没有开端如无头苍蝇难以想象，只有开端而没有过程如虎头蛇尾也难说圆满。当然，与过程相比，开端是过程的基础，过程是开端的展开、继续、补充和完善。如在开端的基础上，在为仁的道德过程中应知道"为"与"能"的区分，会主动进行"有所不为"与"有所为"的取舍；如本质上道德重在性质的"当为"与"不当为"，由此就有"勿以善小而不为，勿以恶小而为之"，善即当为、恶即不当为，

主要应从性质来考虑，而不应先从数量来考虑。如在自觉的基础上
"强为善"（《孟子·梁惠王下》）就不是"勉强"，而是"勉力""尽
力""尽心竭力"，如此在漫长过程中的"强为善"就不是委屈、做
作，而是心甘情愿、自觉自愿，如此才真正具有道德意义。反之，
如果仅仅强调过程而不讲开端，难免以过程、数量来代替开端、性
质，会喧宾夺主、本末倒置，甚至完全失去意义。如以为"积善可
以成德"（道德在性质上是由内而外，而"积"在本质上是由外而外，
在性质上不能成立，数量就没有意义），又如"雨水不如泉水"（泉
水由内而外具有恒常性，雨水具有短暂性，道德追求长远甚至永恒，
所以孟子推崇泉水），又如"五十步笑百步"（性质上都不对、数量
上比较没有实质意义），又如缘木求鱼（方向上不成立，努力也没有
真正意义）。当然，在开端基础上讲过程还是有很多方面需要注意的：
道德上进追求圆满完美，这是一个需要不断努力的过程，任重道远
是必然的，讷言敏行、刚毅执着、持之以恒是必需的，用孟子的话
说就是"必有事焉而勿正"，即一定要做正经事，但不要过于期待。
相对而言，画地为牢、自暴自弃、掩耳盗铃基本上等于没做正经事，
希望"一蹴而就"，虽然可能做了些事但显然过于期待（有所私心而
非道心），"一曝十寒"之类三天打鱼两天晒网或进一步退两步的懒
散状态（如同散兵游勇）的意义也不大，就是"掘井九仞而不及泉"
之类做了相当大的努力，而最终"功亏一篑"的行为（犹为弃井）
往往引起人们深思。孟子提出了"熟仁"①，勉力人们要努力达到完美。

　　道德是追求圆满、完美、恒久的，道德过程是狭窄的、艰苦的、
漫长的，充满了挑战、风险、变数，在道德过程中必须全面审视自
己的毅力和过程的漫长，否则任何想当然都会使道德追求变得如同
海市蜃楼一样可望而不可即；反之，正是由于真正实现理想既需要

---

　　① 《孟子·告子上》："孟子曰：'五谷者，种之美者也。苟为不熟，不如荑稗。夫仁，
亦在乎熟之而已矣。'"

端正态度（如闻过则喜、见不贤而内自省），又要注意漫长过程和顽强毅力，所以孔子讲"不仁者不可以久处约，不可以长处乐"，孟子也注意到了"人而无恒，不可以作巫医"，常规也讲"行百里者半九十"，无非就是考虑到过程之后的谨慎（因为考虑到了过程，所以是真实的、全面的，如此谨慎反而显示出了合理性）。正是因为过程的漫长和艰巨，对于过程之后也就有了发自内心的真实感触，也就接近了永恒，如"岁寒，然后知松柏之后凋也""路遥知马力，日久见人心""不经风雨怎见彩虹""患难见真情""毫米进步也是进步"（复旦吴恒）等。可见，过程使得人成长、成熟，过程使得道德真实、充实。宽泛而言，我们完全可以说，在仁学之中孔孟对仁的要求是很高的，不但包括仁之德性、知之理性、勇之作为、情之认同、意之投入，也应包括长之过程。

三者是行动与规律。在良好开端之后，人们往往以为只有端正态度、积极为之不已就可以了，表面上似乎也不错，但孟子提到了"拔苗助长"①：宋人的动机似乎不错，也做了不少工作，但结果却是"好心做了坏事"；其实，无论是助苗长还是助人长，其动机是自我的动机，未必是苗或他人自身的动机，也就未必是合乎道心的动机；上天有好生之德，不但给了我们动机，也给了苗或他人机会，因此，要放下自己的动机而向道心靠拢，放下自己而给予苗和他人时间空间，不要以自我之心为心而要以道心为心，随之就有了放下、平等、宽容、尊重的必要与可能。孟子讲"心勿忘，勿助长"，不做事、不关心他人不合乎道当然是不对的，但是做事急于求成、由关心他人而替代他人也不合乎道，也是不对的。如此可以使我们严肃对待自己，理

---

① 《孟子·公孙丑上》："必有事焉而勿正，心勿忘，勿助长也。无若宋人然。宋人有闵其苗之不长而揠之者，芒芒然归，谓其人曰：'今日病矣！予助苗长矣。'其子趋而往视之，苗则槁矣。天下之不助苗长者寡矣，以为无益而舍之者，不耘苗者也；助之长者，揠苗者也。非徒无益，而又害之。"

顺自己之心与道心的关系。简言之，心勿忘、勿助长就是要有爱心但不能越俎代庖，要尊重事物本身的规律。

四者是行动与结果。由行动期望结果很正常，不期望结果反而是不正常的，典型的如颜元称："世有耕种而不谋收获者乎？世有荷网持钩而不计得鱼者乎？"其实这里至少包括两个角度（为与获、内在收获与外在收获），这两个角度可以分开也可以交叉。道德行为当然是"为"，不为就成为空谈、没有意义，为当然期望获，但考虑到外在环境、漫长过程、自己他人等诸多因素，期望获与实际获难免有出入，这是很正常的；以期望获等于实际获，显然是自我私心作祟、未必合乎道心，未必一定实现（道心在此可以说既涉及自我之心，又包含环境过程他人，是大心、公心，而自我之心可以说是小心、私心）。因此，"耕种而谋收获""荷网持钩而计得鱼"是可以的，但"谋""计"得到还是得不到则是两可的；由此角度，常规就有"但问耕耘，莫问收获""谋事在人，成事在天""尽人事而听天命"等。还有，道德不但有平等互动，还有不平等、不互动，在平等、互动时似乎可以考虑结果，甚至要求结果，但在不平等、不互动时再讲结果，甚至拿结果来做条件反而是错误的。孟子通过人无条件救孺子来说明道德之事是出于道德自觉，不依赖外在条件而依然成立的："非所以内交于孺子之父母也，非所以要誉于乡党朋友也，非恶其声而然也。"（《孟子·公孙丑上》）其实在不平等、不互动的条件下，可以适用于内在收获与外在收获。当我们称不平等、不互动时很少或完全没有收获，实际上只能说这是很少或没有形式收获、外在收获，而其实质收获、内在收获是始终存在的。内在收获就是道心的心安理得，道心让我们自觉自愿、心甘情愿去助人帮人。标准只有一个，就是出于道心"应该"帮助，只需要内在一个理由就足够了，按照内在道心去做未必能得到外在收获，但一定会有内在收获，并且内在收获还为大（如此可有可无的、小的外在收获的存在与不存在也就无伤大雅）。从理论上而言，帮助人是出于道心，是应该的、无条件的；从现实上而言，帮助的对象往往是弱者（不管是暂时的还是长期的），弱者往往没有足够能力回报，如果在帮助之余再索要回报就不是帮助而是施压了（不管是物质压力还是道义压力）。这已经与道义帮助有所偏离甚至背道而驰了，往往怎么讲都错、越讲越错。换言之，道德有层次性、有高有低。高尚的道德是付出不苛求回报（如大爱无言，桃李不言、下自成蹊），稍低的道德是付出多而要求回报少，再低的道德是平等回报、现实回报，再低如要求加倍回报，甚至无限回报，这就很难说是真正的道德了。道德有底线，突破底线难以接受，道德更鼓励上升进步，只有仰望内在的道心才能获得进步的动力。

在孔孟这里，道德立足现实，道德行为即是"能"为，通过区分"不为"与"不能"（包括区分"有所不为"与"有所为"），反对画地为牢、批评自暴自弃，道德的可行性是可以得出的。道德由内而外，内在胜外在，外在的东西可能"合乎"道德而未必"出于"道德，而只有"出于"道德才有意义（道德行为是"由仁义行"而非"义袭""长迁"）。关系（环境）客观存在，没有必要一味拒绝否定，但道德重自身，关系只是必要条件，以关系来代替自身是不可以的。关系（环境）中优劣、顺逆、难易本质上也只是必要条件，为了突出道德自身，需要高度自觉以使自己挺立于关系（环境）之中。道德重性质，现实中出现的很多困境尴尬多是以数量掩盖了性质，从而对道德的理解出现了偏差，得出了错误结论。道德有过程，在过程中有正经事可干、不是无所事事、不是空谈，道德过程是有规律的，只凭想当然是不可以的。道德过程也是漫长的，有错即改才可取、浅尝辄止不可以，专心致志才可以（如弈秋学艺），道德既需要内外一致，也需要善始善终、一以贯之（如恒其德）。道德是超越的，是趋向于完美、完善的，是无止境的。

可以说，道德过程类似射线，有底线、无上限，底线之下要"不为"、达到上限要"有为"。底线需要自觉克制，上限需要不断努力；底线使其生活于现实之中，上限使其趋于圣人之境。

第六节 仁者的证成："从心所欲不逾矩"与 "浩然正气大丈夫"

为仁，不但有开端、有过程，也有结果。孔孟总结了自己的一生，对于仁者之成立有了自己的体会。

"子曰：'七十而从心所欲，不逾矩。'"（《论语·为政》）

"居天下之广居，立天下之正位，行天下之大道。得志与民行之，不得志独行其道。富贵不能淫，贫贱不能移，威武不能屈，此之谓大丈夫。"（《孟子·滕文公下》）

"曰：'我知言，我善养吾浩然之气。''敢问何谓浩然之气？'曰：'难言也。其为气也，至大至刚，以直养而无害，则塞于天地之间。其为气也，配义与道，无是，馁也。是集义所生，非义袭而取之也。行有不慊于心，则馁矣。'"（《孟子·公孙丑上》）

对于仁者之成立，孔孟的人生总结都涉及了内与外两个角度。在结构上，孔子的"从心所欲不逾矩"是从内在之心与外在之矩（实质就是从内在之仁与外在之礼）来讲的，孟子的"浩然正气大丈夫"是从内在正气与外在条件来讲的。当然，孔子主要是讲内在之心与外在之矩、内在之仁与外在之礼的融合，孟子主要是讲内在正气对外在条件的超越。在方法上，孔子似乎是内与外两者并重，孟子很明显是内超越外。在立场上，孔子既讲内在之心又讲外在之矩，既讲内在之仁又讲外在之礼，力图实现二者的融合，体现了一定的圆满性；而孟子由于心在心性高度充足、自信，也就对外在因素敢于超越，体现了一定棱角。孔子的立场比较温和，甚至有些保守，孟子的立场比较高亢，甚至有些激进。

从哲学上说，孔子的"从心所欲不逾矩"提出了深刻的哲学问题，也就是在社会上一个真正成熟的仁者应该是什么样子？作为自然人，往往喜欢"从心所欲"，也就是随心所欲；从对立的角度，往往视社会之矩为多余、牢笼，并对之有所不顾、冒犯。可以说，自然人多关心自己当下的所想所欲，而对于自己当下的所想所欲是否合理并未进行反思，对于社会之矩是否必要、合理也未进行思考，因此其所想所欲具有片面性、单向性。如果想要全面、完善，就需要对这种片面性、单向性进行加工，其方向就是向社会性（社会之矩）学习，自觉自愿学习、接受社会性。作为社会之矩，体现了社会性，往往要求"不逾矩"，就是要自觉自愿遵守社会之矩，而不能逾越、破坏。从对立的角度，社会之矩作为一种外在规范，往往难以为自然人自觉自愿遵守。社会之矩作为社会性的一种体现，往往是从整体的、长远的角度出发而为人类量身打造的，人类要想获得整体的、长远的发展，需要有社会之矩，或者说社会之矩的制定与遵守是必要的、合理的，人们应该自觉、自愿遵守社会之矩。整体的、长远的社会之矩如何与自我局部的、暂时的所想所欲结合起来是个问题。它需要社会的持续教化，也需要自我的真诚反省。通过持续教化（与自我反省），自然人就潜移默化、自然而然地接受了社会之矩，熟悉了、习惯了从社会性来思考，从而不自觉地成为社会人，社会之矩就转化为自然人自觉不自觉的言行，从而起到了规范作用。质言之，"从心所欲"与"不逾矩"应该双向互动，也可以双向互动，这一双向互动的过程也就是自然人与社会人相互融合的过程，也就是人不断成长、成熟的过程。只是这一互动过程的完成需要较高的条件、较长的过程。孔子讲"七十",就说明了过程的漫长,但也说明这一过程是完全可以实现的。

孟子的"浩然正气大丈夫"实现了志与气的结合,达到了志气的高度充盈,从而不惧外在挑战。这样的大丈夫无论是"居""立"还是"行"都以天下为己任,无论得志与不得志都以"道"为根本,也就是已经实现了从天下出发而非从小我出发、从道义出发而非从现实功利出发,故而其一言一行都体现了身任天下、捍卫道义的特征,也就成了天下、道义的代表,这时的"富贵""贫贱""威武"的外在条件根本不能左右内在道义,从而表现为高度自觉、高度自信、无所畏惧的特征。这样的丈夫真的是很伟大,称之为大丈夫是当之无愧的(如果与《孟子》中的小丈夫、贱丈夫相比就会更为立体①)。如果作为自然人,一般只从自我出发,不会考虑天下角度,只考虑当前的富贵、贫贱、威武,不会考虑社会道义;孟子的大丈夫也是经过了天降大任的洗礼,经过了心志与筋骨的锻炼才成就的,不是轻易实现的,但一旦达到了天下高度、明白了道义使命就念兹在兹,就时时处处习惯于从天下、道义角度来所思、所想、所行了。细节而言,孟子此处提到了"富贵不能淫,贫贱不能移,威武不能屈",这时的"不能"是不能放弃道义,是在坚守道义,为了道义而不能做,也就是此处的"不能"做对了;孟子还提到了"为长者折枝"不是"不能"而是"不为",这时的"不能"是应该做、可以做,而事实上不去做,是没有考虑道义、找了借口,也就是此处的"不能"是做错了。看来,"不能"之事是做对了还是做错了,要以道义为根据。

无论是孔子的"从心所欲不逾矩"还是孟子的"浩然正气大丈夫",都是高度社会化、自觉化的人,也就是成熟的人、自信的人,他们都经过了长期的努力,能把内在与外在、心与矩、自我与社会、

---

① 孟子不但赞扬了大丈夫,还批评了小丈夫、贱丈夫。万光军.孟子仁义思想研究[M].济南:山东大学出版社,2009.

生命与道义高度结合起来，其一言一行、一举一动都体现了仁者的存在，代表了仁者的方向。

第七节　仁者的状态："仁者不忧"与"仁者无敌"

关于仁者，还想从状态上补充一下，以便对仁者的所思、所想、所行有更多把握。孔子提到"仁者不忧"，孟子提到了"仁者无敌"。

"仁者不忧，知者不惑，勇者不惧。"（《论语·宪问》）

"知者不惑，仁者不忧，勇者不惧。"（《论语·子罕》）

"人无远虑，必有近忧。"（《论语·卫灵公》）

"君子忧道不忧贫。"（《论语·卫灵公》）

"德之不修，学之不讲，闻义不能徙，不善不能改，是吾忧也。"（《论语·述而》）

"发愤忘食，乐以忘忧，不知老之将至云尔。"（《论语·述而》）

"司马牛问君子，子曰：'君子不忧不惧。'曰：'不忧不惧，斯谓之君子已乎？'子曰：'内省不疚，夫何忧何惧？'"（《论语·颜渊》）

孔子提出了"仁者不忧"，这时的仁者是相对于知者（智者）、勇者而言的。知者有知识，不会为混乱现象所迷惑；勇者无所畏惧，敢想敢做；而仁者就是有德之人，看重道义而不做有违道义之事，看重集体为之奉献而不损人利己、损公肥私，也就坦荡、坦然、无所忧虑。这里实际上说明，仁者由于注重道义、注重集体，所以能坦荡坦然、无所忧虑，其实每个人皆可如此。

孔子还指出，仁者其实还是有忧虑的，忧虑什么？主要还是忧虑是否道义优先、忧虑是否修德。这样的忧虑能解决吗？孔子指出，仁者会以学习之快乐忘掉饮食之忧，会以内省验证自己持守住了内在德性而不忧不惧。也就是说，虽然仁者也会遇到一些忧虑之事，但仁者完全可以解决之，这样的忧虑在仁者这里也就不构成真正的问题，所以仍可说仁者无忧。当然仁者遇到的忧虑在一般人这里就并非如此了，一般人遇到道义与贫贱时会"穷斯滥矣"，即为了摆脱贫贱而有违道义；一般人并不把修德作为要务，也不去内省，表面似乎风光，其实是远离君子之道、掩面无视自己的忧惧罢了。孔子讲"君子坦荡荡，小人长戚戚"，君子内在真诚、充盈，自然坦荡、坦然，小人无视道义，外在似乎风光、其实内心却是戚戚不已，其生存质量并不高。质言之，孔子的仁者不忧及仁者所忧，其实就在于把道义置于优先、把集体置于优先，如此自然不忧虑、不忧惧。现实中我们也不难看到，一个真正以道义优先的人，往往努力完善自己，往往只取义中之利，不会有贪腐之事；往往为集体而慷慨奉献，不会侵蚀集体的根基。这样的人活得坦荡大气，想来这就是仁者了。如果说这样的人有忧虑，也就是忧虑道义不昌明、集体不强大罢了，其忧在道义、集体，而不在一己之得失。这样的忧，即便算是有忧，也是让人敬佩的。

　　"仁者无敌。"（《孟子·梁惠王上》）

　　"夫国君好仁，天下无敌。今也欲无敌于天下而以不仁，是犹执热而不以濯也。"（《孟子·离娄上》）

　　"仁人无敌于天下。"（《孟子·尽心下》）

　　"国君好仁，天下无敌焉。"（《孟子·尽心下》）

　　"孟子曰：'以力假仁者霸，霸必有大国。以德行仁者王，王不待大。汤以七十里，文王以百里。以力服人者，非心服也，力不赡也。以德服人者，中心悦而诚服之也，如七十子之服孔子也。'"（《孟子·公孙丑上》）

　　孟子提到了"仁者无敌"，这里当然主要指的是君主，是希望君主成为仁者、仁君；不妨说是内在之仁德与外在之君位的结合。在孟子所处的战国时代，国君多以霸道来生存发展，但孟子经过观察与思考，发现霸道并非最佳方案，并不能解决根本问题。霸道虽然能暂时成为大国，但缺乏内在的认可，始终潜藏危机；相对而言，成熟的国君应该认识到内在道德的重要性，只有以德治国才能真正凝聚百姓、来附远人 ①，即便暂时弱小也会有美好的未来。孟子的"仁者"既可指仁君又可指仁人。"仁者无敌"的实质在于指出了内在德性的真诚、永恒，胜过暂时外在现实的征伐、虞诈。只局限于暂时与眼前，即便取得一些蝇头小利，也如同饮鸩止渴、抱薪救火，不能解决根本问题，只有抓住内在根本、立足长远，方可使问题得到根本解决。也就是说，内在的仁德方式而非外在的霸道方式、与人为善而非与人为敌，才是真正的恒通之道。"仁者无敌"之"无"至少可作两种理解：一是"无法"，仁者注重内在，即使遇到外在不利条件也注重内在挖潜，逐渐使自己完善，这就减少了外在借口，所以是无法敌对的；二是"没有"，仁者与人为善、愿意帮助别人，这样的人是很少或者没有敌人的，即便有人故意挑起事端，不但找不出合理理由，还会遇到公愤，成功的可能性远小于失败的可能性，难免搬起石头砸自己的脚。

概言之，孔子的"仁者不忧"、孟子的"仁者无敌"之所以出现、之所以重要，根本在于仁者能以道义优先、以集体优先，能获得内在的牢固根基、外在的广阔空间，也就获得了美好未来。这就是仁者的状态，也是每个人应有的状态。

第八节 乐的人生境界："仁者乐"与"众乐乐"

仁者的人生中不仅有消极的"不忧""无敌"的状态，还有更为

---

① 蜀汉的谯周说过："故《传》曰：'百姓不徒附'，诚以德先之也。"司马光. 资治通鉴·魏纪七 [M]. 北京：中华书局，2007：877.

积极的"乐"的境界。"乐"也成为仁者的重要标志。孔孟对"乐"有很多表达，简要而言，孔子提出了"仁者乐"，孟子进一步关注了"众乐乐"。可以说，前者多关注了"孔颜之乐"，后者提出了"与民同乐"，都对中华文化有重要影响。

"贫而乐。"（《论语·学而》）

"贤哉回也！一箪食，一瓢饮，在陋巷，人不堪其忧，回也不改其乐。贤哉回也！"（《论语·雍也》）

"饭疏食饮水，曲肱而枕之，乐亦在其中矣。"（《论语·述而》）

"发愤忘食，乐以忘忧，不知老之将至云尔。"（《论语·述而》）

"学而时习之，不亦悦乎？有朋自远方来，不亦乐乎？人不知而不愠，不亦君子乎？"（《论语·学而》）

"原思为之宰，与之粟九百，辞。子曰：'毋！以与尔邻里乡党乎！'"（《论语·雍也》）

孔子对乐有很多表述，归纳起来，比较重要的有：内在道义之乐、外在集体分享之乐。内在道义之乐①，最为典型的就是"孔颜乐处"：颜回箪食瓢饮，虽贫而乐；孔子疏食饮水，曲肱枕之，发愤忘食、乐以忘忧。也就是说，孔颜作为仁者，无论是求道还是求学，都能自觉做到不为饮食所困，都能自觉做到以内在道义为先，都能体会到内在道义之乐。这种内在道义之乐显然超越了外在感性饮食之乐，更为稳定、恒久、高尚。人在困境中能有操守（如君子固穷）已属不易；在困境中不抱怨、不迁怒（如不怨天、不尤人）反而还有欢喜

---

① 孔子有"孔颜乐处"，孟子也讲"君子三乐"。但比较其内容可知，孔子颜回之乐可谓纯粹道义之乐、理性之乐，而孟子之乐则既有理性之乐（仰不愧于天，俯不愧于人），又有感性快乐（父母俱存、兄弟无故与得天下英才而教之），所以我们多引孔颜乐处而少引孟子之乐。

快乐更属不易。在困境中能够做到"贫而无谄"就属不错了，然而孔子称不如"贫而乐"。"贫而乐"，如果以外在感性饮食为重，自然不可能认为其中有何可乐之处；如果还要强颜欢笑，实在有虚伪做作之嫌。然而对于仁者就不同了，仁者以道义为重，并不太关注外在感性饮食，其丰富与缺乏并不会影响内在道义之乐：丰富也不能增加快乐，贫贱也不能减少快乐。尤其是贫贱时不但能体现出仁者之志向与众不同，而且能体现出仁者对自己志向的坚毅执着。"贫而乐"，实质上以极端的形式凸显了内在与外在、环境与德性的张力，并且清晰揭示了仁者的志向所在：始终志于内在道义，不为外在条件所困；或者说即使外在条件有所不足，依然不能减弱对道义的执着，并在执着中体会到道义之乐。在中华文化中，多少仁人志士在困境中不坠青云，在利诱前不为所动，以其坚毅执着维系着中华文化统绪之绵延。

内在道义之乐不仅提升了德性主体个人的人生境界，也表现在群己关系之中，展现为在集体中的分享之乐。仁者不是只顾自己，仁者爱人，把别人也纳入仁爱范围，注意到人人的平等，甚至还要让别人优先。如孔子愿意多给原思一些粟，也愿意原思把多余之粟送给邻居。在其中，分享而非独享显示了仁者的大度、内外一致、表里如一，显示了人我平等，这就高于一般人。这种分享之乐虽然表现为对特定之物的分享，其实更是对人的尊重，是人性的分享、人格的分享；时过境迁，大家或许淡忘了所分享的特定之物，但分享中的和睦、融洽依然让人回味无穷；进一步，如果在分享中能够做到让别人优先，优先质量、数量、态度、顺序，那就更能体现出自我的诚意和对别人的敬意，别人也就能得到更大的满足和慰藉。其中的和睦、融洽已非言语所能表达，亦非时空所能隔断，这种快乐也就成了真正的、永恒的快乐。此外在集体中，孔子还讲过"乐节礼乐""乐道人之善"，希望人以遵守礼乐、表扬别人的优点为乐，这些也都利于集体和睦、融洽。

内在道义之乐往往涉及道德自我，较少涉及他人，孟子也有对内在道义之乐的论述，如"尊德乐义"。但孟子更为关注道德与政治的关系，也就多关注了仁君之乐。君与民相对，仁君之乐也就与民众联系在一起。

"古之人与民偕乐，故能乐也。……民欲与之偕亡，虽有台池鸟兽，岂能独乐哉？"（《孟子·梁惠王上》）

"曰：'独乐乐，与人乐乐，孰乐？'曰：'不若与人。'曰：'与少乐乐，与众乐乐，孰乐？'曰：'不若与众。'"（《孟子·梁惠王下》）

"与民同乐。"（《孟子·梁惠王下》）

"乐民之乐者，民亦乐其乐。忧民之忧者，民亦忧其忧。乐以天下，忧以天下，然而不王者，未之有也。"（《孟子·梁惠王下》）

孟子首先指出，君主不能孤立地看待当下自己一人之乐，要向古人学习，要做到与民偕乐，这就对君主提出了较高要求；孟子还指出，如果忽略民众而只顾自己一人之乐，这种独乐将不成立。孟子一步步诱导君主承认独乐乐不如与人乐、与众乐。孟子最后指出，君主与民同忧乐，民众就会与君主同忧乐，君主以天下人的忧乐为己任，就可以统一天下。在孟子的论述中不难看到，孟子表面上是在论述乐（独乐、少乐、众乐、忧乐），实际上是借此强调君主必须与民众在一起，与民众有着密切的关系，关心民众的所想所受，以民众的所想所受为己任，而不能脱离民众、只顾一人。这当然是政治化的乐，已非乐本身了，但又高出纯粹的乐，使人（君主）对乐三思而行。这种乐（众乐乐）当然是一种集体中的分享之乐，君主与民众分享，分享能体现君主心中有民众，自然可以获得民众对君主的支持。这种君主与民众分享之乐，虽然比不上君主让民众优先享乐，但结合现实，效果已相当不错了。孟子不局限于忧乐，而注重以天下为己任的态度，深深影响了后世。如孟子讲"乐以天下，忧以天下"，后世有"先天下之忧而忧，后天下之乐而乐"，成为后人为之努力的方向。

除此之外，孔子还提到自然山水之乐。"智者乐水，仁者乐山。"（《论语·雍也》）仁者（智者）可以体会到山水之乐，亦可以从中受到道德启发（仁者有原则、底线，不会破坏原则、突破底线，也就如山一般不为所动，仁者也就如山一般值得信赖）。孔子还让弟子们各言其志，他对弟子各有评判；当曾参之父曾点说出自己的志向时（"暮春者，春服既成，冠者五六人，童子六七人，浴乎沂，风乎舞雩，咏而归"），孔子大加赞赏（夫子喟然叹曰："吾与点也！"）。"吾与点也"实际上反映了人与天地合一、身心通畅、无拘无束、自由洒脱的悠然状态，在境界上是值得人向往的。

由此，孔孟之乐没有了对功利的患得患失，没有了人际关系的紧张刻薄，也没有了对环境的疯狂攫取，而是更为注重内在道义之乐的充足、稳定，更为注重集体中分享之乐的和睦、融洽，也注意了人在天地间的悠然、洒脱，这时的乐于己、于人、于天地都达到了和谐的境界。这是仁者的境界，也应是每个人的境界。

第四章　仁之全德与展开

在孔孟这里，仁不是一个孤立的概念，还牵涉其他诸多概念；仁不是一个普通的概念，而是对其他概念有涵摄、统率作用（朱熹称仁为"全德"）。了解仁本身（形上与形下、何为仁与仁何为）是必需的，了解仁与其他概念间的关系也是必要的。以下从仁与礼、仁与政、仁与智、仁与义、仁与勇、仁与孝等方面加以展开。

第一节　仁与礼：孔子的道德与政治

孔子的思想包含众多，如何理顺其思想是有争议的。如有的认为其思想核心是一个，是仁、是礼、是中庸、是和；如有的认为是两个，是仁礼、是仁义；甚或还会出现其他结论。虽然有所争议，但多是看到了某一角度的合理，希望不要忽略这一角度，并对之用力甚多，其目的可以视作更好地把握孔子思想，其成绩可以视作为更好地理解孔子思想做出了贡献。肯定别人的成绩也就方便了之后的继续交流。虽然有所争议，但也有共识，多数难以忽略仁，或者多数以仁为开端，或者以仁为归宿而收笔，仁的中心地位、核心地位是多数认可的。另外，在材料上多以孔子在《论语》中的话为基准，在方法上多注意加以比较，在背景上多结合孔子当时的时代，这都可以看作殊途而同归。

孔子的思想核心是仁，跃出仁，首先接触的或是礼。仁与礼，可以看作人立身社会所面对的大轮廓。仁与礼对于国家社会是必要存在的，对于个人也是必要存在的。

周公"制礼作乐"奠定了周代社会秩序的基础。礼言其外，乐言其内；礼言其分，乐言其合。这说明礼乐相互结合才能更好发挥作用。而孔子所处的时代常被称为"礼崩乐坏"，说明社会秩序失范明显。在礼崩乐坏的过程中，可能乐被破坏得更早、更重、更快，而礼被破坏得晚些、轻些、慢些，故而还能起到维系社会的一些作用。就礼乐而言，当时对乐了解的人越来越少，即便不知也问题不大，但如果"不知礼"还受到歧视，说明礼还能起到一定作用。如称"周礼尽在鲁"而不说"周礼乐尽在鲁"，或许乐失传较早。又如孔子少时嬉戏、陈俎豆、设礼容，此处言礼而不言乐，亦可间接证明乐已亡而礼仍存。又如"礼之用，和为贵"，似乎应该是"礼乐之用，和为贵"，这样讲似乎表明乐不知何处去了。就礼而言，孔子学礼也有优势，孔子推崇的周公"制礼作乐"，孔子生活的鲁国"周礼尽在鲁"；孔子也以"知礼"而见长。

对于礼仍能部分起作用的现实，孔子不是要求绝对地回到周初，也不是要求彻底废除以另起炉灶，而是从现存出发、因陋就简，通过加入仁，而力图使礼重生、重新焕发光彩。这种办法或许最为简便、最易奏效，或许阻力最小、最易通行。孔子看到，周初的那种"礼乐征伐自天子出"的基本结构难以完全恢复，礼缺失了内在之乐难以发挥有效作用；内在之乐的缺失当然应该用内在因素来顶替。如果说人人习乐、懂乐需要较高条件的话，那么说人人有仁、体仁应该容易得多。如此，以内在之仁来顶替内在之乐不但可行，似乎还更好些。① 如此，之前的礼乐组合就逐渐过渡到礼仁组合。孔子对于礼

---

① 即便礼乐共存，孔子也指出仁依然具有内在的根基作用，礼乐无仁支持也难以有效发挥作用。如"人而不仁如礼何，人而不仁如乐何？"；"礼云，礼云，玉帛云乎哉？乐云，乐云，钟鼓云乎哉？"

虽不乏损益，但明显是继承得多、延续得多；对于仁虽不乏借鉴，但明显是创造得多、发展得多。如果说孔子的最终目的、最终立场的话，似乎是组合礼仁以使之发挥作用；如果说孔子的创造、发明的话，似乎就是系统阐发仁使之起了越来越重要的作用，以至于人们现在关注孔子思想时更多关注仁，礼多少有些淡化了。

礼对于国家、社会十分重要："礼，经国家，定社稷，序民人，立后嗣"；"为国以礼"。礼对于君主十分重要："君使臣以礼，臣事君以忠"；"上好礼，则民莫敢不敬"；"上好礼，则民易使也。"礼对于个人亦十分重要："不学礼，无以立"；"不知礼，无以立"；"恭而无礼则劳，慎而无礼则葸，勇而无力则乱，直而无礼则绞。"反之，礼的衰退对国家、社会、君主、个人都会产生相当不利的影响。为了使礼重新发挥作用，孔子高度阐发了仁，使之承担礼的内在基础，也就是以仁释礼、以礼证仁。

所谓仁，简而言之可化为两个方面，即内在道义和外在集体，也就是内在塑造德性和外在关心集体，以实现德性优先和集体优先。对君主而言，"政者正也，子帅以正，孰敢不正？"对君子而言，"尔爱其羊，我爱其礼"；"非礼勿视，非礼勿听，非礼勿言，非礼勿动。"对百姓而言，"道之以德，齐之以礼，有耻且格。"对于孔子而言，孔子讲过"克己复礼为仁"，这自然是集体优先；不妨再加上一条"孔颜之乐为仁"或"贫而乐为仁"或"义中取利为仁"，这能显示道义的优先。如此，集体优先、道义优先，仁被突出、礼重焕光彩，仁礼结合即可重塑和谐有序的美好社会。如此，缺乏内在道义或无视集体的言行都会受到孔子的严厉批评："人而不仁如礼何？人而不仁如乐何？""八佾舞于庭，是可忍也，孰不可忍也？"当然，孔子希望"富而好礼""博学于文，约之以礼"。在孔子这里，礼不是后人简单认为的形式化、外在化的东西，而是社会制度、个人修养的重要组成部分。如孔子讲的"从心所欲不逾矩"，也是合理协调了内与外的结果，或者说即便到了七十，外在之礼仍然没有被忽视。

仁自然是道德，礼自然是政治；仁是内在，礼是外在；仁涉及个人，礼涉及社会。仁礼结合，就是内在道德与外在政治、个人与社会的结合。内在之仁为外在之礼提供活力源头，外在之礼为内在之仁提供广阔舞台。仁不是孔子创造，也不只孔子使用，但在孔子这里，仁起了根本作用；礼不是孔子建立，也不是孔子毁坏，但在孔子这里礼获得了重生。孔子讲道德，不是为了道德而道德，而是为了现实；孔子在现实中看出了问题，不是茫然失措、病急乱投医，而是立足根本、正本清源。孔子的措施不玄虚、不生僻，看似简易、平淡，却也深入其里、历久弥新。①

第二节　仁与政：孟子的道德政治化

道德与政治、个人与社会的结合，是孔子开创的儒学的重要特征。孔子的仁礼结合是一种有益尝试，孟子的仁政也是一种有益尝试。

孔子讲仁礼结合有其特定的现实背景，有其理论的合理性，也有一定的现实效果，但并未能根本阻止礼崩乐坏的大方向。随着礼的继续衰退，仁礼结合越来越只剩下了仁。而儒学道德还要政治化、个人还要与社会相结合，这就表现在孟子这里，仁直接与政治结合，出现了仁政。仁政一面是道德之仁，一面是现实政治，当然是道德政治化；一面是君主之仁心，一面是百姓之生计，当然是君主与百姓社会的结合，这显然延续了儒学的基本立场。由于仁政是孟子所提出，所以又具有了孟子以及那个时代的特征。

孔子对政治的理解似乎很强调上与下的一致性，以为只要上级

---

① 杨国荣. 儒学：本然形态、历史分化与未来走向：以"仁"与"礼"为视域 [J]. 华东师范大学学报，2015（5）：1-8.

做对、做好了，上行下效就一了百了。① 这种认识看到了上与下要结合起来共同行动，看到了上级带头的必要性，其认识当然抓住了根本，基本是正确的。但是也要看到，孔子对政治的理解似乎太简单，上与下、君与民（也包括君与臣）有一致性，也不完全等同；上级虽然要带头，也要下级跟从，君主一呼，也须百姓百应，也就是说孔子对上与下的一致性关注较多，对其中的不一致有所忽略；孔子对上级的带头作用比较关注，而对下级的反应有所忽略。这典型地体现在他所说的："上好礼，则民莫敢不敬；上好义，则民莫敢不服；上好信，则民莫敢不用情。夫如是，则四方之民襁负其子而至矣，焉用稼？"（《论语·子路》）孔子对种地（老农）、种菜（老圃）之事不懂，也不鼓励学生去做，以为上与下只要好礼、好义、好信就足够，而不用稼穑。孔子的如此认识使其思想难免有些笼统、简单，常常被批评为"四体不勤，五谷不分"，这不是完全没有根据的。

孟子在两个方面调整、改变、丰富了孔子的思路。

"孟子曰：'人皆有不忍人之心。先王有不忍人之心，斯有不忍人之政矣。以不忍人之心行不忍人之政，治天下可运之掌上。'"（《孟子·公孙丑上》）

"明君制民之产，必使仰足以事父母，俯足以畜妻子，乐岁终身饱，凶年免于死亡。然后驱而之善，故民之从之也轻。今也制民之产，仰不足以事父母，俯不足以畜妻子，乐岁终身苦，凶年不免于死亡，此惟救死而恐不赡，奚暇治礼义哉！王欲行之，则盍反其本矣。五亩之宅，树之以桑，五十者可以衣帛矣。鸡豚狗彘之畜，无失其

---

① 宽泛来看，孔子要求君民都讲道德，墨子要求君民都要劳动，这是注意到了君与民的一致性，而孟子还注意到了君与民的差异性。"劳心者治人，劳力者治于人；治于人者食人，治人者食于人。天下之通义也。"（《孟子·滕文公上》）孟子就是用这种差异性来批驳墨子与农家的一致性的，其实，用以补充孔子的一致性也基本成立。

时，七十者可以食肉矣。百亩之田，勿夺其时，八口之家可以无饥矣。谨庠序之教，申以孝悌之义，颁白者不负戴于道路矣。老者衣帛食肉，黎民不饥不寒，然而不王者，未之有也。"（《孟子·梁惠王上》）

一方面，孟子承认礼的衰替和淡化，不再寄希望于礼还会发挥多大作用，转而强化孔子仁礼组合中剩下的仁，把仁直接与政治联合。注重仁，把仁与心相结合，推出仁心；并注重仁心与现实政治君主相结合，即侧重发挥现实政治君主的仁心；并具体表现为发挥君主的"不忍人之心"（或"恻隐之心"），"不忍人之心"与"恻隐之心"虽然人皆有之，但孟子讲君主时多用"不忍人之心"；由"君主的"不忍人之心"直接推出"不忍人之政"。由道德之仁心直接推出仁政，当然是道德的政治化，是儒学立场，并且更为简易、更为直接。

另一方面，孟子承认了上与下的不一致，他虽然还提倡上下一心，但明显看到上与下有差异，上可以坐而论道，不必直接从事生产，而下必须直接从事生产，即"无恒产而有恒心者，惟士为能；若民，则无恒产，因无恒心"（《孟子·梁惠王上》）。"民之为道也，有恒产有恒心，无恒产无恒心。"（《孟子·滕文公上》）如此，对于士以上可以继续讲道德，而对于士以下则必须提出具体可行措施，孟子在此敏锐地指出百姓最关心的就是土地，即"制民之产"。"制民之产"包括土地分配、不误农时、赋税合理、徭役得当等，是一个有机系统。"制民之产"可以保障百姓过上基本的生活（五十者衣帛、七十者食肉、一家人免于饥寒），在此基础上再进行教化就可行多了，在教化后再使社会上无血缘关系的老人也得到照顾，这样的社会就比较美好了。可以说，孟子的"制民之产"注意了君子与百姓的差异，注重从百姓角度出发来进行思考，可行性大大提高了。"制民之产"的提出是孟子对相对笼统的孔子思想的重要补充，是儒学结合具体现实、关注百姓生计、更具可操作性的一种明显进步，后世在讲君民关系时往往离不开"制民之产"。

孔子注意上与下的连续性、一贯性，孟子还注意上与下的差异性、间断性；孔子注重道德的重要性，孟子还关注民生的现实性；孔子注重上行下效，孟子注意百姓所思所想。孔子的思想多少有些笼统，孟子的措施可行性大为提升。当然，从孔子的仁礼结合到孟子的仁政，儒学结合道德与政治、结合个人与社会的基本路径，还是得到了明显延续。

第三节　仁与智：孔子的理想人格

孔子的理想人格是什么？孔子是否是圣人？虽然时或有不同的人在不同的时代从不同角度加以否认，但相信者仍居多数。孔子是圣人的根据是什么？这一根据合理吗、成立吗？孔子的圣人之道仅仅具有个人意义还是有着更为广泛而深远的社会影响？我们承认孔子是名副其实的圣人，这一圣人的称谓有着儒学文献的直接证明。

"子曰：'若圣与仁，则吾岂敢！抑为之不厌，诲人不倦，则可谓云尔已矣！'"（《论语·述而》）

"子曰：'默而知之，学而不厌，诲人不倦，何有于我哉。'"（《论语·述而》）

"昔者子贡问于孔子曰：'夫子圣矣乎？'孔子曰：'圣则吾不能，我学不厌而教不倦也。'子贡曰：'学不厌，智也；教不倦，仁也。仁且智，夫子既圣矣。'"（《孟子·公孙丑上》）

当别人称赞孔子为圣人时，孔子没有断然否定、矢口否认（孔子博学多闻是基本事实，如果断然否定反而有虚伪做作之嫌），也没有眉飞色舞、洋洋自得（孔子博学多闻不是生而知之，也是后天努力来之不易的，但如果以此而洋洋自得难免影响其继续进步），他只是谦虚承认自己仅仅做到了"学而不厌、诲人不倦"。孔子的回答似乎平淡无奇，但经过其弟子的阐发，并分别与仁智相连之后，变成了成圣的强有力根据。①

孔子是仁且智的圣人，也有着儒学文献的间接证明，孔子对仁与智的关注得到了儒学广泛而持续的认可。

"仁者安仁，知者利仁。"（《论语·里仁》）

"未知，焉得仁。"（《论语·公冶长》）

"知及之，仁不能守之，虽得之，必失之。"（《论语·卫灵公》）

"好仁不好学，其蔽也愚。"（《论语·阳货》）

"子曰：'知者乐水，仁者乐山；知者动，仁者静，知者乐，仁者寿。'"（《论语·雍也》）

"子曰：'君子道者三，我无能焉：仁者不忧，知者不惑，勇者不惧。'"（《论语·宪问》）

"子曰：'知者不惑，仁者不忧，勇者不惧。'"（《论语·子罕》）

"知、仁、勇三者，天下之达德也。"（《礼记·中庸》）

"好学近乎知，力行近乎仁。"（《礼记·中庸》）

"诚者，非自成己而已也，所以成物也。成己，仁也；成物，知也。性之德，合内外之道也。"（《礼记·中庸》）

"惟仁者为能以大事小，是故汤事葛，文王事昆夷。惟智者为能以小事大，太王事獯鬻，勾践事吴。以大事小者，乐天者也；以小事大者，畏天者也。乐天者保天下，畏天者保其国。"（《孟子·梁惠王下》）

"燕人畔，王曰：'吾甚惭于孟子。'陈贾曰：'王无患焉。王自以为与周公，孰仁且智？'王曰：'恶，是何言也。'曰：'周公使管

---

① "既圣"，即不但达到了圣人标准，而且还超过圣人的标准，称孔子是圣人还有些委屈了他。当然，即便抛去其中的过分溢美之词，我们至少能看到弟子对老师形象的高度认可。另外，孟子也称孔子是集大成者、圣之时者。

叔监殷，管叔以殷畔。知而使之，是不仁也，不知而使之，是不智也。仁智，周公未之尽也，而况于王乎？'"（《孟子·公孙丑下》）

"孔子仁知且不蔽……故德与周公齐，名与三王并。"（《荀子·大略》）

"知而不仁，不可；仁而不知，不可。既知且仁，是人主之宝也，而王霸之佐也。"（《荀子·君道》）

"莫近于仁，莫急于智。不仁而有勇力材能，则狂而操利兵也；不智而辩慧狷给，则迷而乘良马也。故不仁不智而有材能，将以其材能，以辅其邪狂之心，而赞其僻违之行，适足以大其非，而甚其恶耳。……仁而不智，则爱而不别也；智而不仁，则知而不为也。故仁者所爱人类也，智者所以除其害也。"（《春秋繁露·必仁且智》）

"圣人之于人，犹父母之于子。有其道而不以教之，不仁；其道虽有而未之知，不智；仁与智且不能，又乌足为圣人乎？"（《韩愈全集·进士策问十三首·其十三》）

此外，孔子是圣人还有着非儒学派文献的证明。如《管子·枢言》有"既智且仁，是谓成人"。有着道家基础的司马迁称孔子为"至圣"[①]。

我们不难看到，在内容上仁与智不是孤立的、封闭的，还涉及勇（仁、智、勇为三德）；在主体上，不但有仁者还有智者；在对象上，不但涉及自己还涉及他人（成己仁也、成物知也）；不但应该成圣，而且可以成圣甚至是必然成圣。当然不管怎样，圣人必须是仁且智的，

---

①　司马迁给孔子以《世家》的待遇，这是包括老子在内的学者未能享有的待遇。司马迁虽然记录了孔子"丧家狗"般的落魄，但还是对孔子有着由衷的敬意。《史记·孔子世家》："太史公曰：诗有之：'高山仰止，景行行止。'虽不能至，然心向往之。余读孔氏书，想见其为人。适鲁，观仲尼庙堂车服礼器，诸生以时习礼其家，余祇回留之不能去云。天下君王至于贤人众矣，当时则荣，没则已焉。孔子布衣，传十余世，学者宗之。自天子王侯，中国言六艺者折中于夫子，可谓至圣矣！"

只能是仁且智的；或者说仁且智必然是圣人的品格，必然能成就圣人品格，这一点是十分清晰的。相对于圣人"仁且智"的完美，不完美的如"仁而不智""不仁不智""不仁而智"也随之出现，并且诸多不完美的原因及表现也大体列出。我们既要看到诸多不完美的种种弊端，对之痛心疾首，也要看到孔子早已见微知著，令人叹服不已。

在仁且智上，孔子对仁的要求是很高的。仁是具备知的仁（未知焉得仁；好仁不好学，其蔽也愚），这就远远高于一般人想当然地以为只要有好心就可以的认识，避免了仁的空洞和迂腐（如东郭先生和狼、农夫和蛇），避免上当受骗①，同时也就决定了仁者（无论是做人还是求知）都是无止境的。孔子还讲仁包含勇（当然勇不一定包含仁），要求仁者安于仁，不为其他因素所动（如孔子讲"不仁者不可以久处约"，反过来就是"仁者可以久处约"，如孟子发展出"富贵不能淫、贫贱不能移、威武不能屈"），这也是很高的要求。结合现实具体环境可知，要真正做到是很不容易的，然而真正的仁者又非如此不可。孔子也看到并承认了知的重要性，但同时又指出单独讲知会有缺陷（知及之仁不能守之，虽得之必失之），规定了知的应有地位（知只是手段，即知者利仁）。孔子在知上的态度是清晰的、清醒的。在结构上，"且"表明了兼顾二者、缺一不可；同时，仁且智的表达还表明了仁的优先和统率，是一种全面与重点相结合的表达，结构完整并重点突出。在义理上，讲仁必包含知，讲知必服务于仁，蕴含了丰富的内容和健康的方向，义理完整而深刻。要言之，孔子这种仁智结合的确体现了人类对自身发展的美好期盼，以完美的理想人格"圣人"来称之是恰当的。孔子并未自称、自封为圣人，但孔子的所想、所作、所为的合理性使得他人心悦诚服地称之为圣人；孔子也

---

① 《论语·雍也》："宰我问曰：'仁者，虽告之曰：井有仁焉，其从之也？'子曰：'何为其然也？君子可逝也，不可陷也；可欺也，不可罔也。'"《孟子·万章上》："君子可欺以其方，难罔以非其道。"

并未说自己已经是圣人，只是说自己在朝着这一美好方向为之不已；孔子当然也不会说只有自己才是圣人，而是谁达到了都可以称为圣人。"后生可畏，焉知来者之不如今也"，孔子对之是很乐观的。

当然，如果扩展一下还可以看到，仁且智理想人格的实现不但涉及仁与智两个方面，还涉及志向与毅力，包含自愿与强迫、可能与现实、内在与外在等诸多因素的复杂而漫长的过程。如孔子讲"我欲仁，斯仁至矣"（《论语·述而》），这种自觉自愿（不是外在强迫）投身于高远志向（欲仁），并且自信坚定（斯仁至矣）可见一斑。又如孔子讲"仁以为己任，不亦重乎，死而后已，不亦远乎"（《论语·泰伯》），这时对仁者的意志力提出了极大考验。孔子又讲"求仁得仁"体现了对仁应内求，并且必然可以求到的自信与无怨无悔。在为圣的历程中，孟子提出了"人皆可以为尧舜"、荀子提出了"涂之人可以为禹"，关注了可能性问题，后世还有"满街都是圣人"（此处的"是"理解为"应该是""可能是"比较合理，如果强行理解为"已经是""都是"就会出现偏差）。汉代董仲舒在"必仁且智"中提到了"必"，他分析看到了仁与智分离之后（不仁不智、仁而不智、智而不仁）会产生种种局限，因此强调"必须"仁且智，甚至"只能"仁且智，这当然有一定针对性。董仲舒的最大失误在于忽略了道德意愿（或者说过分强调了自觉，而相对忽略了自愿），缺失了自愿。那么出现强迫、僵化，甚至虚伪、做作就难以避免，偏离圣人方向也就难以避免（如董仲舒讲"顺命""成性""防欲"虽不能说完全没有道理，但总不可能按照如此路径而成就圣人；汉代出现"举秀才不知书"等虚伪现象说明这与圣人方向差之毫厘、谬以千里）。如果回想孔子，孔子只是说自己朝着仁且智（学而不厌、诲人不倦）的理想目标为之不已，并未强迫别人也必须如此或只能如此，可以对自己严格要求，但并不必然对别人也这样严格要求。最高标准是严于律己、宽以待人（甚至对别人不提要求），孔子做到了；看来如何成圣在人际关系上也是十分有讲究的。要言之，所谓仁且智实际就是有知识、更有道德，顾自己更顾他人、集体，这就是理解仁且智的两个路径。

在仁且智的理解上，我们还补充三点：一是仁者与智者的平等与不平等。我们有时会见到仁者与智者大体平等的一面，如《周易·系辞上》有"仁者见之谓之仁，智者见之谓之智"。见仁见智说明人们从不同角度看待问题有助于对问题的全面了解，这里出现了少有的仁者与智者大体平等的一面；在《论语》中人们也常常引用"知者乐水，仁者乐山；知者动，仁者静，知者乐，仁者寿"，似乎仁者与智者大体差不多。其实仔细想一想，其差别不但有，而且很大：仁者有自己的原则底线，不会出卖原则打破底线，甚至会为了原则而杀身成仁，这样的仁者就如同山一样不为所动，仁者是静的，也就能存之永远（如此才会有后世的"静以修身，俭以养德""非淡泊无以明志，非宁静无以致远"）；相对而言，智者如水一样灵活多变，这有一定优点，但如果过了头就可能越过底线出卖原则，这时的"水"、这时的"动"就开始呈现消极贬义，甚至出现为道德所不容的严重错误。如"识时务者为俊杰"中的灵活经常是以出卖原则尊严为代价的，"拉人下水"是出卖原则、"反水"是背离立场、"水货"是假而不实，都与道德背道而驰。因此智者乐水、智者动、智者乐，其动反不如静①，其乐反而不长久（相对而言，仁者寿）。也就是说，虽然智者乐水，但仁者只能乐山，这是不能互换的；这里似乎是仁者与智者大体平等，其实还是仁者优于智者。

二是对智者的谨慎与批评。对于智者的批评不仅有儒学的孔子，还有道家的老子和法家的韩非（当然墨家比较重视智）。孔子讲"知

---

① 与之相关，还有老子的"五色令人目盲，五音令人耳聋，五味令人口爽，驰骋畋猎令人心发狂，难得之货令人行妨"，这也是讲外在之动使得自己难以把持住自己；老子的"静为躁君"也与之有关。

及之，仁不能守之，虽得之，必失之"。老子对百姓讲"绝圣弃智，民利百倍"（《老子·十九章》），对君主讲"以智治国国之贼，不以智治国国之福"（《老子·六十五章》）。法家韩非借鉴了老子立场，站在君主的角度既有对贤智的使用，又有对贤智的不信任，这种矛盾尴尬的心态是十分明显的。[1] 历史上有三位智者（智子、智伯、智叟）不智的例子。寓言故事《智子疑邻》源自法家韩非[2]。智子家中墙坏，其子与邻居老人都提醒他要注意防盗，但在丢失东西之后，智子却认为自己儿子很聪明，怀疑邻居老人是小偷。智伯的历史故事发生于战国时期，故事可参见司马光的《资治通鉴》。智伯有五大优点，然而甚不仁[3]，智伯看似才智多、才能强（不以才能团结别人为国家服务，反以才能恃强凌弱），最后竹篮打水一场空，甚至付出了灭身亡家的惨重代价（被弱者联合起来灭掉）。智伯就是有智无仁的典型，司马光以之为《资治通鉴》开端是有着良苦用心的。智叟故事源于《列子·汤问》[4]，河曲智叟指出愚公移山不可取，不如搬家

---

① "圣人之道，去智去巧。智巧不去，难以为常。"（《韩非子·扬权》）"物众而智寡，寡不胜众，智不足以遍知物，故因物以治物。"（《韩非子·难三》）"故明主之道一法而不求智，固术而不慕信。"（《韩非子·五蠹》）"事智者众，则法败；用力者寡，则国贫。"（《韩非子·五蠹》）"民智之不可用，犹婴儿之心也。……故举士而求贤智，为政而期适民，皆乱之端，未可与为治也。"（《韩非子·显学》）

② 《韩非子·说难》："宋有富人，天雨墙坏。其子曰：'不筑，必将有盗。'其邻人之父亦云。暮而果大亡其财，其家甚智其子，而疑邻人之父。"

③ 《资治通鉴》："初，智宣子将以瑶为后，智果曰：'不如宵也。瑶之贤于人者五，其不逮者一也。美鬓长大则贤，射御足力则贤，伎艺毕给则贤，巧文辩惠则贤，强毅果敢则贤；如是而甚不仁。夫以其五贤陵人而以不仁行之，其谁能待之？若果立瑶也，智宗必灭。'弗听。智果别族于太史，为辅氏。"

④ 《列子·汤问》："太行王屋二山，方七百里，高万仞，本在冀州之南、河阳之北。北山愚公者，年且九十，面山而居。惩山北之塞，出入之迂也。聚室而谋曰：'吾与汝毕力平险，指通豫南、达于汉阴，可乎？'……河曲智叟笑而止之曰：'甚矣，汝之不惠！以残年余力曾不能毁山之一毛，其如土石何？'北山愚公长息曰：'汝心之固固不可彻，曾不若孀妻弱子。虽我之死，有子存焉；子又生孙，孙又生子；子又有子，子又有孙；子子孙孙无穷匮也，而山不加增，何苦而不平？'河曲智叟无以应。"

更容易，但愚公以坚毅的态度、团结的行动和邻人的帮助回击了智叟的冷嘲热讽，并取得最后胜利。从形式上看，智叟似乎并非糊涂透顶，所提建议并非愚不可及；然而撇开形式仔细思考一下，愚公的才能或许有所不及，但其直面问题的态度、坚定的毅力及善于团结都是极为可取、值得高度肯定、应该给予赞美支持的；相对而言，智叟回避问题，不去助人而是冷嘲热讽的态度应该受到批评。可以说，愚公不愚，智叟不智（清代彭端淑《为学》举过贫富二和尚立志去南海，最后富者不至而贫者反至；在现实中人们还杜撰了通俗故事"龟兔赛跑"，偏让勤奋的乌龟胜过懒散的兔子，其中的道理也与愚公、智叟似有契合之处）。要言之，这些智者或只讲才能而无仁爱之心，或只顾自己而不顾别人，或遇到困难只会逃避，说明智而不仁实在不能代表美好方向。

三是孔子与周公是仁且智的典范。孔子是仁且智自不必多说，周公在《孟子》中出于辩护齐王错误行为的不良动机称其仁智"未之尽"，然而不妨正过来说，他们还是内在地认为周公是仁且智的。细想一下，周公制礼作乐当然有大智，为国家兼夷狄驱猛兽、"一沐三捉发，一饭三吐哺"[①]当然是大仁。如此说周公仁且智（大仁大智）想来完全可以成立，加上孔子也是仁且智，如此孔子仰慕周公[②]、后世以周孔[③]并称，不是没有道理的。

在仁且智的流传与影响上，孔子的仁且智在儒学范围内得到了

_____

① 《史记·鲁周公世家》："我文王之子，武王之弟，成王之叔父，我于天下亦不贱矣。然我一沐三捉发，一饭三吐哺，起以待士，犹恐失天下之贤人。"

② 《论语·述而》："甚矣，吾衰也！久矣吾不复梦见周公！"

③ 如"悦周公仲尼之道"（《孟子·滕文公上》）；"以周孔为关键"（嵇康《难自然好学论》）；"朕之所好，唯尧舜周孔之道"（《贞观政要·卷六》）；"读六艺之文，以探周孔子之意"（《韩愈全集·韦侍讲盛山十二诗序》）；"讲说周公孔子，乐其道"（《韩愈全集·考功员外卢君墓铭》）；"平生企仁义，所学皆孔周"（《韩愈全集·赴江陵途中寄赠王二十补阙李十一拾遗李二十六员外翰林三学士》）。当然，唐宋之后更多地以孔孟并称代替周孔并称了。

广泛认可，前文引用的如孟子、荀子、董仲舒、韩愈等人都有相关论述。《礼记·中庸》讲"尊德性而道问学"，既讲道德又讲学问，先讲道德而后讲学问，当然是典型的仁且智路径。《礼记·中庸》的这句话在宋明时期的程朱理学和陆王心学两派中发生了激烈争辩，基本立场是程朱一派强调"道问学"，反对空洞地讲道德，陆王一派坚持先立乎其大，主张先要尊德性，两派往复辩难，蔚为壮观；然而从总体来看，两派都是认同"尊德性""道问学"的，也就是在"为何"去行上没有大的分歧，关键的分歧在于"如何"去行（"支离""太简"）；这一分歧虽然有其必要，但仍属儒学内部分歧①，都还是儒学立场（其他学派如法家是不关心这一问题的）。在近现代有很多学者（如康有为、钱穆等）关注仁且智，其中最有特色的应属学者冯契和牟宗三。学者冯契指出仁且智是孔子理想人格的主要特征，仁且智是认识论与伦理学的统一②；比较有特点的是，冯契提出"化理论为方法，化理论为德性"，力图实现知识与道德的融通；还提出"广义认识论"，其中包含四个方面的问题③（第四个问题就是人格问题）。认识论包含人格，这是一般认识论尤其是西方认识论所难以解释的，但却合乎孔子仁且智的路径。学者牟宗三十分关注仁且

---

① 如黄宗羲指出，朱熹和陆九渊"二先生同植纲常，同扶名教，同宗孔孟。即使意见终于不和，亦不过仁者见仁，知者见知"（《宋元学案·象山学案》）。

② 冯契："孔子的仁智统一学说""对当时哲学论争的中心问题——'天人'之辩，孔子既主张传统的天命论，又着重考察了人道，提出了仁智统一的新学说"；"孔子的仁智统一学说是从教学实践中总结出来的。在孔子和儒家看来，仁且智是理想人格（圣人）的主要特征"；"'仁'与'智'统一，也就是伦理学与认识论统一。"冯契. 中国古代哲学的逻辑发展（上）[M]. 上海：华东师范大学出版社，1997：87-90、95.

③ "我从哲学史研究中作出概括，以为认识论的主要问题有四个，即：感觉能否给予客观实在？理论思维能否把握普遍有效的规律性知识？逻辑思维能否把握具体真理（首先是世界统一原理和发展原理）？理想人格或自由人格如何培养？"冯契. 认识世界和认识自己 [M]. 上海：华东师范大学出版社，1996：47.

智①，他把孔子的仁且智称为"仁智合一而以仁为笼罩者的系统"②，还根据孔子的仁且智把中国哲学分为三派③。更有意义的是，牟宗三提出"智穷见德""德坎为智"，借鉴中国（"坎，陷也"）和西方（重视科学技术），提出了"良知自我坎陷"，力图在现代文明的基础上再次实现仁且智。两位学者不但指出孔子思想的特征，而且力图使之与现代文明、现代社会相融合，体现了哲学家的深邃与远见。此外，仁且智在文化上也有重要表现，如称赞岳飞"仁智并施"④（相

---

① 牟宗三："虽然孔子一向被后人尊为圣人，但是孔子自己不敢认为自己是圣人，他说：'若圣与仁，则吾岂敢？'仁与圣是人生的最高境界。在现实世界里，是不可能有圣人的，因为某人纵使在现实世界里最受尊崇，一旦他自称为圣人，自命达到最高境界，那么他的境界便不是最高的，所以已不可算是圣人了。圣人的产生，必由于后人的推崇，便是这个道理。孔子提出'仁'为道德人格发展的最高境界。至孟子便直说：'仁且智，圣也。'仁智并举并不始自孟子。孔子即已仁智对显，如仁者安仁，智者利仁；仁者乐山，智者乐水；知者动，仁者静等，便是仁智对显，而以仁为主……'仁且智'是说生命既能表现仁，又能里外明澈、毫无幽暗。仁的主要表现是爱，但当然不是所谓'溺爱'。我国的老生常谈'溺爱不明'表示溺爱就是不明之爱，是无智之爱。无智的爱当然不够理想，因此道德生命的发展，一方面须要仁，另一方面须要智来辅助与支持。仁且智的生命，好比一个莹明清澈的水晶体，从任何一个角度看去都可以窥其全豹，绝无隐曲于其中，绝无半点瑕疵。这样没有隐曲之私、通体光明莹澈的生命，可以经得起任何引诱与试探，能够抵得住一切折磨与风浪，永远不会见利忘义，或者沦落到'利令智昏'的境地。见利忘义或者利令智昏便是生命藏有隐曲，使本有的仁心仁性亦无从透显。孔子以仁为主，以'仁者'为最高境界。此时仁的意义最广大，智当然亦藏于仁之中，一切德亦藏于其中……并举仁与智，就是为了注重智对仁的扶持作用。这样说时，仁的涵义不得不收窄一点。仁与智并讲，显出仁智的双成。"牟宗三. 中国哲学的特质 [M]. 上海：上海古籍出版社，1998：26-27. 他还讲过"认识心、智也，道德主体即道德的天心，仁也。学问之事，仁与智尽之矣"。牟宗三. 认识心之批判·序 [M]. 台北：台湾学生书局，1990.

② 牟宗三. 历史哲学 [M]. 台北：台湾学生书局，1988：165.

③ 牟宗三. 中国哲学的特质 [M]. 上海：上海古籍出版社，1998：51-53、69.

④ 《宋史》："论曰：西汉而下，若韩、彭、绛、灌之为将，代不乏人，求其文武全器、仁智并施如宋岳飞者，一代岂多见哉。史称关云长通《春秋左氏》学，然未尝见其文章。"乾隆对岳飞的尊重和对秦桧的鄙视十分明显，曾多次造访岳飞祠墓并撰写《岳武穆论》："夫武穆之用兵驭将，勇敢无敌，若韩信彭越辈，类皆能之。乃如以文武兼备，仁智并施，精忠无二，则虽古名将亦有所未逮焉。知有君而不知有身，知有君而不知惜己命，知班师必为秦桧所构，而君命在身，不敢久握垂权于封疆之外。呜呼！以公之精诚，虽死于秦桧之手，而天下后世而仰望风烈，实可与日月争光矣。"

对而言，秦桧站也不是坐也不是，只能跪下去[①]）。仁且智在非儒学派中也有所使用[②]，在中西交流中也有所反映[③]。在理论与现实中、在圣人与常人中[④]，仁且智都有所反映，不管怎样都源自孔子的仁且智。

从对立的方面讲，孔子的圣人形象不但有"立"，也有"破"（解构）。当然就主要方面来看，是儒学在"立"，非儒学派在"破"（也不是所有非儒学派都来破，如墨家"背周道而用夏政"，创立了新学派，但并不怎么"破"孔子形象）。直接而言是"破"孔子的圣人形象，间接而言是"破"孔子的整体形象。对于孔子形象的"破"涉及面较多，我们从为何破、如何破、能否破得了这三个方面来看一看。

为何破？破孔子形象的学派或人物主要是道家、隐者、政敌（还有法家、兵家、杂家等），破的主要原因是他们不认同孔子的思想主张，不愿接受孔子是圣人的事实。如孔子主政鲁国三个月，政令畅通，齐国大恐，想尽办法让鲁国国君不理孔子。如孔子到齐国，齐国国君本来打算重用，但有齐国臣子阻拦。孔子不放弃自己的理想主张，

---

① 2005年上海出现了秦桧站立塑像，2011年南京江宁博物馆出现秦桧坐像，后即被撤、被毁。理解秦桧形象可结合岳飞的"仁智并施"，可以说有仁智并施的岳飞在，秦桧是站立不起来的，文化使然。

② 佛教星云称释迦牟尼之父净饭王："真实慈和的大王，你仁智兼备，国运昌隆。"星云.释迦牟尼佛传[M].高雄：佛光文化事业出版公司，2011：22.

③ 黑格尔："孔子只是一个实际的世间智者，在他那里思辨的哲学是一点也没有的——只有一些善良的、老练的、道德的教训，从里面我们不能获得什么特殊的东西。"（黑格尔.哲学史讲演录（第一卷）[M].北京：商务印书馆，1997：119）智者在西方虽有地位，但形象不高不佳，黑格尔以"智者"称孔子说明他对孔子评价不高（对老子评价尚可）；孔子如此强调仁对于智的优先和统率，怎么可以把孔子称为"智者"呢？即便称孔子"仁者"也不完全恰当，但至少抓住了根本，尚可接受，可以说黑格尔并不充分知晓仁且智的真正含义，并不十分懂中国文化；当然，作为一个外国人，黑格尔对中国文化知之不多，有所偏见不足为奇。

④ 常规讲"有本事无脾气""本事大脾气小"。本事与智有关，脾气与仁德有关。这说起来容易，做到很难。当然，这不是没有人愿意如此，也不是完全没有人做到。

周游列国以宣传推广，隐者们多次表示不理解、不接受。

如何破？破的动作有的在孔子生前，有的在孔子身后；破的方式有阻止、讽刺、颠覆等；破的内容涉及孔子的政治主张、出身、相貌、经济、财富、学识；有的实有其事，有的纯属杜撰；有的是误会，有的纯属恶意。有的破可能暂时取得一定成功，有的破终究没有成功或永远也不会成功；归纳起来，多数的破发生于孔子周游列国落魄之时。

能否破得了？虽然非儒学派多次、多方地破孔子形象，但是总体来说效果并不佳。有的说出了一定事实，这要接受；有的的确让孔子很尴尬，孔子也认可；有的似乎胜利了，其实未必。我们不妨举一例子：道家立场的《列子·汤问》中有一则《两小儿辩日》的寓言故事。从表面来看，孔子的确被两小儿难住了，看来孔子在知识上还不是无所不知，似乎不应称为圣人。然而我们仔细思考一下，可能并非如此简单：我们既要看到两小儿的聪明机灵，还要看到孔子的诚恳态度（"知之为知之，不知为不知，是知也"）；我们既要看到孔子的确有所不知，更要看到孔子的谦虚态度使他会继续学习。孔子的知识广博早已为常人所不及，孔子的谦虚好学亦为常人所不及。即便就当下而言，孔子的知识早已超出常人，这是包括两小儿在内的人都认可的（否则不会请孔子来定夺当裁判）；但孔子没有满足，没有显摆，遇到问题还是诚恳表示不知，这就难能可贵。两小儿有了一得之见就有些飘飘然，就用来炫耀，别人不懂时就来讽刺挖苦，在做人与做学问上实在不是好态度，对他们的成长并不是什么好事。我们不妨说孔子考了八九十分、两小儿考了二三十分，考了八九十分的人还在谦虚学习（包括向"一字师"学习），考了二三十分的人却在沾沾自喜，两者有明显差距并且会逐渐拉大，这不是必然的吗？就当下而言，孔子的知识是超过两小儿的；就未来而言，孔子还在谦虚进步，两小儿可能止步不前，孔子的知识不会超出更多吗？就人们的期待而言，我们知道（即便孔子可能有所不知），但孔子的态度是到位的，孔子是最有可能进步达到圆满的，孔子虽然有所不知，但会在既有广博高深知识基础上继续谦虚好学，我们仍然称之为圣人（这与前面分析的"学而不厌"可以互证）。两小儿的基础也不错，但他们的态度使其进步动力有限甚至停止不前，是很难或不能实现圆满的，他们虽有一得之见但我们并不称之为圣人。换位一下，如果孔子也像两小儿一样显摆，拿着自己广博高深的知识来难为两小儿，那两小儿会有多尴尬。好在孔子不会那么做，如果那么做了，那他也不是理想的圣人了。可见在《两小儿辩日》中孔子似乎败了，其实未必败，反显示出他的可贵之处。

有破就有应。对于破，有的是孔子来回应，有的是孔子弟子及后学来回应；有的是必须加以回应，有的是无须回应；有的容易回应，有的不容易回应；有的回应得很好，有的回应得一般。面对对孔子形象的破，有的弟子未必坚定，但多数弟子坚定维护孔子形象，其中如颜渊、子路、子贡比较有特色。总体来说，孔子并未因为有人破而失去信心，其弟子亦然。

当下李零以"丧家狗"称孔子引起了较大反响，故在此多言两句。李零撰写了"破"孔子圣人的两本书。李零"破"孔子圣人的证据主要有两条：一个是《论语》中孔子自称的"若圣与仁，则吾岂敢"；另一个是司马迁《史记》中记录的孔子默认的"丧家狗"。于是，李零两本书的中心分别就是"去圣""丧家狗"[①]。

"子曰：'若圣与仁，则吾岂敢！抑为之不厌，诲人不倦，则可谓云尔已矣！'公西华曰：'正唯弟子不能学也。'"（《论语·述而》）

---

① 李零. 丧家狗：我读论语 [M]. 太原：山西人民出版社，2007；李零. 去圣乃得真孔子 [M]. 北京：生活·读书·新知三联书店，2008.

"孔子适郑，与弟子相失，孔子独立郭东门。郑人或谓子贡曰：'东门有人，其颡似尧，项类皋陶，其肩类子产，然自要以下不及禹三寸，累累若丧家之狗。'子贡以实告孔子。孔子欣然笑曰：'形状，末也。而谓似丧家之狗，然哉！然哉！'"（《史记·孔子世家》）

从形式上来看，一方面，两条证据似乎都是事实。一条是孔子亲口承认自己不是圣人，一条是孔子亲口承认似丧家之狗，这是谁也不能否认的事实，这并不是李零杜撰，似乎不能剥夺李零说出来的权利。另一方面，这两条证据还大体互相支持：只要不是圣人就有可能落魄，有可能是丧家狗；是丧家狗则肯定不是圣人，圣人怎么能是这么个样子。这样看来似乎证据确凿、有理有据，孔子不是圣人，还是丧家狗，不接受都不行了。

真的是这样吗？未必！李零有两方面的"有利"证据，然而我们会看到李零至少犯了两大明显错误：一方面，阅读文献不全面，只抓住了只言片语，未能从文献整体来阅读。在第一条文献中，孔子是讲"若圣与仁，则吾岂敢"，但后面还有话呢，"抑为之不厌，诲人不倦"。虽然李零也提到了"学而不厌，诲人不倦"，但他根本不重视这句话，甚至一带而过，更不讲"学而不厌，诲人不倦"就是"仁且智"（《孟子》："学不厌，智也；教不倦，仁也；仁且智，夫子既圣矣"）。这样在李零这里，所谓的"圣"就是一个孤零零的抽象符号，内涵不多、支持不多、基础没有，"破"如此之圣还不是轻松得很？但圣并不孤单、并不抽象、并不空洞，而是有着坚实的基础，圣的后面是仁且智（德才兼备），仁且智的后面是学而不厌、诲人不倦（自强不息、厚德载物），只要这些基础是坚实的，圣就是鲜活的。如同海上冰山露出的只是很小的一部分，人看见露出水面的部分就以为冰山就那么一点，那就大错特错了：冰山的大部分虽看不见，但却是实实在在存在的。又如同趵突泉水喷出水面的就那么一点，但不要以为只要把喷出水面的部分舀掉它就没有了，其实只要水土保持得好，它就是活的、舀不完的。也就是说既要看到冰山露出水面的小部分，还要知道水下的大部分；既要看到泉水喷出的部分，还要知道泉水是活的、还会继续喷涌；既要相信眼睛，还要用大脑推理，要全面些、深入些看问题。孔子之圣不是一个孤立的、抽象的符号，而是有坚实的强大基础。孔子之圣不是一个僵化的、空洞的符号，而是孔子一生学而不厌、诲人不倦（仁且智）鲜活生命的写照。

另一方面，李零理解不准确、似是而非，抓不住重点、舍本逐末。关于第一条文献，孔子是讲了"若圣与仁，则吾岂敢"，因此李零断言孔子自己承认不是圣人。好好想一想吧，中国文化是谦让的文化，首先是自谦。当别人抬举自己的时候，自己要主动降一降（孔子知识渊博，如果他断然拒绝说我一个字也不认识，那叫谦虚过分也是骄傲；如果孔子顺杆爬说你说我有很多知识，我知道的比你想象得多得多，那叫不知天高地厚；孔子既没有断然拒绝也没有顺杆爬，而是十分清醒地说我只不过是做到了学而不厌、诲人不倦）。反过来，当别人自谦、降半格的时候，我们也不能简单以为他就是那个样子，应该高半格来看待他，这样才基本合乎事物的本来面貌。如果我们简单以他人的自谦、降半格来看待他，以为就是他的本然，那就是不懂中国文化的交往之道。李零如此解读文献，好像他是一个初来中国的外国人，实在让人费解。

在第二条文献中，孔子是说了"丧家之狗，然哉"，但前半句还有"形状，末也"。也就说，"丧家狗"是对人外在形状（相貌）的描写，而外在形状（相貌）是"末"（细枝末节）而不是"本"（内在道德境界）。这样就不难理解，即便一个人的外在形状的确像丧家狗，那也不过是细枝末节，应该舍末逐本，探究其根本。不探究"本"反而在"末"上劳心费神，这叫舍本逐末、本末倒置，实在不能说是明智之举，也难以得出什么有说服力的结论。"丧家狗"指外在相貌，圣人指内在道德境界。外在相貌与内在道德可能相协调，也可能不协调。孔子就讲过"以貌取人"可能会犯错误，荀子写了《非相》篇批评以貌取人，庄子更是塑造了很多外在相貌奇怪，但内在道德高尚的人。有着道家基础的司马迁就没有拘于外表的落魄，仍然承认孔子是至圣、圣人中的圣人，还说过"高山仰止，景行行止；虽不能至，然心向往之"这类动心之语。李零用外在相貌来简单判定孔子就是丧家狗，就不可能是圣人，不是很牵强吗？

此外，仁且智不但有着特定的对象、内涵、要求，还超越自身，影响到其他道德范畴，并与其他道德范畴相连，与之共同构筑中华文化的道德谱系，推动中华文化向前发展。这里至少有四个方面：学而不厌、诲人不倦；自强不息、厚德载物；严于律己、宽以待人；德才兼备。

学而不厌、诲人不倦与仁且智的关系最为密切，它是仁且智的直接来源。没有学而不厌、诲人不倦，仁且智就成了无源之水、无本之木，没有基础，说服力也就不会强；仁且智是对学而不厌、诲人不倦的概括和提升，使之言简意赅更为简练，也使之不仅具有认识论色彩又凸显了道德色彩，后世多用仁且智有其道理。当然，学而不厌、诲人不倦仍有其相对独立之处，仍有值得我们认真学习借鉴之处。就学而不厌而言，学与不学有着原则性的区别，不学自然无法展开，孔子讲自己不是生而知之[①]，自己与别人也无甚区别，只是好学而已[②]；在学习过程中浅尝辄止还是进取不已也是有讲究的，孔子好学[③]、

---

① 《论语·述而》："吾非生而知之者，好古，敏以求之者也。"
② 《论语·公冶长》："十室之邑，必有忠信如丘者焉，不如丘之好学也。"
③ 《论语·公冶长》："敏而好学，不耻下问。"

乐学^①、善学^②、博学^③、终身学习^④以及学有所成,都是世所公认的。就诲人不倦而言,自己有了知识是否教给后学是有讲究的,不教(孤芳自赏)似乎也不能说什么,但教诲后学就体现出积极开放的人生态度;在教诲的过程中,是十分有耐心还是不耐烦,也是有讲究的,孔子诲人而且不倦当然是十分有耐心的,孔子的广泛教育^⑤、能教^⑥、善教^⑦、教得好是有目共睹的。如此,学习上的学而不厌和教学上的诲人不倦就构成了学且教、教且学(教学相长)十分完整、十分丰富的两个阶段,学而不厌自然可以成为知识渊博的人,诲人不倦自然可以成为德高望重的老师;如此,孔子先师的称号当之无愧。孔子在学而不厌上可以用"发愤忘食,乐以忘忧"来说明,在诲人不倦上可以用"循循善诱"^⑧来说明,弟子三千贤者七十二、弟子以对待父母三年之丧甚至子贡守孝六年来对待孔子,师生情谊溢于言表。学而不厌(不但有知识还是高深广博的知识),诲人不倦(不但有道德还是崇高的道德),这当然是有知识更有道德;学而不厌主要针对自己、诲人不倦必定针对别人,针对自己是高标准、严要求,针对别人也是有爱心、有耐心,这当然是顾自己更顾他人、集体。这与仁且智当然是相通的,是极为必要的、高尚的,在这种人生态度下成就圣人不但是可能的,而且是必然的。1938 年,毛泽东提出:"学习的敌人是自己的满足,要认真学习一

---

① 《论语·述而》:"发愤忘食,乐以忘忧,不知老之将至。"

② 《论语·为政》:"学而不思则罔,思而不学则殆。"

③ 《论语·子罕》:"大哉孔子,博学而无所成名。"

④ 《论语·述而》:"加我数年,五十以学易,可以无大过矣。"

⑤ 《论语·卫灵公》:"有教无类。"

⑥ 《论语·为政》:"十有五而志于学,三十而立。"

⑦ 《论语·述而》:"不愤不启,不悱不发。"《论语·为政》:"温故而知新。"

⑧ 《论语·子罕》:"颜渊喟然叹曰:'仰之弥高,钻之弥坚。瞻之在前,忽焉在后。夫子循循然善诱人,博我以文,约我以礼,欲罢不能。既竭吾才,如有所立卓尔。虽欲从之,未由也矣。'"

点东西，必须从不自满开始。对自己'学而不厌'，对人家'诲人不倦'，我们应取这种态度"；"（共产党员应该是）诲人不倦的教师。"① 毛泽东指出学而不厌、诲人不倦涉及"对自己""对人家"，也就指出不能仅在一个人的小圈子里做文章，应该具有更为积极的宽广视野，实际上指出了学而不厌、诲人不倦中"顾自己，更顾他人、集体"的一面；他要求共产党员做"诲人不倦的教师"，这一要求表面上似乎平淡无奇，其实是很高的，要做到、做好是很不容易的。

自强不息、厚德载物与学而不厌、诲人不倦非常接近（学而不厌可以说是自强不息，诲人不倦当然是一种厚德载物；还可以看到由教育领域上升到更广阔的领域），当然自强不息、厚德载物也有自己的独特含义。自强不息、厚德载物源自《易传》的"天行健，君子以自强不息；地势坤，君子以厚德载物"；《易传》据说为孔子所作，虽难以实证，但其精神实质与孔子立场相通大体为人所接受。从自身来看，自强不息、厚德载物包含两个方面内容：自强与载物（己与人），在程度上是不息与厚德（不息即生生不息，是终身为之努力的过程）。厚德不是害人玩人的"丧德"（如《尚书·旅獒》的"玩人丧德"），也不是麻木不仁不顾别人的"无德"（如孔子称齐景公无德）②，也不是给别人些残羹冷炙还让人感恩戴德的"薄德"，而是真心实意、诚心诚意的"厚德"③；自强不息难能可贵，会取得些成绩，然而又不故步自封孤芳自赏，还积极帮助他人真诚奉献社会，这当然是极完整的、极有必要的，也是极高明的。扩展来说，自强不息、厚德载物还有着政治的、道德的、文化的含义。在政治上，自强不息、厚德载物

---

① 毛泽东选集（第二卷）[M]. 北京：人民出版社，1991：522、535.

② 《论语·季世》："齐景公有马千驷，死之日，民无德而称焉。"

③ 毛泽东讲"要全心全意为人民服务，不要半心半意或者三分之二的心三分之二的意为人民服务"。毛泽东文集（第七卷）[M]. 北京：人民出版社，1999：285.

首先是对君子（甚至是君主）的要求，虽然这并不妨碍其他人也如此，但君子（甚至君主）则是应该如此，甚至必须如此，或者说唯其自强不息、厚德载物才称得上合格的甚至是优秀的君子（甚至君主）；同时，自强不息、厚德载物在卦象上就是"乾下坤上"（核心是乾为下），乾为下实际上就是要求上者为下（上级既要自强不息，还要自觉谦下地为大家服务），这对上者的要求是十分严格的。在道德上，自强不息、厚德载物来自人类对天与地、阳与阴的观察与思考，希望天地（人）和谐、阴阳互补（希望人类取法乎天，刚健有为、生生不息；希望人类取法乎地，厚待他人、厚待万物）；乾下坤上还要求在人际关系中相对居优势的一方谦下地善待对方（如谦受益，至少是一方收益，也可以是双方受益），由此双方和谐、共同进步。"乾下坤上"是"泰"卦，而"乾上坤下"则是"否"卦。也就是说，中国人分别赋予泰与否不同含义，认为优势一方（君子或君主）主动谦下就会出现"泰"的美好局面（如国泰民安），而优势一方（君子或君主）只顾自己而不谦下则出现（不但不是中性，简直是贬义的）"否"的尴尬局面。在文化上，"泰"这一美好寓意被赋予"东"岳泰山，使之成为岱宗、五岳之首，从而使东也连带具有重要含义（如东宫太子地位重要、东太后高于西太后、东道主慷慨大方）；中国人还把东的方位与图腾"龙"相连，称自己是龙的传人（东、龙也就与中华民族有了密切联系）；东的方位与春的季节相连也有了万物生生之意，与东方太阳升起有了民族兴旺之意；自强不息、厚德载物也被用作清华大学校训[①]。执教过清华大学的著名学者张岱年称自强不息、厚德载物为中华民族精神的象征[②]，受教于清华大

---

① 除了校训是自强不息、厚德载物，在清华还会经常看到校园底色：紫色。有人解释为，清华校庆为四月底，这时紫荆花开，以此为名，这是季节的角度。在文化的角度，校训即蕴含紫色，自强不息、厚德载物就是泰卦，泰被赋予东岳泰山，东岳泰山脚下的岱庙东门有"紫气东来"，于此可备一说。

② 人民网，2004年4月26日（张岱年先生4月24日去世）。

学的国家领导人习近平同志在表彰道德模范时也提到了自强不息、厚德载物①。可以说，自强不息、厚德载物既可以适用于国家民族，又可以适用于个人；既可以适用于坎坷艰难之际，又可以适用于兴旺发达之时；既适用于政治，又适用于道德文化，对中华文化起着巨大推动作用。

严于律己、宽以待人与自强不息、厚德载物最相近（严于律己往往自强不息、宽以待人也往往厚德载物，可以说由自强不息、厚德载物的民族的高度落实到具体每个人的当下日常行为），当然严于律己、宽以待人还有着自身的独特含义。严于律己、宽以待人虽不是由孔子直接提出，但也与孔子的学而不厌、诲人不倦有着一定联系，要求自己"学而不厌"当然是对自己提出了极高、极严的要求，对别人"诲人不倦"当然是对别人宽容厚道；此外，孔子还说过"躬自厚而薄责于人"和"宽则得众"也是与之大体一致的。严于律己、宽以待人，包括己与人、严与宽，然而它不是对己、对人一视同仁地"严"，也不是一视同仁地"宽"，而是对自己严、对别人宽；它看起来主要是单向要求，然而却经常能达到理想效果（如不求名来名自扬、桃李不言下自成蹊），这真是耐人寻味的智慧之思。在己与人方面，无论在理论上还是在现实上都包含平等与互动，也包含不平等与宽容；中国文化虽不乏对于平等与互动方面的思考（如人敬我一尺我敬人一丈、滴水之恩涌泉相报），但对不平等与宽容的关注度更高，在这方面的成果就是提出了"严于律己、宽以待人"；这时的不平等就要求上级、大者（在严于律己的基础上）对下级、小者进行宽容，即"严于律己、宽以待人"事实上更多的是对

---

① 2013年9月27日习近平在会见第四届全国道德模范及提名获奖者时讲道：精神的力量是无穷的，道德的力量也是无穷的。中华文明源远流长，孕育了中华民族的宝贵精神品格，培育了中国人民的崇高价值追求。自强不息、厚德载物的思想支撑着中华民族生生不息、薪火相传，今天依然是我们推进改革开放和社会主义现代化建设的强大精神力量（新华网，2013年9月27日）。

上者、大者的要求，或者说只有上级、大者主动严于律己、宽以待人才能构成和谐融洽的人际关系。与这相关的还有老子的"大者宜为下"、《人物志》的"急己宽人"①、韩愈的"责己重以周，待人轻以约"②。同时不难看到，严于律己、宽以待人要求上者"宜为下"，自强不息、厚德载物要求上者"乾为下"，二者在主要立场上显然是相通的，有异曲同工之妙（当然如果仔细分析，宽以待人可能是对方有些小错误，而厚德载物可能是对方相对弱势，弱势不等于错误，二者还不完全相同）。

对于严于律己、宽以待人的理解需要注意四点：一者，严于律己是宽以待人的必要前提，有了严于律己未必宽以待人（也可能严以律人），但如果没有严于律己则所谓的宽以待人就没有了实质意义（宽以待己、宽以待人不会进步，宽以待己、严于律人则对方难以接受）。严以自律往往简称自律，古今中外都称自律自制是美德。中国如《韩非子·观行》有："西门豹之性急，故佩韦以自缓；董安于之性缓，故佩弦以自急。"西方如柏拉图提出四种美德：智慧和知识、勇敢、节制、正义③。自律是实现道德圆满的必要开端，没有自律一切都无从谈起；进一步说，自律还只是必要条件，如果仅仅满足于自律就会出现缺陷（由于高度自律难免标准较高，所以对自己可能是孤芳自赏、曲高和寡，对人家可能是"水至清则无鱼，人至察则无徒"），这似乎也能生存下去，但离自我圆满与双赢还有距离（自己高标准要带动低标准、自己无过错还要宽容他人小过错）；自我圆满

---

① 刘邵在《人物志》中提出做人的最高境界是"急己宽人"，实则就是严于律己、宽以待人。

② 韩愈在《原毁》中以古君子与今君子相比，认为"古之君子，其责己也重以周；其待人也轻以约。重以周，故不怠；轻以约，故人乐为善"，而"今之君子则不然。其责人也详，其待己也廉。详，故人难于为善；廉，故自取也少"；实际上就是说古君子做到了严于律己、宽以待人，而今君子恰恰相反，是宽以待己、严于律人，古君子处处受益、而今君子处处被动。

③ 黑格尔.哲学史讲演录（卷二）[M].北京：商务印书馆，1997：254.

与双赢不会自动来到，但也不是不能实现，其中的枢纽就是在自律的基础上再去容人，现实中就是上对下的宽容。《论语·子张》有"君子尊贤而容众，嘉善而矜不能"，尊贤、嘉善是向上，容众、矜不能是向下，向上应该而且容易、向下应该但是存有难度；道德不但有上而且也有下，向上皆大欢喜、向下难能可贵。自律涉及自己、宽容涉及他人，自律未必对他人宽容，对他人宽容往往需要自律。自律固然是美德，对他人的宽容也是美德，甚至是更难能可贵的美德。孔子讲"恕"可以一以贯之、终身行之，果如此，其人际关系一定会相当不错。二者，宽以待人往往要求上对下的宽容（而往往不要求下宽容上，或者对上而言，即便下宽容了自己而自己仍然不宽容自己，这对上而言，实际上还是严于律己）。孔子讲"宽则得众"也是对社会中上层（君子）的要求；通常讲"宰相肚里能撑船，将军额头能跑马"是要求上级（宰相、将军）必须要有容人度量，而不是要求下级（老百姓）也必须如此；鲍叔牙举荐管仲为宰相，但管仲临死之时并未举荐鲍叔牙为宰相，管仲给出的理由就是鲍叔牙善善可以，但恶恶太过，也即宽容度不够，不具有宰相肚量，不适宜担当宰相之职，可见当宰相、成就大人物必须要有容人之量。为此中国文化形成了独特的上对下（谦下）的模式：上要"礼贤下士"（如周文王对待姜太公，如战国时期的齐国孟尝君、赵国平原君、魏国信陵君、楚国春申君四公子对待食客），上要"屈尊"（如刘备对待诸葛亮），上要"不计前嫌"（如齐桓公对待管仲、李世民对待魏征）；相对而言，曹操虽然喜欢徐庶之才，但通过不正当手段胁迫而来最终也是"徐庶进曹营一言不发"，可谓上级不尊重下级也难有下级的真合作；可见，对上级提出很多、很高的要求总有其原因①。这似乎

---

① 孔子讲"君君臣臣、父父子子"，孟子讲"君之视臣如手足，则臣视君如腹心；君之视臣如犬马，则臣视君如国人；君之视臣如土芥，则臣视君如寇仇"，也是对前者提出了更多要求。

是对上者不公平，凭什么只对上者提出这么多、这么高的要求？仔细想来还真是耐人寻味：在政治上，上者负担着更多社会责任，非严格要求不能选出合适人选、非严格要求不能减少纰漏，上不谦下则有才华的人士难以获得尊严和地位，也就难以更好地施展才华，上不宽容有过错的人则犯了过错的人难以生存、难以改过更新。如果上者陶醉自我无视他人，则有才华人士就有疏远感，如果上对他人小过也揪住不放，则能团结的人也就不多，总之前景不是最佳；因此在现实政治中，这种责上不责下、对上提出单向严格要求的做法就形成了严于律己、宽以待人这种智慧之思，它合乎古代也指引着未来，古今中外皆有体现①。在道德上，虽然现实中道德圆满者不多，但人们总希望有道德圆满者，并且上者往往更容易实现道德圆满（或者追求道德圆满者最应该为上者），于是人们对上者提出更多要求（对下则少提或不提要求），形成了道德加速的局面；加速虽然不只出现在道德领域，但道德领域中加速还是比较明显的（因为道德讲动机重于效果、付出重于索取、自律重于律人，很容易就出现单向单面的特征，于加速也就不远了）。可见，无论政治要求还是道德追求，单单要求上者或只对上者提出严格要求是现实智慧的结晶。三者，宽容他人是属下犯了小过错。属下不犯错误自然不存在宽容的问题（反之有了成绩还需要肯定或奖励），属下犯了大错误也不存在宽容的问题（如马谡失了街亭，诸葛亮虽然"挥泪"，但也要"斩"马谡）。属下只有犯了小错才存在宽容的问题，如孔子讲的是"赦小

---

① 李斯《谏逐客令》中有："太山不让土壤，故能成其大；河海不择细流，故能就其深；王者不却众庶，故能明其德。"（司马迁．史记·李斯列传 [M]．杭州：浙江古籍出版社，2000：769）罗尔斯《正义论》中有："社会和经济的不平等（例如财富和权力的不平等）只要其结果能给每一个人，尤其是那些最少受惠的社会成员带来补偿利益，它们就是正义的"；"利益的划分就应当能够导致每个人自愿地加入到合作体系中来，包括那些处境较差的人们。"罗尔斯．正义论 [M]．何怀宏，何包钢，廖申白，译．北京：中国社会科学出版社，1988：14-15.

过"（没说大过也要赦）、"小德出入可也"（大德还是要不逾闲的）；廉颇出于嫉妒想侮辱蔺相如，也就是说廉颇的错误虽然有但还不大。宽以待人之"宽"是降低标准，既不是提高标准，也不是没有标准。"宽"不是故意挑起是非、鸡蛋里挑骨头、故意找茬，但也不是是非不分、和稀泥、当好好先生（儒学称"乡愿"是"德之贼"）；可以说，如果有小过错不宽容、不原谅，那是苛求苛责，关系容易僵化，如果有大过错还宽容、原谅，那是是非不分，这一分寸需要仔细把握。

四者，在结果上，严于律己、宽以待人看似只是单方举动，其结果却往往双方和睦、皆大欢喜。在严于律己的基础上宽容别人是有雅量之举，对他人是留有了余地、维护了他人尊严。人非草木孰能无情，别人的感激、感动也就油然而生，回馈、回报也就真诚由衷，并且上对下的无过错对有过错的宽容，更容易实现下对上的有过错对无过错的真诚回馈。由此，自己的宽容大度、高风亮节与别人的幡然悔悟、投桃报李最终会出现一唱一和、相得益彰的局面。廉颇自恃有功看不起蔺相如，不甘居于其下，进行挑衅，而蔺相如没有以势压人、针锋相对，而是以大局为重忍让（"先国家之急而后私仇"），晓之以理、动之以情，最后廉颇受到感动（"不知将军宽之至此"）而负荆请罪，终成生死之交。在其中，蔺相如虽然更为高尚，其实廉颇也有可取之处，有错就改、知恩图报，二人才相得益彰。将相和[1]是严于律己、宽以待人的典范，

---

[1] 《史记·廉颇蔺相如列传》："既罢归国，以相如功大，拜为上卿，位在廉颇之右。廉颇曰：'我为赵将，有攻城野战之大功，而蔺相如徒以口舌为劳，而位居我上。且相如素贱人，吾羞，不忍为之下。'宣言曰：'我见相如，必辱之。'相如闻，不肯与会。相如每朝时，常称病，不欲与廉颇争列。已而相如出，望见廉颇，相如引车避匿。于是舍人相与谏曰：'臣所以去亲戚而事君者，徒慕君之高义也。今君与廉颇同列，廉君宣恶言而君畏匿之，恐惧殊甚，且庸人尚羞之，况于将相乎！臣等不肖，请辞去。'蔺相如固止之，曰：'公之视廉将军孰与秦王？'曰：'不若也。'相如曰：'夫以秦王之威而相如廷叱之，辱其群臣，相如虽驽，独畏廉将军哉？顾吾念之，强秦之所以不敢加兵于赵者，徒以吾两人在也。今两虎共斗，其势不俱生。吾所以为此者，以先国家之急而后私仇也。'廉颇闻之，肉袒负荆，因宾客至蔺相如门谢罪。曰：'鄙贱之人，不知将军宽之至此也。'卒相与欢，为刎颈之交。"

故事的关键就是毫无过错（严于律己）的上级蔺相如竟然宽容对待有过错的下级廉颇。在故事中，廉颇咄咄逼人，看似主动实则被动（悖理），蔺相如忍让，看似被动实则主动（大度）；被动使人际关系僵住，而主动则使人际关系峰回路转、柳暗花明，甚至化干戈为玉帛；在僵住之时，宽容大度成了重启良好人际关系的钥匙（战争讲"狭路相逢勇者胜"，而道德讲"退一步海阔天空"）。廉颇的嫉妒挑衅可以说不难理解，蔺相如的忍让显然高出一筹，《人物志》称"蔺相如以回车决胜于廉颇"，显然肯定了蔺相如之举的合理性。此类故事在历史上屡见不鲜：如秦穆公不惩罚食善马者还赐酒，结果三百人推锋争死以报食马之德[①]；楚庄王绝缨会上不计属下酒后失态之举，而属下为之死战[②]；李广与士卒同甘共苦，而士卒乐为之战[③]；赵奢善待他人以赏赐尽予属下，终成名将；刘备三顾茅庐，而诸葛亮为之鞠躬尽瘁死而后已。中国文化讲"和"，既承认了人与人之间有差异，又承认了有唱有和，最终可以互动和谐。无论是政治还是道德都不是一个人的独角戏，而是一群人有目的、有意识、有规律的

[①] 《史记·秦本纪》："初，缪公亡善马，岐下野人共得而食之者三百余人，吏逐得，欲法之。缪公曰：'君子不以畜产害人。吾闻食善马肉不饮酒，伤人。'乃皆赐酒而赦。三百人者闻秦击晋，皆求从，从而见穆公窘，亦皆推锋争死，以报食马之德。"

[②] 刘向《说苑·复恩》："楚庄王赐群臣酒，日暮酒酣，灯烛灭。乃有引美人之衣者。美人援绝其冠缨，告王曰：'……趣火上来，视绝缨者。'王曰：'赐人酒，使醉失礼，奈何欲显妇人之节而辱士乎？'乃命左右曰：'今日与寡人饮，不绝缨者不欢。'群臣百有余人，皆绝去其冠缨而上火。卒尽欢而罢。居二年，晋与楚战。有一臣常在前，五合五获首，却敌卒得胜之。庄王怪而问之，对曰：'臣乃夜绝缨者也。'"

[③] 《资治通鉴·汉纪十一》："广为人廉，得赏赐辄分其麾下，饮食与士共之，为两千石余年，家无余财。……将兵，乏绝之处见水，士卒不尽饮，广不近水，士卒不尽食，广不尝食，士以此爱乐为用。"司马迁评价曰"其身正，不令而行；其身不止，虽令不从"。《史记·李将军列传》："其李将军之谓也？余睹李将军悛悛如鄙人，口不能道辞。及死之日，天下知与不知，皆为尽哀。彼其忠实心诚信于士大夫？谚曰'桃李不言，下自成蹊'。此言虽小，可以谕大也。"

活动，理论上的"严于律己、宽以待人"、孔子的"宽则得众"、老子的"大者宜为下"、廉颇蔺相如的"将相和"、刘邵的"急己宽人"、韩愈的"责己重以周，待人轻以约"，生活中的"要想好大敬小"等，促使我们在现实生活中追求道德进步的同时亦为宽容之人、有大度之举。

德才兼备与孔子的仁且智最为相近[①]（德与仁相近、才与智相近、且与兼相近，自然德才兼备与仁且智相近），当然又有着自己相对独立的内容。它十分完整，要求德与才两个方面的结合，不是只讲一个方面，既避免了道德空洞，又避免了方向虚无；它又十分深刻，要求德与才完备具有（不是具备、不是有一点就行，而是完备具有，如德的要求就应是厚德），也就是不断深化、不断完善。这是无止境的，在结合与深化中，它还强调德对于才的优先，立场明确而坚定。它还言简意赅、通俗易懂。它又不拘于特定领域特定对象、灵活多样、适用性更广、影响更大（如对于政治是德才兼备、以德为先[②]，文艺界是德艺双馨，医学界是德医双馨，体育界是友谊第一、比赛第二，武术界是讲武德，在教育界对教师是学高为师、身正为范，对学生是品学兼优、学业争第一做人求完美，等等）。对于德才兼备的理解，我们可以借助于中国历史文化中的几个节点（曹操的唯才是举、司马光的德帅才资、《西游记》的紧箍咒、孔子的从心所欲不逾矩）来体会德才兼备含义的丰富与深沉。

曹操生逢乱世、深知人才的重要性，并且东汉末年出现了种种

---

② 万俊人："儒家传统教育理念的核心是智德双修、德才兼备。"万俊人. 寻求普世伦理 [M]. 北京: 北京大学出版社，2009 : 135.

③ "德才兼备"在 1982 年中共十二大写入《中国共产党党章》，"以德为先"在 2012 年中共十八大写入党章，成为选拔任用党员干部的原则。

道德荒唐虚伪之事（如赵宣墓中生子）[①]，于是在公元210年赤壁战败之后提出唯才是举的求贤令[②]。可以说，社会风气不正、战争特定时期等原因使得曹操不守常规，提出了"唯才是举"这一特定表达。这一表达有其现实基础和针对性，也取得了不错的效果，这些都是要承认的。再说曹操也不是不想走常规路，如当个"征西将军"、真心收服关羽，无奈这些都不顺利（曹操也不是唯才是举到任何人都要的地步，如对吕布还是听从刘备建议而杀之）。对于曹操的唯才是举，有两个方面值得注意：一方面，要完整理解德才兼备。德才兼备之德主要不是针对自己的，而是针对他人、集体的（所谓厚德载物之德即指向他人），或者说讲德必然要顾及他人、维护集体；与之相对，讲才往往导致个人优先，要么是对自己之才炫耀显摆，要么是对他人之才嫉妒不安，对于君主就是功高震主大开杀戒，对于个人就是羡慕嫉妒恨，个中原因无非是一个私心在作祟。（忽略德、轻视德）过分重视才甚至唯才是举，必然导致个人无所顾忌、无视他人、无视集体，甚至还以此作为继续骄傲的资本。即便曹操说如果不是自己当丞相，会出现"不知几人称帝几人称王"的局面，那就

---

① 汉代虽然儒学独尊、以孝治天下，但种种虚伪荒唐现象严重败坏了道德形象。表现在政治上，君权神授和谶纬迷信希望君权更加神圣神秘，却出现了王莽篡权的荒唐之事；在理论上，董仲舒必仁且智，强行要求所有人都达到最高标准，必然出现大面积的盛名之下其实难副的现象；在现实中，以孝治天下的倡导却出现了赵宣墓中生子之类的丑剧和孔融父母与子女无恩的怪论，虽然孔融之论有其个中曲直，但赵宣之举却是地道的荒唐。由此出现"举秀才不知书，察孝廉父别居，寒素清白浊如泥，高第良将怯如鸡"种种名不副实的混乱现象。针对当时虚伪、虚假、荒唐、混乱的社会现象，大有作为的曹操不可能逢迎社会不良风气，而是反其道而行之，反对虚名、虚假、虚伪，不拘门第、不拘一格、唯才是举，有一定针对性。

② 《求贤令》："自古受命及中兴之君，曷尝不得贤人君子与之共治天下者乎！及其得贤也，曾不出闾巷，岂幸相遇哉？上之人不求之耳。今天下尚未定，此特求贤之急时也。'孟公绰为赵、魏老则优，不可以为滕、薛大夫。'若必廉士而后可用，则齐桓其何以霸世！今天下得无有被褐怀玉而钓于渭滨者乎？又得无盗嫂受金而未遇无知者乎？二三子其佐我明扬仄陋，唯才是举，吾得而用之。"曹操集 [M]. 北京：中华书局，1974：40-41.

是说自己当丞相、挟天子还算是好的。这固然是一定事实，然而事实也是有层次的、有高下之别的，应该向更高、更好的标准靠拢的。曹操如是说并不能掩盖谁这样做谁就是奸臣奸相、几个人这样做几个人就是奸臣奸相的道德文化评判，再说道德上还有更高、更好的维护集体、克己奉公的标准，曹操囿于自我还是不愿意努力向上为之，这就注定了曹操的历史评价不可能很高。唯才是举引发的个人优先、凌驾集体之上、嫉贤妒能在曹操这里都是存在的：如曹操讲"宁愿我负天下人，休教天下人负我"，个人凌驾集体（天下）的立场显而易见；如曹操将错就错杀掉吕伯奢，无视他人的特点显露无遗；如曹操杀杨修，虽然对方有过错，但曹操嫉妒的原因不能说完全没有；如曹操非常羡慕周公，推崇周公的爱惜人才、熟知周公《金縢》之事，甚至以周公自期，然而历史上周公终究归政于成王，而曹操终究不能放弃兵权（"诚恐已离兵为人所祸也"）。如此在道德上，曹操相比于周公终究是功亏一篑；而诸葛亮在刘备托孤时，始终不越雷池一步，鞠躬尽瘁死而后已，终成楷模；曹操之前的著名丞相管仲有大节（"尊王攘夷"是维护集体，在周天子礼敬之时仍甘居下卿是维护礼制①，劝说齐桓公不封禅泰山），虽有部分瑕疵仍能得到孔子"如其仁"的较高评价。孔子曾说"晋文公谲而不正，齐桓公正而不谲"（《论语·宪问》），齐桓公之所以"正"，管仲有莫大的功劳。就德指向集体而言，在现实政治中就尤其强调对待集体、上级的态度。齐桓公强大之后尊王攘夷、听取管仲劝谏不封禅泰山就是维护了集体形象，而晋文公强大之后召天子来会盟就有不恭之处②，故而孔子称"桓正文谲"。以孔子的标准，曹操恐怕也是"谲"（不正）。由于曹操终究不

---

① 《史记·周本纪》："齐桓公使管仲平戎于周，使隰朋平戎于晋。王以上卿礼管仲。管仲辞曰：'臣贱有司也，有天子之二守国、高在。若节春秋来承王命，何以礼焉？陪臣敢辞。'王曰：'舅氏，余嘉乃勋，毋逆朕命。'管仲卒受下卿之礼而还。"

② 《史记·周本纪》："二十年，晋文公召襄王，襄王会之河阳、践土，诸侯毕朝，《书》讳曰：'天子狩于河阳'。"

能在道德上更上层楼、私心犹在，历史给予"名为汉相，实为汉贼"、称其"挟"天子以令诸侯，也是大体成立的。中华民族强调维护集体，这是有着深厚基础、众多支持的，个人优先凌驾集体终究要受到批评；站在集体的角度，管仲尊王攘夷是维护集体，孔子称赞其"如其仁"实至名归，而曹操名"迎"实"挟"（虽然曹操自己说是"迎"，但并非真心拥护汉献帝，没有归政于汉献帝的打算）。有人或许以乱世为曹操辩护，引用曹操的"治平尚德行，有事赏功能"[①]、桥玄的"天下将乱，非命世之才不能济也，能安之者，其在君乎！"和许子将的"子治世之能臣，乱世之奸雄"为其辩护，这固然有一定根据，然而笔者想追问一下，英雄是止乱世还是加剧乱世？是个人英雄重要还是社会重要？

以上是理论而言，就现实而言，现实中人往往或多或少有些缺点，孔子也讲"大德不逾闲，小德出入可也"，这显然是考虑到现实因素，也不苛求；然而反过来说"小德出入可也，大德不逾闲"，就主要立场而言，不能因为要照顾现实就失去了基本原则，大德不逾闲，主要方面是不能不顾的。另一方面，在曹操形象定位上，司马光"德帅才资"是最后稻草。曹操形象在唐宋之前尚可，但在宋代之后急转直下，迅速成为反面典型，其中有政治[②]、文化[③]的原因，在道德上也是有原因的：在道德上，孔子曾经树立仁且智的标准，谆谆教导不要缺德无德；但曹操的高傲与实用如何能顾及这些。曹操之后的司马光形象地树立起了"德帅才资"的大旗。德为帅，这就把德才兼备

---

① 曹操集 [M]. 北京：中华书局，1974：32.

② 北宋对于北方民族采取守势、南宋更是在北方民族的压迫下偏安江南，于是宋代文化对于北方政治势力往往有意无意中采取一种批评的态度，这使人联想到北方的曹操；而偏处西南的刘备则相对受到肯定。

③ 《东坡志林》里有这么一则故事："涂巷中小儿薄劣，其家厌苦，辄与钱，令聚坐听说古话。至说三国事，闻刘玄德败，颦蹙有出涕者；闻曹操败，即喜唱快。以是知君子小人之泽百世不斩。"王仲荦. 说曹操 [M]. 北京：中华书局，2009：224.

中的重点论鲜明地突出了。同时，德的缺失也就不是小问题，而是大问题、关键问题。孟子讲过"先立乎其大者，则其小者不能夺也"，大小的分野是很清楚的；庄子也讲"见笑于大方之家"。如同李陵虽有委屈，但在苏武面前自叹弗如、自惭形秽①，那么曹操的唯才是举虽有根据，但在司马光的德帅才资面前也是无话可说、无言以对的。孔子仁且智——曹操唯才是举——司马光德帅才资，历史在经过长期筛选之后终于合理地超越了曹操的唯才是举，重新回归了德才兼备（仁且智）的根本立场，以史为鉴。要言之，唯才是举受到相当大的批评，其根源就在于我们民族在本质上更加普遍认同德才兼备，或者说只要认同德才兼备就应批评唯才是举，越是认同德才兼备越要批评唯才是举，此消彼长，不得不如此。

德才兼备涉及四种结构：有德有才、有德无才、无德无才、无德有才；其中德才兼备当然是第一种，是最高标准、最完美标准，而唯才是举近乎"无德有才"，是最差标准，一定会出问题的，还有可能是最严重的问题：既害德又害人、乱世个人得意、盛世害人损己（"有才无德的人，逢乱世常常如鱼得水，成就功业，临盛世则往往害人又损己"②）。德才兼备与唯才是举，最高标准与最差标准之间差别巨大，甚至可以说是截然对立；如果说德才兼备是正面，则唯才是举近乎反面。至多可以说，德才兼备是原则性，唯才是举是灵活性；德才兼备是常规性，唯才是举是权变性。虽然现实中由于种种原因可能采取了某些反面的措施，但更应当争取正面的措施；虽然不可能绝对不讲灵活权变，但绝对不能为了灵活而灵活、为了权变而权变，以至于原则与常规被完全抛诸脑后，结果更加得不偿失。

---

① "嗟乎，义士！陵与卫律之罪上通于天！""今足下还归，扬名于匈奴，功显于汉室，虽古竹帛所载，丹青所画，何以过子卿！"司马光. 资治通鉴·汉纪十五·卷二十三 [M]. 北京：中华书局，2007：265.

② 刘劭. 人物志 [M]. 刘昞注，杨新平，张铠生，注译. 郑州：中州古籍出版社，2012：174.

实质而言，唯才是举往往有才无德，方向的偏离甚至逆动是难以避免的；并且唯才是举者往往是个人优先而非集体优先，这种损害集体在本质上是难以接受的，是不会长久的，终究成为反面借鉴。乱世、战时不可能成为常规，有才无德（唯才是举）远不如有才有德（德才兼备），这也就在根本上决定了曹操以及唯才是举的地位是尴尬的。

　　司马光在《资治通鉴》中提出了"德帅才资"①。他指出才能与德行不是并列关系，不是一比一的关系，也不是此消彼长的关系，不能因为才能多就压倒仁德（甚至有人可能才能多而更缺乏仁德，这更致命），这一深刻洞察力显然胜过很多现实浮泛之论。他还第一次纵向列出了"圣人（才德全尽）—君子（德胜才）—愚人（才德兼亡）—小人（才胜德）"的道德序列，这一序列不但如此排列，还给出了根据，说服力很强，后世大体延续之。这一序列把圣人（才德全尽）置于最上端，将小人（才胜德）置于最下端，这也就实质性地将曹操的"唯才是举"（类似才胜德）置于最下端，在理论上基本完成了对唯才是举的关键批评，也决定了德帅才资（德才兼备）对唯才是举的胜出。司马光还说，宁肯选择愚人（才德兼亡）也不

---

　　① 《资治通鉴》："臣光曰：'智伯之亡也，才胜德也。夫才与德异，而世俗莫之能辨，通谓之贤，此其所以失人也。夫聪察强毅之谓才，正直中和之谓德。才者，德之资也；德者，才之帅也。云梦之竹，天下之劲也；然而不矫揉，不羽括，则不能以入坚。棠谿之金，天下之利也；然而不镕范，不砥砺，则不能以击强。是故才德全尽谓之"圣人"，才德兼亡谓之"愚人"；德胜才谓之"君子"，才胜德谓之"小人"。凡取人之术，苟不得圣人、君子而与之，与其得小人，不若得愚人。何则？君子挟才以为善，小人挟才以为恶。挟才以为善者，善无不至矣；挟才以为恶者，恶亦无不至矣。愚者虽欲为不善，智不能周，力不能胜，譬如乳狗搏人，人得而制之。小人智足以遂其奸，勇足以决其暴，是虎而翼者也，其为害岂不多哉！夫德者人之所严，而才者人之所爱；爱者易亲，严者易疏，是以察者多蔽于才而遗于德。自古昔以来，国之乱臣，家之败子，才有余而德不足，以至于颠覆者多矣，岂特智伯哉！故为国为家者苟能审于才德之分而知所先后，又何失人之足患哉！'"司马光 . 资治通鉴 [M]. 北京：中华书局，2007：4.

能选择小人（才胜德），或者说无论如何也不能接受小人（才胜德），这也就使得曹操"唯才是举"更无容身之地。司马光还针对人们往往被才能所误导，以为才能很关键的现象指出：才并不是关键问题，才既可以为君子所运用，也可以为小人所利用；以智伯为例，其灭亡的根本原因其实并不在于才（不管是才大还是才小），而在于德的缺失（缺德、无德）。司马光从表面的才而深入内在的德，显然是十分深刻的。司马光最后得出结论，区分德与才是问题的关键，也就是说应该首先牢牢确立德的优先地位，然后再讨论才的问题。司马光的"德帅才资"既有前人的一定基础，但又不完全沿袭前人，而是有继承、有超越；德帅才资不但合理而且简明地列出了德与才的四种结构，而且纵向列出圣人至小人的序列，辅以历史材料进行比较，使人不得不接受德为帅、德优先的结论，其思维是缜密的、连续的、有说服力的；德帅才资既是两点论（提到德与才两者），又是重点论（德为帅），并且通俗形象、易于理解、易于接受，使德才兼备（德帅才资）牢固确立了主流地位，广为流布、深入人心，体现了中华文化走向成熟、稳步前进的自信态度。后人在德与才关系上的认识往往受其影响。

德帅才资解决了才对德的挑战，恢复和巩固了德才兼备（仁且智）的主流地位，然而问题依然出现：如果一个人有仁有智、有德有才，这当然就是完美的圣人，而如果是两个人，一人有仁一人有智、一人有德一人有才，那可以吗？那怎么办？就问题而言，如果仁与智、德与才二者在一个人身上融合，则仁与智、德与才结合的理论必要性与现实可行性应该没有问题，或者说皆大欢喜；而如果仁与智、德与才二者分离或体现在两个人身上，则仁与智、德与才结合的理论必要性就出现了困惑，仁与智、德与才结合的现实可行性就遇到了挑战。在一个人时没问题，在两个人时就成了问题，这一问题能解决吗？对待这一问题，中国人也是经过长期思考才解决的，好在问题终于解决了，并且解决得很好，这就是《西游记》中的紧箍咒（德要能够驾驭才，才要自觉服务于德）。在小说《西游记》中，师傅唐僧与徒弟孙悟空是两个人，很多人都喜欢孙悟空的通天本领，上天入地、降妖伏魔、无所不能，然而理性地想一想，孙悟空在没有遇到师傅唐僧之前到底做成了什么有意义之事，还真的是乏善可陈。好听一点是为了后来取经做准备，难听一点除了显示本领闹来闹去并未有任何有意义之举，直到他遇到了唐僧引导他用本领为取经事业所服务，他的人生才显示出了积极意义；就个人喜好而言，很多人不太喜欢唐僧，不但手无缚鸡之力，还经常受妖怪蒙蔽甚至被妖怪掳去，似乎没有领导的气派，有时简直是累赘；然而仔细想一想，唐僧是取经，会不会武艺无伤大雅，但至少唐僧的佛法知识绝对是超一流的，是任何徒弟都无法望其项背的（如果不是佛学知识高超，佛祖也不会看上眼，如果不是在佛学知识上不满足也不会有西游之举）。更为重要的是唐僧组建、维持了西游团队（其弟子不时打退堂鼓），没有唐僧的组建和维持一切都无从谈起，可见唐僧才是西游事业的真正象征，他的志向高远、意志坚定是取经事业的首要条件，这也就决定了唐僧才是西游的主角、方向舵，有之，团队存在、目标一致；无之，茫然失措、无所适从。徒弟呢？或者是一个或者是三个（玄奘弟子辩机称其师"孤游"[①]），或者是本领大或者是本领小，都是次要问题了（中国象棋中的帅不能上前线杀敌，只能受别人保护，却也是输赢的标志）。就孙悟空而言，在没有戴上紧箍咒之前是很舒服自由的，戴上紧箍咒也是很不情愿、很不自在的，紧箍咒对于生性无法无天的孙悟空是个绝大的挑战，他经历了相当的不适应，然而他终究接受了紧箍咒，一路护送师傅完成了事业，完成了自我超越，最后封为佛也是实至名归（唐僧是旃檀功德佛、孙悟空是斗

---

① 玄奘. 大唐西域记 [M]. 桂林：广西师范大学出版社，2007：195.

战胜佛、猪八戒只是净坛使者、沙和尚只是金身罗汉①）。就唐僧而言，他的高远志向和坚定毅力在孙悟空的通天本领帮助之下得以完成取经事业，没有孙悟空的帮助或许要更加坎坷，孙悟空的本领是很重要的凭借。这也不禁使人想起了孔子的"七十而从心所欲不逾矩"（《论语·为政》）。从自然本性来看，"从心所欲"就是无所顾忌、不守规矩，而"不逾矩"也就难以从心所欲，二者似乎是天然的矛盾、难以调和；然而，在社会文明层面上，外在的社会规矩与内在的自我意愿应该重合，也可以重合，人完全可以做到既合乎内在意愿又符合外在规范，既自我实现又服务社会，这之前似乎从未想过，然而这才是真正的成熟。当然，其中"孔子"如此说也说明并不是所有人都能达到，"七十"也说明这种成熟来之不易。就德才兼备而言，分开来说，唐僧有德、孙悟空有才；合起来说有德有才，德应该领导才、才自觉服务德，同心同德。从内里来看，有才能的人是希望有好方向、好领导的，有德之人也是喜欢真本领、强本领的；没有高远志向不可能吸引来真正有才能的人，不可能领导好有才能的人，没有突出的才能也不可能被高远志向的领导选中，不可能真正服务好德，二者要形成默契，对德对才都提出很高要求；高德应该驾驭大才、大才自觉服务于高德，组成了最佳团队；高德融化了大才、大才融入了高德，成就了辉煌事业。间接而言，对于孔子的仁且智，曹操的唯才是举是一种挑战，好在司马光的德帅才资加以解决了；对于孔子的一人具有仁与智，仁与智的分离也是一种挑战，好在紧箍咒以艺术化的形式加以解决了，德才兼备不但更加稳固，也更加丰富了，影响力也就更广大了。

综上可见，仁且智、学而不厌、诲人不倦、自强不息、厚德载物、严于律己、宽以待人、德才兼备，一方面，它们源于孔子的仁

---

① 吴承恩. 西游记 [M]. 北京：人民文学出版社，2012：1216.

且智、学而不厌、诲人不倦，与孔子思想有着千丝万缕的联系，当然它们也有各自的指向、含义与影响，不可能完全雷同，也没有必要完全雷同；另一方面，它们虽有差异，但并非对立，而是相通相融、殊途同归、百虑一致，共同构成了中华文化的道德谱系，推动了中华民族的稳步前行。仁且智、学而不厌、诲人不倦、自强不息、厚德载物、严于律己、宽以待人、德才兼备，它们都包含两个方面（仁与智、学与教、严与宽、己与人、德与才），都包括性质与程度（性质上完整、程度上臻于至善），都是最完美、最高尚的标准，在它们之下还有等而下之的其他标准（如仁且智之下还有仁而不智、不仁不智、智而不仁，严于律己、宽以待人之下还有严于律己严于律人、宽以待己宽以待人、宽以待己严于律人，德才兼备之下还有有德无才、无德无才、无德有才）。最完美、最高尚的标准也就是理想的圣人标准，向着最完美、最高尚的标准学习就是事实上在向着理想靠拢，也就为民族团结富强、个人进步完善提供不竭的正能量。

第四节　仁与义：孟子的理想人格

　　孔子的理想人格是仁且智、理想人物是周公，孟子虽然也关心过仁与智、周公，但孟子的理想人格是仁义、理想人物是舜（舜由仁义行，非行仁义）。

　　仁与义在《论语》中都出现过，但没有出现过并举的"仁义"。并举的仁义在诸子如《墨子》中出现过，但作为中心词汇却是在《孟子》中。在《孟子》中，仁义的表达有两种：一种是仁义并举，如"由仁义行，非行仁义""何必曰利，亦有仁义而已矣""仁义充塞，则率兽而食人""率天下之人而祸仁义者，必子之言夫""言饱乎仁义也，所以不愿人之膏粱之味也""以仁义说秦楚之王"。这时的仁义实际是道德的代名词。第二种是仁义对举，如"仁之于父子也，义之于君臣也""未有仁而遗其亲者也，未有义而后其君者也""仁之实，事亲是也；义之实，从兄是也""亲亲，仁也；敬长，义也""贼仁者谓之贼，贼义者谓之残，残贼之人，谓之一夫，闻诛一夫纣矣，未闻弑君也""仁，人之安宅也；义，人之正路也""仁，人心也；义，人路也""杀一无罪，非仁也；非其有而取之，非义也。居恶在，仁是也；路恶在，义是也。居仁由义，大人之事备矣""人皆有所不忍，达之于其所忍，仁也；人皆有所不为，达之于其所为，义也。人能充无欲害人之心，而仁不可胜用也；人能充无欲穿逾之心，而义不可胜用也""君仁莫不仁，君义莫不义""杨氏为我，是无君也；墨氏兼爱，是无父也"。这时的仁与义可按理论与现实来理解：在现实中仁与义分别对应父子与君臣、家与国，以"仁之于父子也，义之于君臣也"为代表，为之努力的是正确的，破坏之的是错误的（桀纣害家人是贼仁、害天下人是残义，桀纣有害于仁义故而是独夫加民贼；墨子兼爱是无父、是害仁，杨朱为我是无君、是害义，故而墨杨害仁害义，是孟子认为的最大对手）；在理论上仁与义就是道德，仁是体、义是用，仁为内、义为外，以"居仁由义"为代表。

从孔子的仁智发展到孟子的仁义[①]，有多方面的原因：一者是在仁与智的关系中，智有缺陷，如孔子讲"知及之，仁不能守之，虽得之，必失之"。孔子、老子对智都有所批评。二者，智还未必与血缘有关，如墨家尚贤是对血缘关系的挑战，儒学重孝必然重视血缘关系，孟子为了对抗墨家而更重视亲亲。故而在孟子这里，虽然智还有一定地位，但明显降低，如在四端"仁义礼智"中，"智"只是居于最后。从孔子的仁智到孟子的仁义，既是对儒学基本立场的继承，又是对

---

① 万光军. 从仁智到仁义：孔孟思想的重要转承 [J]. 道德与文明，2010（3）.

儒学理论的重要发展。

孟子的理想人格是"由仁义行"[1]，理想人物是舜。对于"由仁义行"的理解，可以从现实和理论两个方面来进行。从现实角度而言，仁义在现实中就是家与国、父子与君臣，这当然代表了现实社会中最重要的两种关系；由仁义行就是重视家与国、父子与君臣，就是由家而国；舜在家中是孝子，还因为孝而成为天子，是孝子加天子，是由家而国最恰当的代表（相比而言，尧与禹就不太恰当，尤其是禹"三过家门而不入"、禹还被墨家所推崇，所以禹在孟子学说中地位不高，或者说，孟子为了对抗墨家推崇的禹而树立了舜），孟子重视舜不是没有理由的。从理论角度而言，仁义就是道德的代名词，所谓的"由仁义行"实际上就是由道德而行、按照道德而行，这显然反映孟子由此走上了坚定的道义论立场；在孟子这里道德往往与功利相对，孟子就讲舜与盗跖的比较[2]，即舜是为善而行、盗跖是为利而行，也就是说舜做对了而盗跖做错了。在道德上，在性质上，"由仁义行"首先要与"行仁义"区别开来[3]；按照康德的理解，"由仁义行"就是"出于"仁义，行仁义就是"合乎"仁义。显然，"由仁义行"是真正的道德自觉行为，而"行仁义"则未必是真正的道德自觉行为，有可能是虚伪，其区别不言而喻。在程度上，"由仁义行"是有"本"的行为、持续的行为、终身的行为，不是一时兴起。孟子举了泉水与雨水的比较，前者是有本、可以持续、有真正意义，后者虽暂时不错但难以持久，也就意义有限，甚至根本没有意义。黑格尔、杨国荣等都指出要使道德行为成为"习惯"行为，即看到了道德行为的持久性以至于自觉不自觉地如此而行。就非道德而言，"由仁义

---

① 万光军. 孟子由仁义行发微 [J]. 国学研究，2010（2）.

② 《孟子·尽心上》："孟子曰：'鸡鸣而起，孳孳为善者，舜之徒也。鸡鸣而起，孳孳为利者，跖之徒也。欲知舜与跖之分，无他，利与善之间也。'"

③ 马王堆帛书和郭店竹简都区分了"德之行"与"行"，前者是真正的道德行为，后者则未必。

行"还要区分"义袭"与"长迁",义袭是"暂时"合乎道德、"长迁"是"持久"合乎道德;不管是暂时的"义袭"还是持久的"长迁",本质上都不是"出于"道德而是"合乎"道德,程度上的暂时与持久都不成立,即暂时的"义袭"和持久的"长迁"都没有真正的道德意义;前者如作秀,后者如间谍、"五十九现象";批评"义袭"与"长迁",可以使人们认识到道德(由仁义行)其实要求很高、很严,要趋于完善必须有高度的自律意识。

孟子的理想人物是舜。据杨伯峻《孟子译注》统计,在《孟子》中,舜被提到了97次,孔子81次,尧58次,文王35次,禹30次,周公18次,武王15(10+5)次。孟子对舜的赞美是多方面的(尧舜之道、尧舜之仁、尧舜之民、尧舜之泽、尧舜之世、尧舜之治、尧舜之知)。孟子对舜的称赞程度是最高的:在抽象道德上,舜由仁义行非行仁义也;在现实道德上,舜是家中孝子、国之天子,内圣外王的典范;在家与国一致时,舜是孝治天下;在家与国不一致时,舜坚决把家置于国先,即窃负而逃、乐忘天下;在人性平等上,舜是人性平等的代表,即人皆可以为尧舜;在人性差等上,舜又是人性差等的代表,即尧舜之仁不遍爱人,急亲贤;在义利观上,舜还是义以为上的代表,即舜与盗跖比较。孟子对舜没有任何微词,对大舜的羡慕处处可见:"五十而慕者,予于大舜见之矣";"舜,人也;我,亦人也。舜为法于天下,可传于后世,我由未免为乡人也,是则可忧也;忧之如何?如舜而已矣。"孟子还对舜之行为,甚至是多少有些未必合理的举动(如窃负而逃、乐忘天下,封象有庳,不告而娶,不孝有三、无后为大),进行了辩护,如同他是舜的免费辩护律师。这实际上说明孟子与舜是二而一的关系,舜是孟子立场的代言人,孟子为舜之形象完美而辩护,这是孟子理论的需要、时代的需要。相比而言,孟子当然推崇孔子,称孔子"集大成""金声玉振""圣之时",对孔子的基本立场加以坚持并扩展,这些都不难看到。但如果比较舜与孔子在孟子心目中的地位，似乎舜更为完美、更为高些。

可以说，从孔子的仁智到孟子的仁义有继承也有发展，是理论的需要也是时代的需要，有合理之处也有新问题，使得儒学在先秦时期在孔孟这里呈现出多维面向。

第五节　仁与勇：仁者必有勇与三种勇、文王武王之勇

对于勇，孔子认识到了勇有其必要，但勇并不独立，必须在道义支配之下才有真正意义。首先，孔子认识到"勇"有其重要性和必要性。如勇（与仁、知）为三大德之一，如有道义无勇敢会有所局限（"见义不为无勇也"）。其次，孤立的勇经常危害作乱，具有消极意义，或者说孤立的勇还不是真正的勇，还不具有真正意义。反之，勇受到义或礼的节制也就是必需的，无论是对于小人还是君子皆有必要。"勇而无礼则乱"；"好勇疾贫，乱也。"（《论语·泰伯》）"恶勇而不礼者"；"子路曰：'君子尚勇乎？'子曰：'君子义以为上，君子有勇而无义为乱，小人有勇而无义为盗。'"（《论语·阳货》）最后，也是最为重要的，孔子认识到"勇"不独立，勇必须在仁义之下辅助仁义，并且勇在仁义的节制下会出现积极含义，如"仁者必有勇，勇者不必有仁"（《论语·宪问》）。孔子指出勇者可能未必认识到仁的必要性，把勇与仁结合起来，但是仁者必须认识到勇的重要性，要把仁与勇结合起来，当然是以仁指导勇。让仁者必须具有勇，是对仁者提出了极高的要求，这对于仁者要承担更多、更重的任务而言是必要的，这也是孔子以仁者自居所提出的负责任的态度。简言之，仁者必有勇，勇而有义、勇而有礼，反映了孔子结合仁与勇，而又以仁为主导的、典型的道德优先的儒学立场，这也确定了后世

对勇理解的大体路径。

> "曰：'不动心有道乎？'曰：'有。北宫黝之养勇也：不肤挠，不目逃，思以一豪挫于人，若挞之于市朝，不受于褐宽博，亦不受于万乘之君；视刺万乘之君，若刺褐夫；无严诸侯，恶声至，必反之。孟施舍之所养勇也，曰："视不胜犹胜也；量敌而后进，虑胜而后会，是畏三军者也。舍岂能为必胜哉？能无惧而已矣。"孟施舍似曾子，北宫黝似子夏。夫二子之勇，未知其孰贤，然而孟施舍守约也。昔者曾子谓子襄曰："子好勇乎？吾尝闻大勇于夫子矣：自反而不缩，虽褐宽博，吾不惴焉；自反而缩，虽千万人，吾往矣。"孟施舍之守气，又不如曾子之守约也。'"（《孟子·公孙丑上》）

孟子列出了北宫黝、孟施舍和曾子三人的三种勇，三种勇在结果上都能达到"不动心"，区别在于：北宫黝和孟施舍之勇是血气之勇①（北宫黝希望必胜于外人，这当然未必；而孟施舍立于内在，能无惧于外，这可以做到）。所以比较北宫黝和孟施舍，孟子以为孟施

---

① "北宫黝之勇表现在他对外来的横逆一概以直接的对抗回应之，完全不考虑对方力量之大小。这是借着排除外来的横逆或反抗外在的力量，使己心不受其影响，朱子所谓'以必胜为主'是也。《荀子·性恶篇》将'勇'分为上、中、下三等，而说：'不恤是非然不然之情，以其胜人为意，是下勇也。'北宫黝之勇正是所谓的'下勇'。但问题是，一个人的力量再大，也有其限度，不可能期于必胜。这种必胜之心其实是虚妄的……这种人一旦面临无可抗拒的情势或力量时，其勇便无可表现，唯有徒呼负负而已，如项羽在垓下之围时所感慨者。相形之下，孟施舍之'不动心'便大异其趣。他明白胜不可必（'舍岂能为必胜哉？'），故不求胜人，但求'能无惧而已矣'。其勇表现于'视不胜犹胜'，即无论胜负得失，其心均能不为所动。若是'量敌而后进，虑胜而后会'，则犹怀有对失败的恐惧，自不足为勇。""相较于北宫黝之一味向外求胜，孟施舍在自己的主体上有所守，而较能得其要领，故曰'守约'。据孟子所说，孟施舍所守的是'气'：'孟施舍之守气，又不如曾子之守约也。'其实，北宫黝所凭借的也是'气'，他与孟施舍不同之处在于：孟施舍守气以求超越胜负得失之心，北宫黝则恃气以求胜。"李明辉. 孟子重探 [M]. 台北：联经出版事业公司，2001：6-8.

舍能"把握要领";曾子之勇在于道德理性之勇①，能从道德出发而不是从环境或自我血气出发，能做到理性自觉、无怨无悔、无所畏惧，如儒学讲的杀身成仁、舍生取义，所以更胜一筹。简言之，北宫黝和孟施舍之勇是自然血气之勇，曾子之勇是社会道义之勇；北宫黝和孟施舍不是儒学立场，而曾子是儒学立场。

为了更好地理解勇，相对于孟子，我们可引入西方亚里士多德和康德的相关观点，西方哲人把勇敢列为四种主德之一。亚里士多德认为："公民战士认为逃跑是可耻的，他们宁愿去死，也不愿逃跑而得救。而雇佣兵在危险来临时，认为自己是强大的，一旦发现自己是少数时，就逃跑了。他们惧怕死亡更甚于耻辱。这种人算不得勇敢"；"勇敢人的行为是由于他高尚，激情只起辅助作用。野兽则是由于痛苦，它们进攻是由于恐惧或受伤，若在树林里就不会去触动任何人的。所以，这不是勇敢。它们被痛苦和激情所驱使，而冲向危险，并没有预见到等待它们的是死亡。如果算得上勇敢，那么饥饿的驴子也是勇敢的了，不管怎样笞打，它也不会停止吃。渴欲可使奸夫做出许多可惊的事情。为痛苦和激情所驱使冲向危险，算不得勇敢"；"人们在激动时感到痛苦，在报复时感到快乐，不过为这类事情而斗争的人，只能称作斗士，不能称作勇士。因为这不由高尚的情操，也不是以理性的方式，只是一种热情而已。"② 按照亚里士多德的标准，我们似乎可以说北宫黝之勇类似"雇佣兵"，靠着自己天生孔武有力，被血气所冲动，有一定战斗力，但却是不可靠的；他们被称为"斗士"而非"勇士"，他们是血气、情欲的奴隶，而不

---

① "孟施舍与曾子在养勇工夫上的差别在于：前者所守者为气，后者所守者为心。""在《知言养气章》中，'心'是指人的理性生命（此处偏重道德理性），'气'则是指其感性生命，'心'与'气'之关系相当于孟子所谓'大体'与'小体'之关系。"李明辉. 孟子重探 [M]. 台北：联经出版事业公司，2001：9-10.

② 亚里士多德. 尼各马科伦理学 [M]. 苗力田，译. 北京：中国人民大学出版社，2003：60.

是理性的捍卫者；他们不知道原因为什么，也不知道结果怎么样，只知道砍砍杀杀图一时痛快，即便不能说是坏人，也很难说有什么道德意义，在中国如同项羽、李逵式人物。如孔子评价子路："由也好勇过我，无所取材。"（《论语·公冶长》）宽泛而言，勇不但要在仁德的统率之下，无仁德当然会乱来，如无头苍蝇；勇也要在知性的基础之上，无知性也没有实质意义，如无知孺子会摸老虎屁股，但这不是真正的勇敢；孔子要求"仁、知、勇"为三大德（应三者结合，并且仁与知比勇更重要），这是极其智慧的。

亚里士多德还认为："乐观的人也不是勇敢的人……乐观的人相信自己的强大，不会遭受失败（喝醉了酒的人也能这样，于是成为乐观派），一旦事情不如所希望的那样就逃跑了。勇敢的人则是在对人是可怕的东西或者显得可怕的东西面前坚定不移。因为这样做是高尚的，不这样做是可耻的。所以在突发灾祸中临危不惧、镇定自若被公认为比在预见的危难中这样更加勇敢。因为这更多是由于当事人的品质，而不是由于有所准备。预先准备的措施可以来自推论和理性，而应付突降的灾祸，就只能本着品质了"；"那些对危险无知的人，显得与乐观派相接近，但不如他们。因为无知者缺乏自知，乐观派却有。所以在一定时间内，乐观派能够坚持，而那些受蒙骗的人一旦知道真相就不再坚持，而是逃跑。"① 按照亚里士多德的标准，孟施舍之勇似乎接近于"乐观的人"。

亚里士多德还认为："一个勇敢的人并非自愿地去迎接死亡和伤害，然而对它们还是坚持，因为坚持是高尚的，否则是可耻的。一个人的德性越多，他越是幸福，那么就越是感到死亡的痛苦，因为对这样的人生命是可贵的。他明知要失去宝贵的东西，这是件痛苦的事情。但是在战斗中宁愿选择高尚而不是生命，他同样是勇敢的

---

① 亚里士多德. 尼各马科伦理学 [M]. 苗力田，译. 北京：中国人民大学出版社，2003：61.

人。"① 按照亚里士多德的标准，曾子之勇似乎可以说类似"公民战士"，知道面临危险，依然选择高尚地去战斗，是真正勇敢的人。与之相关，《礼记·中庸》有"知耻近乎勇"，《孟子》有"羞恶之心，义也"，把二者放在一起，似乎可以说"知义近乎勇"。以此可知，儒学是在一贯坚持义对于勇的统帅地位。

当然，北宫黝之勇是胜人，孟施舍之勇是无惧于人，曾子之勇是大勇（既包括"畏"又包括"无畏"，是对讲道德之平常人的"畏"和对众多不讲道德之人的"无畏"）。一如康德提到的："丰特奈尔曾说，我对贵人鞠躬，但我心灵并不鞠躬。我可以补充说，对于一个我亲见其品节端正而使我自觉不如的素微平民，我的心灵鞠躬。"② 康德还区分了自然"禀好"与道德理性，以为真正的道德行为是出于道德理性，而不是出于自然禀性。禀好"意指一种与生俱来的自然倾向，而非人后天的选择。人的自由体现在抗拒这种禀好，而听从道德法则的决定"③；"行为之发生不仅合乎职责（按照适意的情感），而且出于职责，这必须是一切道德教育的真正目的"；"某种合乎职责（譬如慈善之举）的禀好，虽然能够便利道德准则的效用，但不产生这种效用"④；"禀好是盲目而奴颜婢膝的，无论它良好与否；而如果事情取决于德性，那么理性必须不仅仅担任禀好的监护者的角色，而作为纯粹实践理性必须不顾禀好，完全只顾它自己的关切。"⑤

还有，亚里士多德与康德的勇多是个人之勇（主要涉及义与勇，即最终树立理性之勇而非血气之勇即可），而儒学的勇还涉及个人之

① 亚里士多德. 尼各马科伦理学 [M]. 苗力田，译. 北京：中国人民大学出版社，2003：62.

② 康德. 实践理性批判 [M]. 韩水法，译. 北京：商务印书馆，2010：83.

③ 康德. 实践理性批判 [M]. 韩水法，译. 北京：商务印书馆，2010：196.

④ 康德. 实践理性批判 [M]. 韩水法，译. 北京：商务印书馆，2010：129.

⑤ 康德. 实践理性批判 [M]. 韩水法，译. 北京：商务印书馆，2010：130.

勇与集体的关系。儒学之勇不仅涉及义与勇，还涉及个人与他人、与集体的关系。或者说西方之勇只要树立理性之勇就基本完成了，而儒学这里还要树立起个体为他人、为集体奉献的问题，如孟子区分了"匹夫之勇"与"文王之勇"，虽然未完全否定匹夫之勇，但更鼓励文王之勇。

"王曰：'大哉言矣！寡人有疾，寡人好勇。'对曰：'王请无好小勇。夫抚剑疾视曰："彼恶敢当我哉？"此匹夫之勇。敌一人者也。王请大之。诗云：王赫斯怒，爰整其旅，以遏徂莒，以笃周祜，以对于天下，此文王之勇也。文王一怒而安天下之民。书曰：天降下民，作之君，左之师，惟曰其助上帝，宠之四方，有罪无罪惟我在，天下曷敢有越厥志？一人横行于天下，武王耻之，此武王之勇也。而武王亦一怒而安天下之民。今王亦一怒而安天下之民，民惟恐王之不好勇也。'"（《孟子·梁惠王下》）

当君主称自己"好勇"，关注是"好勇"还是"不好勇"的问题时，孟子不置可否，而是话锋一转，提出了"大勇"与"小勇"的问题。他提到了文王是大勇（"文王一怒而安天下之民"）、武王亦是大勇（"武王亦一怒而安天下之民"），文王与武王不但好勇，而且能够做到一怒而安天下之民，希望君主也能做到有此大勇。在此，孟子实际上已经把文王与武王之大勇与正义、民众结合起来，这就使得勇不但要由"小勇"发展成为"大勇"，而且还要与道义、正义结合起来（当然是服从道义、正义），不是为个人炫耀而是为大众服务。这就鲜明体现孔孟一贯的勇要受仁（道义）节制的观点，体现了个人要奉献集体的观点；这对君主认识是极大的提升，对社会也是有益无害的。

综合孔子、孟子、亚里士多德、康德的观点可知，在道德境遇中，勇是不独立的，必须与仁义相结合。仁义与勇的关系不是对立统一的关系，不是平等互动的关系，而基本是大小、主辅关系。是仁义为大而勇为小，是仁义为主而勇为辅，真正的仁必须具备勇，不具备勇不是真正的仁者。在义与勇中，义以为上（如同孔子理解的"仁且智"：有仁无智与有智无仁皆不可，仁者必有智而智者不必有仁。也类似孟子理解的"志"与"气"：志为气之帅，而气为体之充，志至焉气次焉，持其志无暴其气）。换言之，未经道德理性审查的勇是想当然的，未经道德理性审查的勇是无实质意义的，走上道德之途也就要确立道德理性对于勇的主导地位，并且要把个人之勇与社会正义、大众感受结合起来。在此，孔子强调了勇要受到仁的节制，孟子把个人之勇与社会之勇结合起来。如此勇就不再是孤立的东西，就不再是自然属性（血气之勇），而是具有了道德属性（出于仁义之勇）；勇就不再是个人之勇，而是具有了社会意义（安天下之民），也就成为儒学道德体系的必要组成部分了。

第六节　仁与孝：孔孟理解的现实家庭

关于仁与孝，可以说仁是体、孝是用，仁是内、孝是外，仁是一、孝为多，仁是理论、孝是现实。孔孟对于仁与孝当然都重视、有很多相同相似之处，这些相同相似构成了儒学重孝、重家的基本立场，然而孔孟在孝上的理解与行动不宜简单看作完全一样，而是有些差异，甚至还多少有高有低。了解孔孟在仁与孝上的相同相似当然是对儒学基本立场的学习，了解孔孟在特定问题上的细微差异是对儒学特定立场的深化，对于我们更好地了解孔孟、过好当下皆有裨益。

孔孟立场的相同相似之处大家皆知，本书不赘言，此处主要对孔孟的差异进行分析、讨论，以便深化对孔孟相关思想的理解。简言之，本书的主要立场是：一者，虽然在很多问题上孔子与孟子的观点相近相同，但在情感与理性上二人还是有明显差异甚至对立的。孔子主要是理胜情，而孟子主要是情胜理。二者，与情感和理性相关，孔子很可能是理胜情，未必赞成父子互隐①，而孟子肯定是情胜理，肯定支持舜"窃负而逃"②。三者，与情感与理想相关，在家与国上，孔子主要是国大家小、国优先于家，而孟子则基本是家大国小、家优先于国。四者，在父子互隐与舜父杀人问题上，不仅要站在儒学自身范围内来做学术的理解，还要站在诸多学派、文化上、社会上来做广义的理解。如同孔孟思想在情感与理性上有所争议，本书的立场也未必得到专家同行认可，但还是不惮争议，列出如下。

仁既涉及情感又涉及理性，是理性指导情感，还是情感指导理性，即理性与情感何为主导是可以争议的。就孔子而言，大体是认为理性主导情感。在家中，孝是一个大问题，孔子讲了很多关于孝的道理，如"父母在，不远游""无违""色难""孝亦政""三年之丧"等，构成了儒学重视孝的源头；同时我们也要看到孔子在孝的立场上还有"孝敬"③、"几谏"④（后来"几谏"在《荀子》《孝经》那里发展成正式的、合理的谏诤）。

"孝敬"相对于"孝养"而言，当然可以说孝敬优于孝养，要对父母有关爱之情，不能仅仅满足于物质供给。而当"孝敬"（孔子）和"孝顺"（孟子）相比时，可以明显感知到：孝敬不但含有关爱父母的情感因素，而且还含有理性特征，并且理性特征还比较明显；因为"敬"不完全是"亲"，孔子说孝敬父母、孟子说"父子有亲"，这是有所区别的；"亲"似乎意味着情胜理，而"敬"很难说就是情胜理，不妨说是理胜情，如我们尊敬敬重某人恐怕很难说完

① 万光军. 礼与直、道与鲁：孔子未必赞成父子互隐 [J]. 伦理学研究, 2009 (5).

② 万光军. 孟子让舜"窃负而逃 乐忘天下"的寓意 [J]. 孔子研究, 2007 (5).

③ "今之孝者，是谓能养；至于犬马，皆能有养，不敬，何以别乎？"（《论语·为政》）

④ "事父母几谏，见志不从，又敬不违，劳而不怨。"（《论语·里仁》）

全出于情感，更主要的是从理性出发"应该"尊敬敬重某人；"亲"与自然血缘关系难分难舍，而"敬"似乎还有一种非血缘关系的意味，如在孟子那里"敬"虽有"敬兄"，但更经常地指向"敬君主""敬长""敬老"，这几者很难说都有血缘关系。

"几谏"的前提恐怕是父母多少有过错。在孔子这里，对于有过错的父母，"几谏"当然不是外在张扬（包括带有自私目的的张扬与带有公意目的的张扬），"几谏"可以说是委婉建议（也可能是内部建议），即便比较委婉，但也不是麻木不仁、睁一只眼闭一只眼装糊涂（如"隐"）。不是无条件顺从，即便最终未必实现结果，但劝谏与否还是很明确的、很关键的，道德首先强调态度、强调性质（当然也讲程度）。"几谏"放在整句话中可知重心似乎是"几"，即委婉；但即便如此，"谏"不是"顺"、不是"隐"，其中的理性色彩还是不难看出的。

"吾党之直者异于是，父为子隐，子为父隐，直在其中矣。"（《论语·子路》）即涉及孔子的"父子互隐"争议中，不管是赞成孔子立场还是批评孔子立场的，大都认为孔子会赞成"父子互隐"，把解释重心放在"隐"上，以此来或赞成孔子或批评孔子（至今看来，大体以刘清平、邓晓芒为批评一方，而以郭齐勇、杨泽波、丁为祥为赞成一方）。本书则从"直"入手，进行"礼"与"直"的比较并联系孔子整体思想来分析，以为孔子未必赞成父子互隐。首先，直可以说是率直、率真、真实、不虚伪、不做作、不虚假，也就是当下心里怎么认识就怎么说、怎么做。很显然，直有优点，是道德（真诚）的基础或质地，不直则很难走上道德之途。如孔子讲交友要"友直"，称赞叔向"直"[①]，批评微生高"不直"[②]。然而直也有缺点，直的基础

---

① "叔向，古之遗直也。治国制刑，不隐于亲，三数叔鱼之恶，不为末减。曰义也夫，可谓直矣。"（《左传·召公十四年》）

② "孰谓微生高直？或乞醯焉，乞诸其邻而与之。"（《论语·公冶长》）

或质地好并不意味着一定成就道德，基础或质地只是良好开端，显然不能简单等于最终结果。因为直有优点，所以孔子不会完全不顾不讲直，但直还不完善甚至经常出错，孔子也不会很推崇直，更不会视之为完美；所以直在《论语》中虽有一定地位，但地位不会太高，不应该对直采取一边倒的理解方式，简单肯定或简单否定都未必全面完整。还有，人的本质是社会人，而直可以说是自然性，至于直这种自然性是否合乎社会性则需要再三思量。如孔子讲"子路片言可以折狱"只能说明子路疾恶如仇，而至于是否断案正确则未必。在《论语》中关于直有两句话值得重视："直而无礼则绞"（《论语·泰伯》），"好直不好学，其蔽也绞"（《论语·阳货》）。可见，直之外还存在礼，自然性之外还存在社会性，是社会性（礼）节制自然性（直）而不是相反。显然，单纯运行"直"会出现"绞"（尖刻伤人）的不良后果，那么如何克服呢？就是学习"礼"，即用社会性之礼节制自然性之直，如此在礼节制之下的直才能得到健全成长。孔子对礼的重视自不待言，如"立于礼""约之以礼""不学礼，无以立"，说孔子主张以礼节直是很可能的。关于自然性（直）与社会性（礼），冯友兰提出："孔丘认为人必须有真性情、真情实感，然后才可以有'仁'的品质，但是，真性情、真情实感还不就是'仁'，它是'为仁'的必要条件，但不是其充足条件。因为真性情、真情实感可能失于偏激，所以必须对真性情、真情实感有所加工。好像一块美玉，它的素质是美的，但是还必须对它进行琢磨，才可以成为一件完全的器物。这就是加工"；"对于人来说，真性情、真情实感是自然的礼物。加工是社会的琢磨，目的是使个人与社会相适应，不相矛盾，而相协和。琢磨的方法就是学'礼'。"① 以此看来，以礼节直不仅具有必要性，而且具有可行性。

---

① 冯友兰.中国哲学史新编（上）[M].北京：人民出版社，1998：153、153-154.

在家庭父子关系上,概言之,自下而上,孔子要求孩子"孝敬""事父母几谏",而孟子则讲"孝顺""父子不责善"。自上而下,孔子对孩子是亲自教育,而孟子则讲"易子而教",其间的差异耐人寻味(后世《三字经》讲"养不教,父之过",并未顺着孟子)。孔子对自己孩子也是讲诗、礼,不是偏袒开小灶、溺爱无章法,而是与其他学生一视同仁,这显然是理胜情,以至于外人感慨"问一得三,闻诗,闻礼,又闻君子远其子也"①。此处"君子远其子"与其说是"无情",不如说是"理性",这里肯定不是情胜理而是理胜情。而孟子则讲"易子而教"②,"易子而教"虽不能说毫无原因、毫无道理,但显然是情胜理,也肯定会出现尴尬。作为教育家,孔子亲自教子(对儿子与学生一视同仁),而孟子则"易子而教",孔孟在此相当不同,颇值得回味。在教育上,孔子也是超过孟子,我们应该向孔子多学习。还有,孔子葬母(父母合葬)可以说体现的是智慧,而孟子葬母只讲情感(超越父亲多少有些不顾礼法)很难不出尴尬③。孟子可以不顾,但尴尬并不能因此消除(苛刻一些,匡章不欺死父、不改葬母亲,

---

①　《论语·季氏》:"陈亢问于伯鱼曰:'子亦有异闻乎?'对曰:'未也。尝独立,鲤趋而过庭,曰:"学诗乎?"对曰:"未也。""不学诗,无以言。"鲤退而学诗。他日又独立,鲤趋而过庭。曰:"学礼乎?"对曰:"未也。""不学礼,无以立。"鲤退而学礼。闻斯二者。'陈亢退而喜曰:'问一得三,闻诗,闻礼,又闻君子远其子也。'"

②　《孟子·离娄上》:"公孙丑曰:'君子之不教子,何也?'孟子曰:'势不行也。教者必以正,以正不行,继之以怒。继之以怒,则反夷矣。夫子教我以正,夫子未出于正也,则是父子相夷也。父子相夷,则恶矣。古者易子而教之。父子之间不责善。责善则离,离则不详莫大焉。'"

③　《孟子·梁惠王下》:"鲁平公将出,嬖人臧仓者请曰:'他日君出,则必命有司所之。今乘舆已驾矣,有司未知所之。敢请。'公曰:'将见孟子。'曰:'何哉君所为轻身以先于匹夫者?以为贤乎?礼义由贤者出,而孟子之后丧逾前丧。君无见焉。'公曰:'诺。'乐正子入见,曰:'君奚为不见孟轲也?'曰:'或告寡人曰:"孟子之后丧逾前丧",是以不往见也。'曰:'何哉,均所谓逾者?前以士,后以大夫;前以三鼎,而后以五鼎与?'曰:'否。谓棺椁衣衾之美也。'曰:'非所谓逾也,贫富不同也。'乐正子见孟子曰:'克告于君,君为来见也,嬖人有臧仓者沮君,君是以不果来也。'曰:'行或使之,止或尼之。行止,非人所能也。吾之不遇鲁侯,天也。臧仓氏之子焉能使予不遇哉?'"

而孟子"后丧逾前丧",孟子虽与匡章交友,但二人在对待父母态度、情感与理性上似乎不尽一致)。还有,孟子讲"父子不责善"当然是为了避免"责善则离"的尴尬后果,这当然是对的,但如何避免尴尬后果则需要认真思考。就孟子而言,"善"当然是道德理性、父子当然是自然血缘,孟子为了避免自然血缘的疏离竟然以牺牲道德理性为代价,这显然体现了孟子把自然血缘看得高于道德理性的独特认识(当然,独特归独特,正确与否则未必)。如此在孟子这里情胜理是无须多言的,在《孟子》中一再出现诸如舜即窃负而逃、乐忘天下,孟子厚葬母亲(超过父亲)等情胜理的行为,也就无须大惊小怪,孟子情胜理是"一以贯之"的。

孔孟在父子关系上的差异可以比较闵子骞与舜:舜与闵子骞的父母都有问题、舜与闵子骞言行都难能可贵,这是孔孟之同;舜对于父母之过一味忍让妥协以顾全大局(孝顺),而闵子骞没有知而不言,而是有情亦有理以顾全大局(母在一子单,母去三子寒);孟子高度认可舜,极力为舜进行辩护,而孔子高度称赞闵子骞①,这是孔孟之异。作为孔子,舜当然在孔子之前,舜也难能可贵,但孔子知道舜而并未在孝上称赞舜,而是在孝上非常称赞闵子骞,这很值得回味。或许有人会说孔子自身境界高、标准高,能得到孔子的认可也很不容易,如很少人能得到孔子"仁"的评价;孔子固然很少称赞别人,但对于的确做得很好的人也不吝赞美,如孔子称闵子骞"孝哉!""人不间"(对大禹也称赞"吾无间然矣"②)。"间"即离间、找出缺点毛病,以孔子的标准竟然找不出缺点毛病,可见闵子骞(大禹)的所作所为的确是相当不错,甚至是极为完美、完善的。不妨说,或许孔子并不完全认同舜的作为,又不好直接批评舜之孝,于是就不提舜之孝

---

① 《论语·先进》:"孝哉!闵子骞!人不间于其父母昆弟之言。"

② 《论语·泰伯》:"禹,吾无间然矣!菲饮食而致孝乎鬼神,恶衣服而致美乎黻冕,卑宫室而尽力乎沟洫。禹,吾无间然矣!"

了；据说孔子对曾参"愚孝"无条件顺从父亲很不满，直言不讳地批评了曾参。在孝上，舜在孔子之前，孔子或许不好批评舜，但孔子直接批评自己的学生曾参，也可以得出孔子未必赞成舜之行为。虽然不好明确说清孔子对舜之孝的态度，但我们完全可以说孔子非常认同、欣赏闵子骞的立场："母在一子单，母去三子寒。"闵子骞这种立场既讲情又讲理性、既讲自己所受委屈又讲大局，自己无亲生母亲而行恕道、不让后弟也无母亲（不是只讲情感就怎么都行而不讲理性的愚孝，不是隐匿不说当好好先生的骗人骗己），闵子骞的言行既有人也有己、既有家也有己、既正确全面又恰当可行、既适合古代又适合现代，何乐而不为呢？学习孔子就应好好学习孔子对闵子骞的评价。就历史形象而言，舜后来之所以成为二十四孝之首恐怕与孔子关系不大，而与孟子有很大关系。简言之，在父子关系上，孔子称赞闵子骞说明孔子主张父子关系中要有理性（或理胜情），而孟子赞成舜说明孟子主张父子关系中情胜理；孔子称赞的闵子骞（讲情又讲理）实现了皆大欢喜的团圆结果，而孟子赞扬的舜（讲情不顾理）至今争议不断。孔孟的立场差异不难看出，孔孟立场哪个更为可取也不难体会到。道德是有层次的，努力向更高层次学习接近，这是道德应有之意，在如何更好为孝、齐家上，见贤思齐、见不贤而内自省，不断学习进步也是无止境的。

在国与家上，孔子与孟子都重视二者，但相对而言，孔子更明显地坚持国大于家、国优先于家[1]，孔子的基本立场体现为"君君臣

---

[1] 《论语·颜渊》："齐景公问政于孔子。孔子对曰：'君君臣臣，父父子子。'"；"在邦必达，在家必达。"《论语·子罕》："出则事公卿，入则事父兄。"《论语·子路》："子贡问曰：'何如斯可谓之士矣？'子曰：'行己有耻，使于四方，不辱君命，可谓士矣。'曰：'敢问其次。'曰：'宗族称孝焉，乡党称弟焉。'曰：'敢问其次。'曰：'言必信行必果，硁硁然小人哉！'"如上可知，孔子并非不重视家，但认为国大于家是更为基本的事实。如最后的引用所显示，孔子的先后顺序显然是国、家、个人，只注重人在孔子这里虽有地位，但地位是不高的。

臣，父父子子"；而孟子则坚定认为家大于国、家优先于国，孟子的基本立场体现为舜为了家不但"忘天下"还"乐忘天下"①。孔子讲"君臣父子"，而孟子则是"无父无君是禽兽"；孔子讲"出则事公卿，入则事父兄"，而孟子则调整为"入以事其父兄，出以事其长上"；在三纲上，孔子会是"君臣父子"，孟子会是"父子君臣"。显然，孔子的基本立场是儒学的一般立场，而孟子的立场有些偏离常规了；孟子的立场固然不能说毫无道理、毫无支持者，但偏离常规也是基本事实，反思孟子、复归孔子是必要的。此外孟子区分了家与国，如"仁之于父子"而"义之于君臣"，"贼人者谓之贼"而"贼义者谓之残""残贼之人谓之一夫"。简言之，害家人者谓之害仁、是贼，害天下人是害义、是残，既害家人又害天下人的是独夫民贼。可见家与国既有一致又有不一致。

对待自己的邻居，孔子是关心的，如"原思为之宰，与之粟九百，辞。子曰：毋，以与尔邻里乡党乎！"而孟子讲"同室之人斗要救"而"邻人斗不救"②就多少有些问题，孟子这种主张可能针对的是墨子救宋，但即便与墨子有异，也不会在这一点上胜过墨子。

本书认为在"父子互隐"问题上，孔子只是介绍转述事实，未必是孔子本人之意。在父子互隐的对话中，我们很清楚叶公只是介绍转述楚国"直者"的行为，叶公自己未必认同楚国"直者"的行为，但是我们想当然地认为孔子不但介绍转述鲁国"直者"的行为，而且孔子本人也会如此做（然后就在"孔子也会赞成父子互隐"上

---

① "舜视弃天下犹弃敝屣也。窃负而逃，遵海滨而处，终身欣然，乐而忘天下。"（《孟子·尽心上》）"视天下悦而归己犹草芥也，惟舜为然。"（《孟子·离娄上》）"君子有三乐……父母俱存，兄弟无故，一乐也……君子有三乐，而王天下不与存焉。"（《孟子·尽心上》）在孟子这里，相对家庭，天子、天下人都是无所谓的，这显示孟子把家庭看得很重，当然孟子这种认识是否合理、大家是否接受另当别论（如崔宜明称之为"矫情"，参见崔宜明. 道德哲学引论 [M]. 上海：上海人民出版社，2006：286）。

② 《孟子·离娄下》："今有同室之人斗者，救之，虽被发缨冠而救之，可也。乡邻有斗者，被发缨冠而往救之，则惑也，虽闭户可也。"

大做文章了）。运用逻辑分析可知孔子未必赞成父子互隐；综合孔子的整体思想，孔子也是讲理性甚至是理性主导的。相对于孔子思想中具有明显的、一贯的理性色彩（理胜情），孟子思想则具有典型的情感色彩（情胜理），尤其是孟子在处理家庭关系如父子、兄弟时更是如此（当然可以说孟子在家庭中情胜理，但在国家君臣关系中还是理胜情的，这需要分析），如孝顺、父子不责善、不能辟兄离母、可以后丧逾前丧、封弟有庳、邻人斗不救、不告而娶等①。当然孟子在家庭中的典型立场还是他对"舜父杀人"的处理方式"他让舜窃负而逃，乐而忘天下"②，不管争议多大、多长、多深，至少孟子在家中情胜理的立场是无须多说了。简言之，在家庭中，孔子理胜情、孟子情胜理，可以说孔子的基本立场成为中华文化的主流，只是孟子的立场也有相当影响，二者有重有轻，共同影响中华文化的发展。

就中华文化而言，对于儒学的理解与践行不能仅仅视为学术的专利垄断，只能在学术范围内孤芳自赏；其实理解与践行儒学是广泛的，既应做学术的理解，还要注意学术外的影响。如应当把理解与践行儒学视为文化，当作社会的重要组成部分来进行，可以以多种方式来进行。如父子互隐和舜父杀人引起了广泛的关注与思考，这是值得高兴之事，即便给儒学带来了诸多批评，对中华民族而言也是幸事；并且很多讨论也深化了人们的认识，成为而后继续讨论的台阶（如杨泽波教授提到"舜父杀人"是"一种设问，并非史实"，这就要求我们立论要分析、要严谨；如郭齐勇教授提到如果过分批评父子互

① "大舜与其父亲的关系到孟子时代似乎已成定论，当然也成为人们责难儒家孝论的主要根据。为了反驳这种责难，孟子付出了相当大的精力。一定程度上说，能否合理解释大舜与其家人的关系已经成为孟子孝论能否成立的关键。"高专诚.孟子通说[M].太原：山西人民出版社，2004：121.

② 《孟子·尽心上》："桃应问曰：'舜为天子，皋陶为士，瞽瞍杀人，则如之何？'孟子曰：'执之而已矣。''然则舜不禁与？'曰：'夫舜恶得而禁之，夫有所受之也。''然则舜如之何？'曰：'舜视弃天下犹弃敝屣也。窃负而逃，遵海滨而处，终身欣然，乐而忘天下。'"

隐就会出现父子相告、父子互证，按下葫芦浮起瓢，单一地批评看似痛快，实则并不能全面解决问题，因此以后对父子互隐的批评必须要注意"度"，既要有批评更要有引导，如此等等）。如果父子互隐和舜父杀人成立，则不仅涉及道德还涉及法律，不仅涉及古代还影响现代，不仅涉及儒家还涉及其他学派。就儒学而言，父子互隐与舜父杀人已经与儒学所根本提倡的"严于律己、宽以待人"相反，而是"宽以律己、严以待人"了；仁学讲"爱人"，父子互隐可说是想当然的"爱己"而非"爱人"，舜父杀人可说不是"爱人"而是"害人"了，是难以合乎仁学宗旨的；道德不等于现实，它来源于现实而又高于现实，不高于现实而混同现实，那不是道德之学而是市侩庸俗之学；真正的道德并非不允许犯错，但更鼓励认错改错，而不认错更不改错则真正的道德也是不允许的；如果父子互隐与舜父杀人之后不认错改错还固守，就已经与真正的道德进步相背离了（不是道德进步，最多是维护现状），既不是真正的道德，也就难以吸引大家来学习、来践行；不坚持真正的道德立场表面上似乎在为儒学道德摇旗呐喊，实则败坏了儒学的威信、阻碍了儒学进步的脚步。现实生活中某人有一缺陷，如小气，虽然小气是他自己所愿，似乎与他人无关，但大家还是觉得做人大器些更好，于是就经常可以看到大家即便知道不可能或很难改变他，但还是经常拿他这小气的缺陷来刺激他、故意让他尴尬；如果是一个不小气的人，大家反而不刺激他。这其中暗含大家有一个基本标准，谁达不到基本标准就会受到批评，即便他自己还在固守，但批评并不消失、尴尬仍然存在。而如果这一缺陷成了偷窃甚至杀人，大家的讽刺挖苦就更直白尖锐了，如孔乙己偷东西，大家就讽刺他，即便他狡辩称"窃不是偷""读书人的事能算偷吗"，如此狡辩的苍白形式难以掩盖成为大家笑料的尴尬事实；如曹操将错就错、一错再错杀了吕伯奢，不管曹操如何强解强辩，终究难逃社会历史的严厉审判。诸多的历史与现实告诉我们，标准是始终存在的，暂时的强解强辩并不能真正代替掩盖基本事实，远不如谦卑降身坦诚错误好些。承认错误、改正错误符合道德，是立住了道德之大，远胜于强解强辩的小聪明。尊重批评者、向批评者学习、承认局限错误、改正局限错误，是儒学不断前进的重要现实动力。西方通过认识上帝来认识人自身，认识上帝成了人不断前进的动力；中国文化不是如此，人进步的动力在反省中，包括"见贤思齐"和"见不贤而内自省"。见贤思齐是积极的，见不贤而内自省是底线，在积极方向上可以大有作为，在底线上必须做到。人犯错误是事实（如孟子讲"人恒过"），但儒学道德不但讲事实，更讲对事实的态度：是承认错误、积极改正错误的进步上升之路，是强解强辩的徘徊之路，还是推卸放纵的堕落之路。基础可能不完全整齐划一，但在各自基础上不断进步上升是绝对的。孔子讲"君子之过也，如日月之食焉，过也人皆见之，及其更也，人皆仰之"、孟子讲"人恒过，然后能改"，不认过一切无从谈起，认过然后积极改过，就是儒学道德的绝对之路。既知道父子互隐和舜父杀人有所不妥，又为之强解强辩，可以说是恶湿而就下、缘木求鱼、南辕北辙，会贻笑大方，甚至会贻害无穷，至少可以说是好心做坏事。维护儒学当然是必要的，但如何维护儒学是需要深思且熟虑的，是大有讲究的，绝不可想当然；其中，反复地、细致地体会孔子的"丘也幸，苟有过人必知之"，我们的心胸会开阔很多。

儒学不是仅停留在狭小圈子里的纯学术，它通过制度、文化、风俗、心理、舆论、习惯等形式存在于中华文化中，中华文化虽然以儒学为主流，但儒学并非全部，其他学派对儒学有反馈很正常。在儒学重家庭、孝道的大背景下，家庭关系成了人们始终关心的重心，并且人们长期的多方面关注也显示了家庭的多个方面，这对打开学术、进入社会文化是很有帮助的。如以文艺作品为例：就血缘关系而言，《五女拜寿》里亲生女儿又如何，义女丫鬟又如何？《墙头记》里亲生儿子又怎么样？就父子关系而言，《打金枝》里身为皇帝的父母没有护犊护短，结果才是真正的皆大欢喜！《卷席筒》《小姑贤》里没有亲亲互隐反而使家庭得以维系（如苍娃并没有一味向着自己的亲生母亲，而是"我这里埋怨声糊涂的娘，你做事太狠毒丧尽天良"。如小姑桂姐不顺着母亲，而是立场公道"闺女一霎不见就想，媳妇见了不是打就是骂，真让人看不惯"）。《卷席筒》中的苍娃和《小姑贤》中的桂姐没有亲亲相隐，而是以理节情成了典范，在社会舆论中具有广泛而持久的影响；看来常规讲的"发乎情止乎礼""向人向亲难向理"不是抽象空洞的，而是真实可行的。宽泛而言，《小姑贤》《卷席筒》是文化加工，未必完全等于事实，似乎说服力不强；然而在文化戏曲中，当包公铡自己的侄子包勉时也是纠结的、有压力的，观众未必完全赞同，然而当包公铡陈世美时，观众则多是肯定的、赞美的。同一个包公，到底如何评价？如果说父子互隐和舜父杀人涉及抽象学术理论问题，且在学术圈子纷争不已让人莫知所从的话，那么《卷席筒》《小姑贤》这种面对现实生活且通俗易懂、简单易行的办法让人有了很大安慰。"理论"不能解决的，让"现实"来回答吧！以上诸多作品当然不是儒学经典文献，但移风易俗的积极效果不容低估；儒学是立体的，不光有学术讨论也有风俗舆论，不应各自为战、自鸣得意而应互相学习、取长补短，采取诸多雅俗共赏、寓教于乐的形式才能使儒学不断扎根现实生活之中、互动于现实生活之中。

第七节　立足现实有所超越的孔孟仁学

立足现实包括立足现实人和现实环境，即立足现实人而非抽象人，立足现实环境而非逃避、否定现实，有所超越即在立足现实的基础上还有提升超越，不是混同于现实、止步于现实，更不是堕落于现实。不立足于现实一切无从谈起，不讲提升超越也不成为儒学。直白而言，儒学要讲道德，道德肯定是从现实人（现实人处于现实环境中）出发，人是现实的不能虚无化，人还要走向完美崇高，道德还要向上，这些在本质上构成了孔孟之仁、儒学之仁、道德之仁立足现实有所超越的基本特征。

儒学立足于现实人伦生活，与宗教有所区别，这是儒学的特点甚或优点，如此理解当然是正确的，要加以坚持，并且要自觉地与逃避现实、虚无现实的非儒学派划清界限。然而在儒学重视现实、注意避免逃避现实的同时，我们也应看到另一倾向：是否现实人伦、现实生活就是全部，是否就应完全沉浸于现实而无所谓"超越"的问题呢？如果以现实为全部、完全沉浸于现实，难免出现把人尤其是自己理解为单个人（甚至无视他人、以邻为壑、人际关系像狼），难免出现只重视功利（义即利、义即公利、天理即人欲）、今生（今朝有酒今朝醉）等现象。如在现实中，不时听到"爱怎么着就怎么着，哪有天理""宁愿我负天下人，休教天下人负我"，如此等等。在学术上，一个尴尬的问题就是"人心惟危，道心惟微"，这里虽讲道心与人心的不可分、道心存在于人心之中，但由于缺少讲道心的超越性，以为道心只存在于人心之中，一旦人心"危"了则道心就会"微"，如此虽然能看到"道心"与"人心"有联系，但是"道心"受制于"人心"会变得非常被动、非常可怜。是不是一旦人心完全沦丧，则道心就彻底没有了？（当然儒学一般不对人"彻底""完全"丧失信心，多少还是保留一丝余地、存有一丝希望的）这是只讲现实必然会遇到的尴尬事情。如宋明理学中陈亮批评朱熹"道统中断"的立场，以为天理和人欲是不可分的，天理就在人欲中、人欲适度就是天理、三代也不是专以天理行、汉唐也不是专以人欲行；陈亮批评朱熹的道统中断，道统只存在于三代、不行于汉唐。陈亮的批评当然有其道理，但陈亮以为人欲或人欲适度就是天理，实际上还是采取了用人欲代替天理，事实上取消了天理的超越性，依然不可能完全避免道统中断。事实上，人欲横流、人欲适中、人处困顿都是现实的，人欲横流肯定不合天理或不是天理，如果人欲适中就是天理，似乎不错、可行，而如果只有人欲适度才是天理或天理只存在于人欲适度中，那孔子、颜回处于困顿就是没有天理、不应快乐，可他们在困境中是快乐的，这种快乐是真实的（当然是理性之乐而非感性之乐，是内在之乐而非外在之乐）；因此，人欲适度即是天理虽然有其合理之处，但依然存有重大缺陷，经不住关键时刻的严峻考验。质言之，不能合理解释"孔颜乐处"的那还不是真实而完整的儒学，没有抓住儒学核心中的核心。由此可见，陈亮的理解有的可以，但也不是完美的。在学术上则有熊十力与冯友兰的对话：冯友兰以良知为"假设"，而熊十力则以良知是"呈现"①。"假设"则或存或亡并且很可能就是"没有"，而"呈现"则一定是"有"，永远"有"，并且会由内而外自然流露、自然显现。这种差异显然不是小问题，而是儒学从根本上是否立得住的大问题，问题之大使人不得不严肃对待之。孔子讲"志于道""朝闻道，夕死可矣"，孔子是追求假设虚无吗？孟子言"由仁义行"，如无仁义或仁义为假设则何言由仁义行，看来道虽无形，断不可以为无或以为假设，如果因为道无形就以之为无或假设，则儒学致力于无，那儒学与佛道有何区别，那还不如像常人追求些虽短暂却还现实的功利呢！在学派上，在义利关系中，儒学以为"义在利中"，墨家以为"义，利也"（《墨子·经说下》）、"义者，利也"（《墨子·经上》）、"交相利"（《墨子·兼爱中》）。墨家如此讲义利关系在形式上似乎完美无缺、无可挑剔（墨家的"义，利也"与陈亮

---

① "一日熊先生与冯友兰氏谈，冯氏谓王阳明所讲的良知是一个假设，熊先生听之，即大为惊讶说：'良知是呈现，你怎么说是假设'！"牟宗三又感慨"良知是真实，是呈现，这在当时，是从所未闻的。这霹雳一声，真实振聋发聩，把人的觉悟提升到宋明儒者的层次"。牟宗三.生命的学问[M].台北：台湾三民书局，1984：136；颜炳罡.牟宗三学术思想评传[M].北京：北京图书馆出版社，1998：236.

的人欲适度就是天理有相似之处），似乎也不应挑剔、无法挑剔；而究其实，儒学从孔子开始就不但讲义在利中，而且还讲义在利上、义的独立性，如"不义而富且贵，于我如浮云"，如孔颜乐处。如果说孔子在墨子之前不可能对墨子言论做出反应的话，那在墨子之后的孟子对墨子的话做出了直接的、得体的、恰当的回应。孟子的思维是敏锐的，他开章就言"何必曰利，亦有仁义而已矣"。这实际上就是看到并运用了道的超越性才胜过了墨子，不承认不运用道的超越性，儒学在义利关系上就不能真正胜过墨家；可见，道的存在与超越对于儒学不是可有可无的小问题，而是是否立得住的大问题，是大是大非的问题。

当然，道的超越性与现实性在常规状态下是一致的、一体的，道是引导现实、促进现实的，不是仇视现实、敌对现实的，孔子讲过"富而可求，虽执鞭之士吾亦为之"（《论语·述而》）；"君子谋道不谋食。耕也，馁在其中矣；学也，禄在其中矣。君子忧道不忧贫。"（《论语·卫灵公》）特殊时，孔子也讲过"吾岂匏瓜也哉，焉能系而不食"（《论语·阳货》）。孟子讲"人亦孰不欲富贵"（《孟子·公孙丑下》）；"欲贵者，人之同心也。"（《孟子·告子上》）同时，孔子对于道的优先性是明确的，对于为道之不易也是明白的，对于在困境中仍坚持为道之人的行为是非常欣赏欣慰的："士志于道而耻恶衣恶食者，未足与议也"（《论语·里仁》）；"邦有道，谷；邦无道，谷，耻也"（《论语·先问》）；"三年学，不至于谷，不易得也"（《论语·泰伯》）；"贤哉回也！一箪食，一瓢饮，在陋巷，人也不堪其忧，回也不改其乐。贤哉回也！"（《论语·雍也》）颜回被孔子所称赞不仅在于其好学笃行，更在于其早已志于道、体会到为道之乐，即便处于穷困之中仍不坠青云矢志不渝，其境界之高、意志之坚使人为之感佩。孟子区分德与爵、德与位①，都是在坚持德的优先性。

---

① 《孟子·公孙丑下》："天下有达尊三：爵一，齿一，德一。朝廷莫如爵，乡党莫如齿，辅世长民莫如德。"子思"以位，则子君也，我臣也，何敢与君友也；以德，则子事我者也，奚可以与我友"（《孟子·万章下》）。

坚持道的超越性要求以道为旨归，而不是以人（尤其是未经道审核的自然人）为中心，当孔子说"朝闻道，夕死可矣"时，就应该可以看到他不是以现实为旨归而是以道为旨归，不是以自己为全部而是以道为根本，不是以生命为全部而是以闻道为满足，这其中道之有形与无形虽未涉及，但道之存在与超越应该为孔子所认可。孟子讲"天爵与人爵""诚与思诚""由仁义行，非行仁义"也都需要以认可与坚持道的超越性为前提。孔孟还坚持理性对于感性的优先，如"不义而富且贵，于我如浮云""孔颜乐处""万钟于我何加焉"等，这些都要以道义存在且道义高于一切才可能成立。孔孟对道、对仁最为彻底、最为坚定的立场反映在："志士仁人无求生以害仁，有杀身以成仁"（《论语·卫灵公》）；"天下有道，以道殉身；天下无道，以身殉道。未闻以道殉乎人者也。"（《孟子·尽心上》）仁人应杀身成仁、以身殉道而非相反。如此，道、仁对于人的优先与超越已经无须赘言了①。要而言之，在道与人相结合的同时要注意道的超越性，否则仅仅以人为中心、始终以人为中心，那么人达到积极状态也就只是或然的、偶然的，以致人的消极状态难以避免出现道义危殆，甚至因人的堕落而出现道义沦丧，这时似乎是达到了人的完全自主，但却带来了道义沦丧的状况，如此反思以人为中心，尤其是以自然人为中心，也是不得不为之的。简言之，未经道义审查的自然人是想当然的，道义的超越性是必要的。在孔孟之后的中国历史文化中也出现了"文以载道""不平则鸣""铁肩担道义"等，都是在不同方面、以不同方式突出道的超越性，这是值得梳理的。

讲道的超越性至少会遇到以下五个问题。

一者，人们常常把"道不行"等于"道不存"，当看不到道运行

① "孔孟的这些说法体现了儒家伦理的基本原则，这个思想认为，人生中有比生命、生存更为宝贵的价值，这就是道德理想。人不应为生存而牺牲道德理想与道德原则，在生命与理想原则冲突时应勇于为理想原则献身，也就是说道德原则才是行为的终极原理。"陈来．宋明理学 [M]．沈阳：辽宁教育出版社，1997：4.

之时就以为道不存在了。只看表面现象、眼前暂时的确难免会得出如此结论,孔子虽然没有完全否认这种现象,但有更深刻的认识。"道不行,乘桴浮于海。"(《论语·公冶长》)子路"道之不行,已知之矣。"(《论语·微子》)"道之将行也与,命也;道之将废也与,命也,公伯寮其如命何?"(《论语·子罕》)孔子(子路)在困境时承认"道之不行""道不行""道之将行"的现象,但始终没说过"道之不存""道不存"。"道不行"当然会影响到"道不存",在特定条件下把"道不行"等同"道不存"也不乏例证;但细致想来,"道不行"与"道不存"还是有质的区别的。如同一部法律,其存在与其被施行可以不一致。如果道不存在,则道必然不运行,而如果道存在,只是由于某些(外在)原因不能运行,那克服困难创造条件使之运行就是了。孔子不是通过"乘桴浮于海"来表达志向,通过"君子居之,何陋之有"表达信心,通过"岁寒,然后知松柏之后凋也"表达意志,通过实际周游列国来推行道义吗?可见孔子通过区分道之"行"与"存"体现了他的智慧,体现了他对道之存在的坚定立场,孔子讲人最多影响道的运行与不运行(废),但并不决定道的存在与否;通观孔子一生,虽然尝尽坎坷、备受磨难,但对道之笃信与执着始终不渝、令人感动、令人向往。当孔子面临"吾道非耶,吾何为于此"的尴尬时,当有学生(如子路、子贡)对孔子之道有所怀疑、有所责难时("夫子之道至大也,故天下莫能容夫子。夫子盖少贬焉"),孔子不为所动;当有学生(如颜渊)为孔子说话时("不容然后见君子"),孔子是非常欣慰的。孔子满意于颜回的"不容然后见君子",孟子提出"大匠不为拙工改废绳墨",孔孟立场之坚定可见一斑。宽泛而言,宋明理学的张载即提到《大易》不言有无;言有无,诸子之陋也"[1],王夫之更是"言幽明而不言有无,至矣""自天地一隐一见('一隐

---

① 张载. 张载集[M]. 北京:中华书局,1981:182.

一见'即是'一阴一阳')之文理，则谓之幽明；自万物之受其隐见以聚散者，则谓之生死"①。张载与王夫之言幽明、言隐显而不言有无，实质就在于极力证明：不管是幽还是明、是隐还是显，道始终是存在的，如此下一步的体认、践行才有可能。因此，为了证明道之存在，为了使道德得以奠基，多少儒者为之努力不已，令人感佩。当然，在儒学之外，道家老子提出的道"独立而不改，周行而不殆"不会出现道被人所左右的尴尬局面，老子的道的特征的确值得儒学好好学习借鉴之。

二者，我们会遇到"人能弘道，非道弘人"的问题。朱熹的解释最为代表："弘，廓而大之也。人外无道，道外无人。然人心有觉，而道体无为，故人能大其道，道不能大其人也。"②以朱熹为代表的常规解释主要是从人的角度强调人之主动性，当然有其道理；然而从道的角度、从道超越稳定可靠的角度，不妨作另一解释："弘，哄也，欺哄，人能哄道，而道并不哄人。"如此解释很不合常规，有奇谈怪论之嫌，但从道的角度、从维护道的神圣性角度，似乎并无不当。并且，孔子讲"杀身成仁"、孟子讲"以身殉道"，孔子不愿少贬其志，孟子"大匠不为拙工改废绳墨"，都是在努力维护道的神圣性。

三者，经权意识。经权意识是儒学的重要内容，表面上是经与权的关系，实际上还可落脚到道与人（理论与现实）的关系；相对于其他学派并不太关心经权关系（如道家超脱现实，也就根本不存在结合道与人、理论与现实的问题，经权意识就不明显），儒学对经权关系进行过很多思考，合理性有之，但缺陷也是明显的。当经与权指向道与人时，儒学立场经常由人（而非道）来思考处理问题，并且经常是由现实人（或者道德水平低或者意志不坚定的人）来思考处理问题，因此经常讲"权"变的必然性、必要性和合理性，似乎"经"常的严肃性并未被充分考虑；并且，虽然讲权变，但权变之后

① 王夫之. 船山全书（第十二册）[M]. 长沙：岳麓书社，1996：410、521.
② 朱熹. 四书 [M]. 上海：上海古籍出版社，1995：197-198.

的"反经"讲得很不够,以至于随着权变而权变或任意权变或无限权变,以至于"反经"似乎可有可无,这是大错特错的。一句话,权变虽有其必要,但"经"之常与"反经"更为重要,"反经"的缺失使得儒学道义的威严大为降低。

四者,就现实而言还经常存在"世故""势利"的尴尬事实。由于只立足现实(不讲道德超越或看不到道德超越),也就只能在现实中力图找到稳定可靠的保证,也就只能尽量地获取物质利益、结交社会关系,也就成了为了获取物质利益而获取物质利益,为了结交社会关系而结交社会关系(不讲、不关心内在道德是否存在、是否发挥作用),如此经常出现:虽有外在物质利益却无内在道德、虽有表面关系却无内在根据,人得不到外在物质利益与结交到社会关系时固然不踏实,但即便得到了外在物质与结交到社会关系也无内心安慰、高兴不起来。人面对"世故""势利"感到无味又无奈,无味即(道德上)不应该这样做、不满意这样做,无奈即(现实中)不这样做还不行、从而一直尴尬做下去,让人陷入了道德怪圈,自己也看不起自己,在自我麻木、自我鄙视之中混日子过。可以说,没有内在道德、不以内在道德为动力,只是以外在物质利益与社会关系为目标,看似在忙忙碌碌,却是无方向、无指望的瞎忙碌,如同无头苍蝇,是更可怜的。

五者,就仁学而言,还存在向善与本善的问题:如果道始终内在于人,由道而为之流畅无碍,本善之说当然成立,并且非常合理;就人首先为自然人而言,向善更属事实,虽不完美但更现实。如此,教育既是教导教育,又是启发启迪。如同我们对于先师孔子,当然不好说由孔子学[①]、本孔子学,恐怕说向孔子学更好些、更恰当些。

---

① 此处主要是从结构上说事,不是怀疑孔子,与心学立场不同。王阳明曾说:"夫学贵得之心,求之于心而非也,虽其言出于孔子,不敢以为是也,而况其未及孔子者乎!求之于心而是也,虽其言出于庸常,不敢以为非也。"(《传习录·答罗整庵少宰书》)

当然两种说法都在于如何使儒学道德完善，肯定有所交叉重叠：如本来之善在未获启发、未明白之前也如同不存，甚至还不如向善之努力进取更获嘉许，向善之心在未向善之前恐怕会出现坎坷甚至错误，但一旦向善也即明白昨日之非以后，向善与本善也就合二为一了。只要立足现实、积极向上，即便经过坎坷弯路，但终究会殊途同归、百虑一致的。

还有，我们常常讲道存在于人我之间①，存在于自我慎独之中，存在于事物事情的开始过程及结果之中，这自然没错，但同时我们还要讲：道虽然存在于诸种关系之中，但道并非是关系，道就是道自身；道首先是道自身，道存在于诸种关系之中，但并不受制于关系，并不等于关系②；反而要讲关系受制于道，因为没有道关系将没有意义。程颐、朱熹认为"仁是性，孝弟是用"③，即仁不止是孝弟，孝弟只是仁之用，孝弟不等于仁。显然，二人对仁与孝弟的区分是必要的、合理的。进而可以说，在孔子这里，道之存亡甚至只取决于"天"而不取决于"人"，如孔子讲"天之将丧斯文""天生德于予，桓魋

① 我们常常讲道存在人我之间，要求互相帮助至少不能害人，即"道存在于人我之间"；但不妨加上一句，不害别人，那么残害虐待自己甚至自杀可以吗？即"一个人时还存在道吗"？这里基本不存在什么关系，用关系来界定有些苍白，那如何解释呢？答案恐怕是：残害虐待自己虽不影响别人，但影响道、违反了道，为道所不容。就经历而言，作者见过有一年轻兄弟飙车而死，这样的死如同孟子所讲"非正命"，这样的死有意义吗？沉痛的教训促使我们不得不深入思考。理论上，亚里士多德有类似认识："一个人由于愤怒而有意地刺伤自己，为法律所不容……然而，是对什么人不公正呢？当然是对城邦而不是对他自己……城邦要惩办那些自我毁伤的人，侮辱他，好像他对城邦做了不公的事情一样。"（亚里士多德. 尼各马科伦理学 [M]. 北京：中国人民大学出版社，2003：116）此外，康德强调行为的普遍化也可以对这一问题有所解答："这样行动：你意志的准则始终能够同时用作普遍立法的原则。"康德. 实践理性批判 [M]. 韩水法，译. 北京：商务印书馆，2010：31.

② "关系似乎是存在的附属品和偶性"；"只以原因在外面为理由是可笑的，而应说我们太容易被俘虏。"亚里士多德. 尼各马科伦理学 [M]. 苗力田，译. 北京：中国人民大学出版社，2003：7、44.

③ 朱熹. 朱子语类（第二十卷）[M]. 北京：中华书局，1986：471.

其如予何""天丧予"，孟子讲"天与贤则与贤，天与子则与子"。当然，道的超越再往前一步，无论是出现道的有形化还是过分强调道的超越性，再加上贬低现实或脱离现实，就很容易出现宗教了，而儒学显然与宗教还有所距离、有所差别。儒学是立足现实、不脱离现实、不贬低现实的，但儒学的立足现实不是混同现实，而是有超越性地立足现实，不讲超越性的立足现实是不对的；同时，儒学虽然有超越性（或者用提升更好些），其超越性是立足现实的超越，不是脱离现实、贬低现实的超越，不是宗教的超越，不立足现实而脱离现实、贬低现实从而孤立地讲超越是不对的。简言之，立足现实、有所超越是儒学相反相成的重要特征，单纯地、孤立地只讲一方面是片面的、错误的、有害的。

立足现实至少包括立足现实人与立足现实环境两个方面，现实人包括现实个人和现实他人。现实个人既不是动物也不是神仙，动物低于人、无理性，神仙无生死。现实个人既有优点又有缺点、既有正确又有错误，对于这一事实，孔子讲"大德不逾闲，小德出入可也"（子夏）、"成事不说，遂事不谏，既往不咎""过则勿惮改""君子之过也如日月之食焉，过也人皆见之，及其更也人皆仰之"，诸多认识都建立在现实人的基础之上：是对细枝末节的容忍和对核心关键的执着，是对过去错误缺点的谅解和对未来道德完善的期盼。这里既有原则性（道德底线、道德进步），又有灵活性（忽略小节、容忍旧过），其整体立场是在立足现实的基础上而有所道德进步。立足现实他人，如同孔子所言"远人不服则修文德以来之，既来之则安之"。在现实上，远人（他人）可能在某些方面落后于当地人（自我），但对于远人（他人）之落后不是嘲讽鄙视，而是安慰安顿，体现了道德关怀与道德进步。远人与当地人（他人与自我）有差异甚至有所落后恐怕是基本事实，对于基本事实不是挑肥拣瘦、拈轻怕重而是接受接纳，不是炫耀自己而是安慰别人，不是只顾自己而是共同进步，此处对于狭隘自己的超越，对于道德共同进步的努力是不难看出的，这一立场的实质与基础也是立足现实有所超越（道德进步），包括个人进步与共同进步。"互乡难与言，童子见，门人惑。子曰：与其进也，不与其退也，唯何甚？人洁己以进，与其洁也，不保（褒）其往也。"（《论语·述而》）这里既没有否定过去曾有缺陷错误，但也不是只停留在过去而对未来丧失信心，既不是只顾自己明哲保身而是还帮助鼓励他人，如此这种既立足现实又不断道德进步，既自立又立人的立场是十分中肯、十分可取的。中国社会最终形成了不念旧恶、宽以待人的优良传统，这只有在儒学道德角度为主流的氛围中才是可能的。

立足现实，既要反对逃避现实、虚无现实的一面，也要反对完全沉浸现实而不讲超越的一面，这是一个问题的两个方面。就儒学而言，儒学对自身及两个方面当然都有所涉及，只是相对而言，儒学对立足现实、反对逃避现实的一面相对比较重视、比较自觉，而对立足现实还要讲超越一面似乎注意不够、反思不足。就儒学历史而言，"日用即道"作为儒学的一贯立场是儒学的重要特征，这使其在面对非儒学派的墨家、道教、佛教之时较为清醒自觉，但对日用即道的自觉反省是有所缺乏的。就日用即道而言，日常生活即是道，其优点在于坚持了道与日常生活的不可分离性，有利于敦促人们做好当下应做之事，而不是脱离现实去思慕虚无缥缈之事或以脱离现实去思慕虚无缥缈之事为不应该、为错误，这在很大程度上避免了中国出现宗教，尤其是极端宗教的负面性。与脱离现实相对，中国文化反而形成了人间好、做人好、神仙没有什么好、神仙是人做、仙女也思凡、只羡鸳鸯不羡仙（嫦娥应悔）等认识，甚至还让孙悟空把非人间的天庭地府搞个乱七八糟，并且在绝大多数普通大众看来并没有什么不妥。在西方文化中，上帝因为亚当夏娃吃了禁果而毫不客气地把人赶出伊甸园，显示出上帝权威的神圣不可侵犯；在中国文化中，神仙之女私自下凡虽要惩罚也会网开一面（如牛郎织女鹊桥相会）。在西方文化中，神远比人厉害得多（如希波战争）；在中国文化中，似乎神并没有什么了不起，如沉香能打败二郎神，而这些认识只有在儒学日用即道的氛围中才有可能。

当然，儒学是道德之学，道德重视现实人间生活，这是毋庸置疑的；但如何过好现实人间生活，仅仅就事论事停留于现实人间往往难得全解，立足现实而又要有所超越，两者都要顾及；针对日用即道而言，即便不关心非现实、非人间是否存在，也要讲道德对现实人间的超越提升；道德当然要立足现实、立足人间，不能虚无现实、超脱人间，但道德也绝不是等于现实、混迹人间，道德还要超越现实、提升人间，不讲道德立足现实、立足人间当然不对，不讲道德超越现实、提升人间亦不对。换言之，日用即道虽有极大优点（讲日用也讲道、道与日用不分），但也存有些许缺憾：其缺憾主要在于没有看到二者还要加以区分，过分强调日用与道的联系或把日用简单等同于道，以至于把日用与道合二为一、混为一团，其实质往往把日用等同了道甚至掩盖了道，道被弱化甚至虚无化，最终也就只剩下了日用，这就往往使得日用停留于自身、缺乏提升进步之动力；如此，"日用即道"即便避免了因为讲超越而走向逃避现实的错误，也出现了不思进取、无力进取的尴尬；更有甚者，人们经常把错误的、混乱的、荒唐的私欲功利套上道义的美名，使得道义成为功利欲望的遮羞布，使得道义威信扫地尴尬无比，使得没有道义指导约束的功利欲望如同脱缰野马。儒学立足现实、反对逃避现实的优点要继续发扬，但不思进取、无力进取的尴尬也要加以重视，否则尴尬是难以避免的，并且会越来越尴尬。

从历史来看，儒学立足现实又有所超越的特点与较早的"以德配天"、后来的经权意识有一定关系。以德配天是周代合理解释殷周鼎革社会变化的产物，以德配天相对的是夏殷浓厚的鬼神崇拜、以德配天相关的是"天命靡常"。鬼神崇拜即认为鬼神存在稳定可靠，从鬼神崇拜到天命靡常和以德配天反映了天人关系在夏商周由以天为中心发展到天命淡化和人文崛起，这一趋势的继续发展就是天命继续淡化直至退出人文舞台，如子产的"天道远，人道迩，非所及也，何以知之"和荀子"明于天人之分""制天命而用之"。这一趋势的转化就是在孔孟这里"天"（或天道、道）并没有完全退出人文领域（道德领域），而是（在主要方面）转化成为伦理道德的根据，如孔子讲"天生德""志于道"，孟子讲"诚者，天之道""天爵"等（如冯友兰称的"义理之天"）。就以德配天之"德"而言，不是以知识炫耀、以财物贿赂于天，而是以人之德、以人之内在道德质诸于天，不是偷偷摸摸见不得人，而是光明正大见得人也见得天，不是或许可以以德配天，而是一定可以以德配天，甚至只能以德配天①。就以德配天之"配"而言，似乎人还只是配角、配合、应对，人还不是中心、主导，而天还是中心、主导。这里的天虽然还不完全是伦理道德之天，但这种主导的天很适合转化为伦理道德之超越性，因此在淡化天之创生性的同时，天在儒学这里主要承担起了伦理道德根据（超越性）的任务。如孔子讲"天生德"（天生不生万物暂且忽略，反正天至少是伦理道德的根据），孟子讲"天爵"（人爵暂且不管，天创生万物暂且不管，反正天是伦理道德稳定可靠的保证），荀子讲"天人相参"（人参与天之工作，并没有完全否定取代天原来的作为），文天祥讲"贯日月"（也不是取代日月，而是指伦理道德也可长留于天地间）。与以德配天相关的一个问题是"敬畏"意识，这在孔子思想中有很多表现，如"君子有三畏：畏天命，畏大人，畏圣人之言；小人不知天命而不畏，狎大人，侮圣人之言"（《论语·季氏》）。

---

① "道德学根本就不是关于我们如何谋得幸福的学说，而是关于我们应当如何配当幸福的学说。"康德. 实践理性批判 [M]. 韩水法，译. 北京：商务印书馆，2010：142.

这里君子的畏虽有畏惧之意，但恐怕更多的是敬畏，君子敬畏三者（天命、大人、圣人）的根本原因在于他们与道有着密切关系，小人三不畏的根源在于他们根本就不认同道①，不认同道也就不认同与道有关的一切（如天、命）。以德配天首先是周公用来解释社会制度变革的，但经过儒学转化后可以成为伦理道德体系不可或缺的重要组成部分，天主要成为道德的根据、道德超越性的保证，这样的处理把天创生万物的部分悬置了、阙如了，而把天与道德的关系发挥了、扩充了；并且我们还会看到，在天成为道德根据、超越性的保证后，天命不再是"靡常"，而是相当稳定可靠，天成为"必然性"的保证了。正是由于有天（天道、天或道）的可靠保证，人们反而以觉悟、承担、履行道之使命为光荣自豪，甚至快乐之事，如孔子"斯文在兹"、孔颜乐处、孟子"舍我其谁"等，这些显然也是儒学才有的重要内容与特色。当然在方法论上，以德配天体现了天为标准，人要向天靠拢，孔子满意于颜回的"不容然后见君子"，孟子提出"大匠不为拙工改废绳墨"，这都显示出标准对于人的优先性，这在方法上是值得重视的。

儒学立足现实又有超越这一特点是鲜明的，但也会遇到挑战。其中的突出问题：一是鬼神是否存在，二是祭祀（也包括厚葬久丧）。这两个问题，也有所联系。如果说道是无形且存在的，那么鬼神呢？鬼神也是无形的，是否可说无形鬼神也存在呢？反之，如果鬼神无形就不存在，那么道也无形，是否无形之道也不存在呢？可见回答这一问题有一定难度。这两个问题儒学与墨家有不同理解，儒学悬置鬼神而认同道的无形而存在，墨家认同鬼神而不认同无形之道的存在（在墨家那里，有鬼神就足够了，再讲无形之道的存在似乎多余）。孔子对于鬼神的态度虽然十分特别，但并不十分明朗：孔子并

---

① 《道德经·第 41 章》："上士闻道，勤而行之；中士闻道，若存若亡；下士闻道，大笑之，不笑不足以为道。"

未直接回答鬼神是否有无或并未直接否定鬼神之存在，而是讲"务民之义，敬鬼神而远之，可谓知矣"。"敬鬼神"似乎应该有鬼神，否则如鬼神不存在则敬就没有实质意义；鬼神如存在，还暗含鬼神要起重要作用，至少会起比人要大的作用，人不得不敬重鬼神；但"远之"则似乎意味着鬼神即使存在也是无所谓的，也不是重要因素；"敬"与"远"在形式上似乎有所矛盾，"敬"似乎意味着鬼神存在且很重要，但"远"似乎鬼神即使存在也无所谓。孔子这种"敬"却"远"的独特态度是耐人寻味的。直观而言，"敬"往往意味着"亲近"，"远"往往意味着不必、未必"敬"；"敬而远之"在形式上有矛盾之处，就实质而言，所"敬"者一般肯定是存在的，出于种种原因条件往往不得不"敬"，但"远"实质上流露出自己的不认同，因此可以说"敬"具有形式之意、"远"具有实质之意；如同孔子见阳货，其中"敬而远之"的态度可以揣测；常规的"默然"无应或"漠然"无视也与之有所关联。

对鬼神采取阙如、阙疑的态度，孔子这种独特立场可能有很多原因（如孔子是殷商后裔，殷商重视鬼神[①]；但孔子又推崇周文化，周文化的实质并不以鬼神为中心）。同时，孔子还讲"未能事人，焉能事鬼""未知生，焉知死"，这也未明说是否有鬼神，而是要求人应首先去做当下应做之事。此外，孔子"不言怪力乱神"：这样处理的优点是，在当时鬼神文化还有影响的鲁国已经是难能可贵的，不可能奢望孔子对鬼神文化断然予以拒绝；这样的缺点是，对鬼神之存在与否并不明确，孔子这种含混态度影响了多数中国人对鬼神"若

---

① 夏殷重鬼神，如推崇夏禹的墨家重鬼神，商汤亦重鬼神，如《孟子·滕文公下》记载商汤行为有"汤居亳，与葛伯为邻，葛伯放而不祀。汤使人问之曰：'何为不祀？'曰：'无以牺牲也。'汤使遗之牛羊。"此外，《论语·尧曰》中商汤说："予小子履，敢用玄牡，敢昭告于皇皇后帝：有罪不敢赦。帝臣不蔽，简在帝心。朕躬有罪，无以万方；万方有罪，罪在朕躬"；而周代的则是："周有大赉，善人是富；虽有周亲，不如仁人。百姓有过，在予一人。"对比商（汤）与周（武王）的宣誓仪式与内容，显然有所差别。

有若无""信则有,不信则无""宁肯信其有,不可信其无"的独特态度。对于无形之鬼神,孔子对之既不说其有,也不说其无(事实上是不太关心)。与之相关,墨家则一再讲鬼神之存在,并且认为鬼神相当重要、对鬼神相当尊敬,如墨家一再讲"上尊天,中事鬼神,下爱人""上利于天,中利于鬼,下利于人",被墨子推崇的大禹也是"菲饮食而致孝乎鬼神"。很明显,墨家非常重视鬼神,把敬事鬼神放在人事之上。儒学对鬼神虽敬而远、形式上敬实则远,虽未明确否定鬼神之存在却事实上疏远鬼神;墨家明确无形之鬼神的存在,把敬鬼神当作重要事务,儒墨的差异是明显的。在祭祀问题上,孔子不直接说祖先灵魂是否有无,而是诉诸成长体验、心理情感。当有弟子觉得三年之丧太长,要求减为一年之时,孔子不是直接说祖先灵魂为"有"所以必须守丧,也不说祖先灵魂为"没有"所以至少允许调整,而是反问"汝安乎",诉诸人的成长体验(一般人三年才免于父母之怀)和心理情感(君子居丧时往往毫无心情,即食之不甘、闻乐不乐、居处不安)。孔子不说祖先灵魂的有无,而是问心安不安,这种处理实在是很特别;孟子在反驳墨者夷子对儒学厚葬父母的批评时也没有讲祖先灵魂的有无,而是讲不葬父母于情于理说不通①,不说是否有灵魂、不说是否浪费物质,而是突出是否心安,这实在是儒学的一个特色。孔子不同意子贡去告朔之饩羊(或以为有些浪费),而是讲"尔爱其羊,我爱其礼"。孔子还讲"祭如在,祭神如神在",也是非常特别的:在形式上,如果神(此处当是祖宗神灵)"在"则

---

① "儒家认为,人类社会有各种规范、礼仪,有时候看起来很花时间,很费钱财,却来源于内心的真诚情感的需要。为什么花这么多钱买好棺木埋葬亲人呢?为什么不替活人着想呢?但问题是,我们活人对于过世的长辈,心中的感情要经过这个合适的葬礼才能够得到平抚,才能得到安顿。孟子说,我宁可自己节省一点,也不能草率地替父母办葬礼。所以,儒家的厚葬绝不是外在的形式而已,而是你不这样做就觉得心中不安、心中不忍。与此对照,墨家就有点违反人之常情,只看现实的利害关系,人已经死了就不要管他了,未免失之简单。"傅佩荣.孟子的智慧[M].北京:中华书局,2009:84.

直接祭祀就是；如果说是"如在"，则实质上是不在（如音容宛在），不在就不需要祭祀或可以不祭祀。但是孔子既讲"祭"还讲"如在"当然会有些含混，以至于墨家对儒学批评讽刺为"执无鬼而学祭礼"（相对而言，墨家直接承认鬼神为"有"，暂不管是否成立，至少在结构上简单明了，在立场上一以贯之）。对于墨家的这一批评讽刺，奇怪的是儒学在孔孟这里并未正式且合理地回应这一问题（曾子讲"慎终追远，民德归厚"、荀子讲"君子以为文，百姓以为神"），既可以说孔孟不为所动，也可以说这一问题的确不好回答。

当然，墨家所讲鬼神似乎并不是祖宗神灵，而儒学对祖宗神灵似乎认可；墨家讲无形之鬼神的存在而不关心无形之道的存在，儒学讲无形之道的存在而不关心无形之鬼神的存在，同样的无形之道与无形之鬼神何去何从，看来还需加以辨析。一般而言，我们作为活着的人不说鬼神有无，如同人"死"才为鬼、人"生"便并不与鬼为邻。进而，即便鬼神为"有"我们也会说鬼神外在于人，即便有人说有个别人暂时被鬼附了（鬼不可能附在所有人身上，不可能永远附上且似乎可以被赶出来），即便不是唯物论以为根本没有鬼神那样干脆利索，儒学依然可以说鬼神是无所谓的，原因很简单。即便鬼神存在也是外在的，而外在的东西是可以忽略的，或者说内因胜过外因。实质而言，我们可以说，道德强调由内而外、对外在因素并不太关心：鬼神即便是存在的，那也是外在于人的，不符合道德由内而外的特征（墨家老是用鬼神外在恐吓并不是根本之法、长久之计），所以儒学对于外在鬼神之存在并不关心，因为儒学已经采取了重视内因道德的办法。树立了根本，即便有些细枝末节不细致、不严谨也是无伤大雅的。正如孟子所言"先立乎其大者，则其小者不能夺也"，同样也可以说，儒学强调的是子孙后代对于祖先发自肺腑、由内而外的敬重态度，至于祖先死后是否存有灵魂并不是最关键的。荀子的"君子以为文，而百姓以为神；以为文则吉，以为神则凶也"

（《荀子·天论》）也就道出了其中的许多原委。常规风俗也说"宁拆十座庙，不毁一门亲"，庙往往与超现实或非现实有关，亲往往指现实生活。在现实与非现实比较中，"宁拆庙不毁亲"当然体现了现实的优先性，这与儒学是主流思想、儒学又重视现实是不无关系的。

立足现实有所超越还要仔细考虑现实当中出现的具体问题、具体观点，如理论丰满现实骨感、积善能否成德、退一步何以海阔天空、救急不救穷、洪战辉不要捐款、如谢延信不离不弃，如孔融让梨，如攀比，如啃老，如官二代、富二代。

理论丰满现实骨感至少可以从两个角度来分析：一者，现实可以是骨感，但理论是理性，不能说是丰满，可以说是深刻或肤浅；二者，是真理论还是想当然的假理论，人们出于私心不立足现实、不立足自己、不踏实苦干而是想当然地这也想那也要，结果往往是心比天高命比纸薄，这样的理论是想当然的所谓"理论"，不是真理论，随之而来的什么"丰满""骨感"完全没有意义，即便自己自怨自艾也不会引起真正的同情帮助。而如果是真理论，即便暂时人们不理解接受、自己暂时不得志，但对于真理论自己会有欣慰，社会也终有接纳之时（即便暂时称之"迂阔"，也终将欣赏之），真理论可能暂时受困，但肯定会存留永远。

积善能否成德？答案是"不能"①。孟子的性善论讲内在之"集"、荀子性恶讲外在之"积"，积的对象可以是外在的物质、财富（甚至浮名），但肯定积不来内在之德（所谓内外有别，德是内在的、是用外在换不来的，所以德讲内在自觉、外在作秀毫无意义），想通过外在之积来获得内在之德，是南辕北辙，积得越多、错得越厉害；也如

---

① 梁武帝问达摩祖师："朕一生所有造寺、度僧、写经、弘扬佛法到底有没有功德？"达摩曰："没有功德，只是人天之果，有漏之因，如影随形，看来虽有，实在没有。"梁武帝以为可以用种种好行为来换取功德，其一开始的动机就错了；并且他还数算自己的种种成绩就再错了；他还说出来就三错了。这种彻底的否定逼着我们去思考人应该为什么行和如何去行。

同"借酒消愁"以为借助"外在"之酒能消解"内在"之愁，结果往往是"愁更愁"，性质不对、态度不对、方向错了，一切惘然。

退一步何以海阔天空？就自然人而言，是基本上不存在退或让的，就社会人而言，有进有退很正常；从道德的角度，能自觉自愿"退一步"实际上已经显示出克制自己或不是以自我为中心，从而给别人留下空间机会，这实际上已经是"严于律己、宽以待人"，是真正的道德境界。达到了这种境界一定会自觉自愿去退，无论是退之前还是退之后都是海阔天空的（常规讲"大肚能容"往往指容人之过，"退一步海阔天空"似乎不一定涉及对与错）。

救急不救穷，"救"当然是自我之外的他人或社会之救，体现的是一种关系，可以讲关系，但不能因为讲关系就忽略内因，内因是比关系更为重要的，不能本末倒置；"急"是特殊，"穷"是常态，特殊虽然也存在，但不能替代常规，更不能掩盖常规；把内与外、常规与特殊相结合，就会明白道德为何鼓励自立。

不离不弃何以是美德？不离不弃在形式上似乎是消极被动的，实则是积极主动的：在自己与他人关系上，不离不弃是为了他人；在功利与道义上，不离不弃往往是以道义为动力；在付出与回报上，不离不弃是大体在主动地、无偿地付出；在内在与外在上，不离不弃不是为了外在的、后来的荣誉而作秀，在荣誉前后一样；在强者与弱者上，不离不弃是对弱者的帮助；在偶尔与持久上，不离不弃经常是持久的付出；在态度上，不离不弃是认真细心而非敷衍了事。简言之，不离不弃是实实在在的美德。

"孔融让梨我不让"是 2012 年 4 月出现的一则事例，可以说在这一事例中小学生的回答不错，当然不是最好。原因如下：一者，道德来源于事实、有底线，只要达到底线即可接受，即便是勉强接受，如考试及格即算过关。二者，道德还高于事实，具有层次性、进步性、上升性，在底线基础上不断进步上升总是令人欣慰的；不让梨固然不算错，但如果让梨那就更好了，要给予赞美。如一个人不但及格过关还得了优秀，当然要表扬了。三者，要防止无标准，同时也要注意不能把高标准当作低标准；无标准当然不对，把高标准简单代替低标准也会出现没有必要的混乱。

攀比，虽然也是现实存在，但在攀比中往往失去了自己的定力，而以别人的状况来当作自己"应该"的现实基础，脱离了自己的真实基础。以别人的基础为基础，显然是失去本位、自寻烦恼。简言之，立足现实具体而言就是立足"自己"的具体基础，不是以别人的具体基础为自己的基础，迷失真实的自己，看不起真实的自己，经常唉声叹气满腹牢骚，体会不到真实的成长过程。其想法做法就不具有现实针对性、现实可操作性，也就没有了实质意义（如佛教禅宗讲"抛却自家无尽藏，沿门托钵效贫儿"）。另外，攀比和将心比心、推己及人在实质上是不同的：攀比是人与人攀比，是从"关系"来看待自己，然而攀比没有先说自己，而是先从关系来看自己（并且攀比一般也是把自己高举、不是低配，这也脱离具体现实）；将心比心或推己及人是自己已经立住了，再讲关系（用哲学的话说就是内因确立了，外因就怎么说都行）。简言之，不能孤立地讲关系，要先讲自己的真实状况再讲关系，其主次先后是不能颠倒混乱的。

啃老也类似，作为处于社会中的成年人，生存有压力也是事实，然而啃老主要不是正面地、积极地、独立地面对现实压力，而是逃避转移压力，很有些强迫的意味，即强迫父母也来解决自己应该独立解决的问题（如此，还说什么为家庭付出甚至为社会付出？）。儒学讲自强、自立、自尊，这都不是抽象理论而是具体现实，不是很容易做到而是有相当难度的（如孟子讲天降大任）。啃老与自强自立有很大偏差，与真正尊重人和受人尊重也差别很大；尊重不但是自然的，也是必然的，一切以真实的努力付出为基础，否则是不会有真正尊重的。简言之，正视现实主要是自己正视现实，这才是成熟或逐步走向成熟的真实现实过程，否则逃避转移压力、不付出、甚至少付出，其现实成长过程至少是不真实的、不完整的。

官二代、富二代也类似，他们生存于父母的光环阴影之中，表面上光鲜，实则不是真实的自己，只是别人的副产品；表面上风光，实则发光的不是真实的自己；是无源之水，如同七八月间的雨水，看似喧嚣，终究没有多少实质的意义。官二代、富二代不但不"真实"，而且不"进步"，炫耀父母荣光并不能使自己进步，也不能使整体进步，经常出现尴尬甚至相当的倒退；而潜意识中我们认为道德社会在道德的推动下要不断进步、完善，这也是官二代、富二代引起社会批评的重要原因。

总之，立足现实有所超越，既涉及超越又涉及现实，或既涉及现实又涉及超越，二者相辅相成、缺一不可，单纯只讲一方面都不完善，都会影响道德的成立与发展；当然现实会有很多问题，超越也有很多因素，都需要全面审视，最终应促使道德在立足现实的基础上有所超越，在超越中带动现实。

小　结　大其心而观之

　　人是万物之灵，相对于世间万物，人具有主导地位，想来没有很大疑问。中国神话中盘古开天创造万物，女娲造人增添了世间之灵气；西方神学中上帝先创造了万物，而后才创造了人，并让人管理万物。从人与万物的关系来看，似乎人对于万物的主导地位是与生俱来的（如后来康德提出全部被造物"被用作手段"，而"人才是目的本身"①）。儒学虽与神话神学有所区别（儒学也未说明人对于万物的主导地位从何得来、何时得来、如何得来），但儒学在人对于万物的主导地位的认识上是明确的、一贯的。孔子的"鸟兽不可与同群"、孟子的"人之异于禽兽者几希"、荀子的"人有气有声有知且有义，故最为天下贵"，均已表明了这一点。人异禽兽、人为贵，说明人有异于、高于万物之处，万物可称为自然存在，而人可称为社会存在；人既有自然性又有社会性，而万物只有自然性。就自然存在而言，人与万物有相似之处，都有生存繁衍之自然需要，这些自然需要不可以取消抹杀，但可以调整规范。取消抹杀这些自然需要甚

---

　　① "在全部被造物之中，人所愿欲的和他能够支配的一切东西都只能被用作手段；唯有人，以及与他一起，每一个理性的创造物才是目的本身。所以，凭借其自由的自律，他就是道德法则的主体。""在目的的秩序里，人（以及每一个理性存在者）就是目的本身，亦即他决不能为任何人（甚至上帝）单单用作手段，若非在这种情形下他自身同时就是目的。"康德. 实践理性批判 [M]. 韩水法，译. 北京：商务印书馆，2010：95、144.

至故意虐待扼杀生命是不对的，不允许调整规范这些自然需要甚至放纵放任也是不对的。从人也是自然存在的角度，道家看到了人与万物有相似甚至相同之处，要求人关爱万物甚至平等对待万物，批评人的任意妄为残害生命，这当然有其根据和道理，值得关注和思考；然而当道家要求人与万物绝对平等，把人的作为任意降低甚至完全取消之后，实质上道家只看到或发挥了人与万物的相似相同之处，而把人异禽兽、人之为贵的一方面否定取消了，因而其对人与万物关系的理解至少是不全面的，也是不完全可行的。按照儒学的理解，人是万物灵长，万物是人之"下属"与"对象"。从万物是人之下属而言，人与万物具有一体化的存在形式，人要引领、关爱万物，如孔子讲"钓而不纲""弋不射宿"，孟子讲"仁民而爱物"，以为对人和万物要有恻隐之心；从万物是人之对象而言，万物是人驾驭、管理的对象，如荀子讲人善假于物。人们多从万物是人之下属或对象的角度来理解人与万物的关系，其实"人是万物灵长"的角度更应注重：按照儒学对等级制（如君臣关系）的理解，上级与下级绝不是对等的、平等的，而是作为上级的部分负有更大的使命。如孔子所言的"君君臣臣、父父子子"（只有君要像君的样子，臣才像臣的样子；只有父要像父的样子，子才像子的样子）、孟子所言的"君之视臣如手足，则臣视君如腹心；君之视臣如犬马，则臣视君如国人；君之视臣如草芥，则臣视君如寇雠"。徐复观形象地称君主是政治活动的"总发动机"①，发动机即推动者，没有发动机其他一切都无从谈起，以为君主在君臣关系中负有主要责任，君臣关系的好坏主要应从君主方面来衡量。同样，孔子强调的"其身正不令而行，其身不正虽令不从"，又讲"君子之德风，小人之德草，草上之风必偃"，都是在强调在上者的合理性主动性的必然与必要。按照如此结构，在人与万物关系

---

① 徐复观. 中国思想史论集 [M]. 上海：上海书店出版社，2004：114.

当中，如果人事实上是万物灵长，那么人负有主要责任，人与万物关系的好坏应主要从人的角度来衡量。这一认识结构也应予以确认，这不是人类的狂妄自大，这是人类承担责任走向成熟的表现。相反，以为人是万物灵长就以自我为中心为所欲为，实在是一种肤浅的、幼稚的、荒唐的表现，以此为指导不但认识不清自己，也必然处理不好人与万物的关系。可见人是万物灵长首先是一种责任，而不是一种享受，或者说只有尽到了完全责任，才可以部分享受。如同一个家长首先要尽责任，然后才可谈威信；否则先谈威信而不尽责任，威信是立不起来的。

人是万物之灵长，异于、高于万物，看来是事实，但也反映了人还不是全部，至少没有必要也不能认为人类就是一切，怎么做都行；况且在人之上还是有道存在，不按照道而为是妄为、胡为、乱为，也是行不通的。就人与万物而言，即便人高于万物，按照儒学（也包括道家①）的一个重要认识就是为上者不是理所应当高高在上作威作福，而是要谦下。为上者的这种谦下不是形式的、表面的，而是实质的、真实的；不是偶然的、暂时的，而是长期的、永远的；主要不是索取，而是付出；不是做给人看的，而是由道而为的。如同父母为了孩子、为了家庭而心甘情愿、无怨无悔、持之以恒地付出，这也使我们真实地看到原来作为万物之灵不是一件轻松之事，而是需要三思、需要资格审查之事。人可能形式上是万物之灵长，而实质上未必是万物之灵长；可能希望是万物之灵长，而事实上还不配（或者还做得很不够）。为上者不但要身正，而且还要谦下，可见对为上者的要求是很高的，做到也相当不容易。苏格拉底曾经说"未经反思的人生是不值得过的人生"，我们不妨说"未经反思的万物之灵长未必是合格的万物之灵长"。

---

① 《道德经》第61章："大邦者，下流也……大者宜为下。"

　　在人的身正、谦下的条件下，一切会呈现出和谐之美：面对他人，虽然人人有所差异，但没有必要一再强化自我中心，完全可以平等交往、友善互助；面对自然，虽然人有一定能力，但没有必要一再强化人类中心，自然之伟大同样让人感慨万千、心悦诚服。我们经常看到无论一个人是成功还是失败，回到家庭、融入集体都会体会到很多慰藉；无论是成功还是失败，面对大海、进入山林，人都会无言地感受到之前的成功失败、急功近利、患得患失恐怕多与太过自我有关；人会直观感受到人的渺小，之前看中的很多东西原来并非如此，也就平和了许多。以自我为中心变为以天地为中心，成功与失败变为平淡、变为常规，虽贵为万物灵长其实也有其普通之处。总之，不再狂妄自大而是谦卑下来，就会发现世界之大、世界之美。大其心（张载语），不是否定自己、不是放弃自己，而是放下高高在上的自己，还原真实应该的自己。在这种情况下，恻隐之心得以扩展，仁民而爱物、民胞物与，如此等等，才不至于只是抽象口号，而会变为真实而具体的行动。

后 记

本书是我在博士后出站报告《孔孟仁学论纲》基础上加以扩充、修改的。

2009 年 6 月—2012 年 6 月，我在山东大学哲学与社会发展学院暨儒学高等研究院哲学博士后流动站读书、学习，导师为颜炳罡教授。本出站报告是在颜炳罡老师指导之下完成的。颜老师望之俨然即之也温，是性情中人。颜老师对学生的学习学业多有指导督促，非感激感谢所能尽言，好在能时常求教于师，也是后学之幸事。博士后读书期间，得到了单位领导同事的诸多关心，得到了杨国荣老师、黄玉顺老师、曾振宇老师、苗润田老师、王新春老师、何中华老师、沈顺福师兄的诸多帮助，也得到了山东大学哲学与社会发展学院沈士梅老师的很多帮助，在此一一表示感谢！

出站报告大体包括两部分：第一章为对前辈在仁学上探索的回顾与展望，其余部分（第二章至第八章）为仁学基本特征的大体梳理。原本打算还要写群己关系（计划写两章、以自然人与社会人为线索，甚至以自然人与社会人为报告之重要内容），材料也准备了些，后来时间不够，暂时搁置。还打算写仁学之外延（仁与礼、与智、与义的关系），材料也准备了些，也暂时搁置了。本想出站后很快补齐，可是由于他事相扰，时间与精力未能集中于此，也就一直拖延，一想到未完成书稿，心中总是难以释然。

2013 年 9 月—2014 年 7 月，经申请获山东省教育厅批准和山东政法学院同意，我有幸到清华大学哲学系访学一年，导师为万俊人教授。置身于清华园的丰富藏书和好学氛围，我终于有时间对出站报告进行打理了。除了出站报告第一章基本留下、扩充外，其余多为重写、新写。基本上分为四章：仁之形上考察、何为仁、仁何为、仁之全德与展开。2014 年 2 月完成第二稿。此书的大体结构是自己所定，大体观点也是自己所悟。书中的一些立场、观点是自己现有水平的真实呈现，未必中规中矩，也未必同于大家，还望方家不吝赐教，本人自然愿意洗耳恭听。

本书稿获得山东政法学院 2014 年度出版基金资助。在访学期间，我聆听了陈来老师、万俊人老师、唐文明老师的课程，陈老师的渊博、万老师的简约、唐老师的笃定给人以很深的印象，尤其是万老师的"康德的书读了七遍"似无声惊雷，让人震撼。平时，清华大学教培处的王佳老师管理谨严，同舍的李伟平老师、史建海老师皆好学上进、相处融洽，家中妻儿理解支持，为书稿写作提供了诸多便利，在具体出版过程中，编辑江宜玲老师也付出了诸多辛劳，在此一并谢过！

万光军

2012 年 5 月第一稿于济南茂陵山下

2014 年 2 月第二稿于北京清华园内

"儒生文丛"第一辑（三册）

一、《儒教重建——主张与回应》
（任重、刘明主编，中国政法大学出版社 2012 年版）

对儒教重建的关注，是当代"大陆新儒家"的一大突出特点。中国自古儒、释、道三教合一，儒教居三教之首。在传统向现代交替的过程中，儒教是否是宗教、儒教是否该重建、儒教在今天应该是何种形态等命题成为学术思想界的热点，不断引发讨论。本书刊载了当代儒家新锐对儒教有关问题的深入讨论和最新看法，为中国现代精神价值体系建设提供了新的思路。

二、《儒学复兴——继绝与再生》
（任重、刘明主编，中国政法大学出版社 2012 年版）

因为儒学是治世之学，与一般的儒学研究者不同，儒门中人学习、研究、弘扬儒学，绝不是为了学术而学术，而是有着明显的问题意识和现实感。儒者、儒生对于儒学，不仅在理念上自觉认同，有明确的身份意识，而且还有着强烈的历史担当，立足当下，直面现实。本书所选编的当代"大陆新儒家"的思想探索成果，对当代中国所遇问题进行了精彩解答，乃"为往圣继绝学"，而非"纯学术"之作，值得一读。

三、《儒家回归——建言与声辩》
（任重、刘明主编，中国政法大学出版社 2012 年版）

尽管儒家在今天的中国已呈回归之势，但人们对他们的所作所为知之甚少。本书对"大陆新儒家"参与当代文化建设的一些事件，如五十四位学者联署发布《以孔子诞辰为教师节建议书》、十名青年博士生《我们对"耶诞节"问题的看法》、五十多个儒家团体《致电影〈孔子〉剧组人员公开函》、十学者《关于曲阜建造耶教大教堂的意见书》，以及参与讨论读经、国学、教师节、通识教育、国服、礼仪、节日等热点问题，予以了集中展示和说明。

"儒生文丛"第二辑（七册）

一、《儒家宪政主义传统》
（姚中秋著，中国政法大学出版社 2013 年版）

全书着力探讨中国历史上两个立宪时刻儒家之理念筹划和政治实践，即汉初儒家进入政体、驯化秦制，与近百年来儒家构建现代国家。就前者，重点解读董仲舒"天人三策"，阐明其天道治理观之宪政主义意涵。就后者，通过思想史的梳理，揭明现代中国存在着一个保守—宪政主义的思想与政治传统。

二、《儒家文化实践史（先秦部分）》
（余东海著，中国政法大学出版社 2013 年版）

《儒家文化实践史（先秦部分）》共两部。从儒家道统的角度，对先秦历史和历代政权进行梳理和评判。第一部：大同王道的原始模式（尧、舜、禹）；第二部：小康王道的三代实践（夏、商、周）。《儒家文化实践史（先秦部分）》旨在：集儒家外王学之大成，揭道德实践史之真相，破先秦政治史之天荒。这是一本与众不同的关于中华政治、历史和儒家义理之书，道眼烛史，新见迭出。

三、《追望儒风》

（米湾著，中国政法大学出版社 2013 年版）

本书收录作者历年来课余之暇各种机缘下所撰文字，约二十万言。或议或叙，或文或白，修短随意，不拘一格，其要则欲追武前修，跂望儒风也。略分六部分：儒学视野中之现实问题；儒学讲演；儒者传论；时论短评；游访纪事；实用文笔。得也失也，达者鉴之。

四、《赫日自当中——一个儒生的时代悲情》

（张晚林著，中国政法大学出版社 2013 年版）

本书是作者多年来浸润圣学之心得与体会，固然与其精研儒家经典有关，但绝非徒从读书得来，更有其切磋砥砺之功，故非有切身之痛痒、谨策之信仰，不可读其书也。本书内容共分五个部分：第一部分校正了社会大众对儒家相关义理之误解，以确立儒学之纲目与信仰；第二部分痛斥当代职业化教育对儒家教育精神的背离，以期回到儒家之人文精神之中，匡扶人心；第三部分乃以心性学重述儒家之婚姻伦理精神，以批判当代社会把美学形态之爱情作为唯一基点的婚姻观，由此而修身齐家，和谐社会；第四部分资儒家之根本义理，以隽永之小品文，思考当今社会之相关问题，其形式虽短小精微，但其理却博厚悠长；第五部分乃作者与友人之论争与讲辞，以见作者捍卫与宣扬儒学之决心与情怀。总之，本书乃作者用"心"之验，而非"才"气之作，有心者当善会也。

五、《"亲亲相隐"问题研究及其他》

（林桂榛著，中国政法大学出版社 2013 年版）

"亲亲相隐"问题是横跨文、史、哲、法诸领域的一个重大问题。本书对孔子"父子相为隐，直在其中矣"是何语义、唐律以来中国古代法制或律典中的"亲属得相容隐"为何内容、"亲属得相容隐"与"干名犯义"两律制有何区别、"亲属得相容隐"和汉律"亲亲得相首匿"有何区别、柏拉图或柏拉图笔下的苏格拉底是否赞成Euthyphro"告父杀人"为绝对虔敬或公正及何理由等做出系统辨正；以"不显"及"知而不言（隐默）"训正"隐"，以"视"及"辨别是非"训正"直"，以"容许什么样亲属对犯案人什么样行为保持沉默不发"训正唐律以来的"亲属得相容隐"律条，从而指出"亲属得相容隐""亲亲得相首匿"是权利设置而"干名犯义"等不许告亲尤告尊亲是义务设置，且"亲属得相容隐"仅仅是指言语行为而非其他行为。本书另有《孟子》"徒法不足以自行"究竟何意、儒家思想与人权话语的交集、儒家应该向基督教学习什么、儒家书院的文化功能与重建前景等专论，视野开阔，内容丰富，思想锐利，见解独辟，于儒家礼乐刑政问题多有阐发及学术辨正。

六、《闲先贤之道》
（陈乔见著，中国政法大学出版社 2013 年版）

本书所收录的文章，以儒家义理为中心，以儒学辩诬为羽翼，以中西比较为背景，辅以学术评论和短议，对儒家伦理尤其是"亲亲互隐"、仁义孝弟、公私观念等皆有自己独到的理解和阐释，对中西哲学中的论说方式、思维方式、家庭观念、伦理特质等提出了一些新颖的见解。作者秉持独立思考之精神，不苟同于学术权威，不苟合于流俗之见，字里行间流露出作者闲先圣之道、阐儒学之蕴、解现实之惑的思想旨趣和现实关怀。

七、《政治儒学评论集》

（任重主编，中国政法大学出版社 2013 年版）

本书以蒋庆先生"政治儒学"思想为中心，收录了来自各界的学术论文和思想性评论。甲编为儒门内部批评，乙编为较有明显思想立场的儒门外部批评，丙编为较为中立的评论。

"儒生文丛"稿约

出版目的：弘扬儒学，提携后学，促进各界对儒家的全面了解，推动中国学术繁荣、文化发展、社会进步、民族复兴。

征稿对象：自觉认同儒家的学术研究者，主动弘扬儒学的社会实践者。

内容要求：学术性与社会性相结合，要有担当意识、价值关切和文化情怀。既收编学术研究专著，也收编各界同道的弘道文集。学术论文要言之成理，文化评论要立场明确，经验总结要翔实严谨，诗文随笔要有儒家趣味。

投稿程序：请作者投稿至主编电子邮箱（rujiarz@126.com）。主编初审后交"儒生文丛"学术委员会审议。若学术委员会审议通过，则列入下一辑出版计划。

学术委员：蒋　庆　陈　明　康晓光　余东海　秋　风

"儒生文丛"主编任重　敬告